好·奇

提供一种眼界

下馆子

一部
餐馆全球史

A
Global History of Restaurants

[美] 凯蒂·罗森 埃利奥特·肖尔 著

张超斌 译

Katie Rawson & Elliott Shore

北京联合出版公司
Beijing United Publishing Co.,Ltd.

目　录

前　言

路边摊、高档餐馆、飞机餐、快餐店、餐车式餐馆、比萨店、社区聚会场所、街头小贩、咖啡馆、自助餐馆、自动贩卖机……这样的列举几乎无穷无尽，外出就餐已成为世界各地人们日常生活中不可或缺的一部分。全球餐馆总数估计超过 1,500 万家，其中日本人均拥有的餐馆数量最多：每 1 万人就有 91 家。而本书将要探讨的，正是一部"外出就餐"在全球各地的发展史。

我们旨在创作一部全球范围的餐馆史，但考虑到人类外出就餐行为的深度、广度和长度，只用一本书就涵盖所有内容，或许有些不自量力。因此，我们既提出问题也回答问题，书中的小插图和小线索既同质也异质，从而深入研究几个世纪以来餐馆发展的诸多方面。本书不仅是一部餐馆从业史，也是一部餐馆就餐史。它从人类在公共场合聚餐的早期已知线索出发，探讨全球各地人们外出就餐的独特特征。从厨师、机器、美食评论和国际交流等不同方面讲述全球范围的餐馆史，有助于我

们将餐馆的历史呈现为不仅是食物的历史，也是文化、经济和技术的历史。我们相信，这项研究工作将通过突出人物和创新，为外出就餐带来新的见解，而这些创新很多都是不为人知的，也正是它们推动我们去了解当下变化莫测的餐馆世界。本书旨在帮助人们重新思考、重新定位，并更深入地理解对现代生活这一核心特征的发展具有重要意义的人物、餐馆和历史时刻。

第 1 章我们会从青铜时代讲起，直到 12 世纪中国第一批提供全方位服务的餐馆结束，考察这段悠久的外出就餐史。第 2 章我们将看到法国在 18 世纪拉开了欧洲餐馆的序幕，以及它的各种创新，包括专用餐桌和参考手册。第 3 章我们会探讨随着餐馆就餐成为职业女性、城市贫民、艺术家、贵族和政治家生活中不可分割的一部分，欧洲和美国的餐馆逐渐变得平民化。第 4 章我们会考察厨师的作用，从日本开始，到西班牙的费兰·阿德里亚结束，探讨厨房用具的发明，以及从煤气炉到分子料

理的介入过程。第 5 章我们会转向服务，回顾日本、中国、法国和美国 300 年来餐馆男女侍者的发展史。第 6 章我们会探讨火车和汽车的出现如何推动餐馆行业的转变。第 7 章我们会研究从自动贩卖式餐馆到传送带的机械化发展历程如何改变了餐馆的劳动力状况和对餐馆就餐的预期。第 8 章则从"快餐"和"慢食"两个角度出发，对比 20 世纪晚期餐馆的时间观念。第 9 章我们会明确提出"餐饮全球化"的概念，探讨食物的区域转移，以及移民和当地人的口味如何随着时间的推移影响了人们对食物的选择和就餐方式。希望你们会喜欢这一系列有关餐馆历史的故事，本书的框架和不足之处将会鼓励人们讲述更多有关全球餐馆的故事和发展史。**祝您用餐愉快！**

1

外出就餐：漫长的餐馆史

外出就餐是一种人们再熟悉不过的活动，有人认为人类从一开始就有这种行为，而且餐馆一定是人类文化中非常古老的一部分。因此，餐馆的历史也是文化、社会、技术、政治、美学和经济等诸多方面的历史。

在西方，人们越来越多地选择去外面吃饭。一家人聚在家里做一顿丰盛的大餐，成为一种庆祝家庭生活的特殊场合。如今，人们在家里吃的食物要么是从餐馆直接送到家门口的外卖，要么是在超市里购买包装好或是已经加工过，只需打开微波炉加热就能吃的食品。从许多方面来看，在家吃饭如今已成为外出就餐的延伸，而不是相反。

研究日常生活的历史学家喜欢寻找起源和最早案例：人们喜欢了解那些似乎一直存在的事物是从何而起的、又是如何演变成人类生活中习以为常的一部分。吃的技术拥有悠久的历史：大约 250 万年前，早期古人类形成了切割和粉碎食物的习惯，以便更容易吞咽和消化食物。这些习惯意味着更少的咀嚼，使人类能够进化出更小的下颌和更能发出清晰声音的嘴唇，从而允许人类说话并更好地保持平衡。在 30 万到 3 万年前之间，人类开始烹饪，农业迅速发展。[1]

几千年来，人类一直习惯于携带食物上路或工作，而从小贩那里购买加工好的食物也已有数千年的历史。然而，餐馆似乎是一个出现相对较晚的现象，在餐馆就餐的所有要素都是后来被发明出来的。在西方世界，当欧洲人开始在政治上摆脱对世袭贵族的依赖，餐馆的要素才开始显露出苗头；但这并不能说明餐馆是民主的产物。餐馆在欧洲的兴起一定是与 18 世纪中叶的世界巨变紧密相连的——这场政治和社会的巨变消灭了君主政体，改变了历法，至少暂时推翻了宗教和先例认可的社会阶层之间的关系。但我们会在下一章探讨现代西餐馆在巴黎的诞生，因为第一批餐馆并不是在那里诞生的，而是始于12世纪的中国，当时的中国也正经历着政府结构的变化和城市人口的激增。

外出就餐一直受到社会规范和经济的双重约束。在这一章里，我们会探讨全球各地的经济发展催生了餐馆的诞生，即一种旨在为远离家乡的人们提供饱腹之物的文化机构。

在古代，人们每天都会和固定的一群人一起吃饭；但在某些情况下，他们也会扩大这种小群体。而改变人们用餐行为（与陌生人共餐、在公共场合用餐）的场合则包括：出行（工作、宗教、战争、贸易）、谈判（商务、外交）和庆祝活动。没有血缘关系的人共享食物和水，这是有历史可考的最古老的社会特征之一。虽然餐馆的概念经过较长时间才形成，但宗教游行的夸张特性及特殊场合下的特殊食物，都被改变成为餐馆文化的一部分。这些变化实际上是行为变化的开始，而行为的改变最终会演变成：等待就座，与侍者交谈，看菜单，吃表面上煮好的食物；而这一切只是为了让你和你的同伴在一个允许私人群体存在的公共或半公共场合下用餐。[2] 在餐馆用餐就是在公共场合吃饭，要与那些跟我们毫无关系的人以及提供服务并因此得到奖励的人交流。

稍后，我们会讲到外出就餐的食物和场合，不过首先要从外出就餐起源的实质性证据讲起，那就是劳动者。在铜器时代（又称青铜时代，约公元前3300年），人类开始在美索不达米亚平原北部大规模生产陶器。这些陶器最初用于分配口粮，它们甚至被刻上楔形文字，后来被修正为表示"吃"的文字。这些盛着食物的陶碗，被作为人们每天工作的回报，这种形式更像是军队或学校的自助餐馆，而不是集市或小酒馆。这些工人会在家之外的地方一起吃饭，但能否将其视为"外出就餐"尚不可知（因为有关吃什么、和谁吃、在哪里吃、什么时候吃，所有这些都不能自主选择，似乎与我们阐述的21世纪的"外出就餐"相去甚远）。然而，随着时间的推移，陶碗换成了餐盘，这些工具变得更加华美，大小各异，得以反映出社会地位的差异。在某些程度上，最早期的碗要比数千年后的精美器皿更具有餐具功能。与此同时，在公共场合就餐也发生了变化。在某些地方，即使是一大堆简简单单的碗，也能表明人们在举行仪式或一起就餐。这些集体就餐的习惯更接近于我们所说的"外出就餐"。[3]

因此，这些就餐形式从严格的实用主义转变为"共生性"（commensality），考古学家苏珊·波洛克阐释了其中的含义：

> 该词源于拉丁语，com意为"共同"，mensa意为"桌子"。从最基本的层面来说，共生性是指一起吃喝，但它远不止一种身体行为，其中还包含了这些场合所承载的无数社会和政治因素。共生性的基础就是"共同存在"。[4]

红铜时代的碗，饰有鹿和其他雕刻纹样，约公元前2500—前2001年，赤陶。

阿提卡红绘钟形双耳喷口杯，约公元前420年，尼基阿斯绘者，红彩陶器。会饮场景，宴会上的人们头戴桂冠，在玩拼字游戏，一名少女在吹竖笛伴乐，一顶桂冠挂在墙上。

德国社会学家格奥尔格·西梅尔曾指出一个显而易见的问题："人们其实不能共享食物——一个人吃过的，另一个人不能再吃。"他解释说，分享同样的空间、同样的习惯，以及同一个盘子里的食物，这是分享经历的一种方式。这是共生性。西梅尔更进一步指出，共生行为是"一种社会实践的原型形式"。[5]尽管古代共生性最明显的时刻围绕着宗教实践（庆典、仪式、节日）展开，但古代共生性并不仅限于宗教框架。当我们将目光转向古希腊，或者再具体一点，转向雅典，作为一种世俗习俗的"一同就餐"就变成了一个主要特征。

会饮（symposium）是雅典古典时期最著名的消耗激情的就餐方式。[6]"会饮"一词源于古希腊，意为"一起饮酒"，后期的罗马形式为"欢宴"。会饮将分享食物的共享性转变为以饮酒为中心、世俗性、社会性、感官性的活动。虽然饮酒可能是餐馆发展史的核心，但其他四个历史悠久的特征也开始受到关注，即

性别差异、性游戏、音乐娱乐和谈话。当人们把过度饮食和过度饮酒这两种过度行为结合起来，再加上奢侈的食物和美酒，也就是我们今天所知道的餐馆的萌芽。

会饮在很大程度上被看作是男人的酒会，他们可以在这里建立、扩大联盟和友谊。会饮在一个私人住宅内举行，在一个专为男性准备的房间，房间里有一块被抬高的地板，可以容纳11～15人，参与者通常用左肘倚在双人沙发上。这实际上是一个圆圈，只是被一扇门打破，所有的人和食物都要通过这道门进来。谈话似乎更像是一种仪式，从左至右，一圈又一圈，小而亲密，觥筹交错，创造了一方与外界隔绝的天地。

会饮从三杯葡萄酒（双耳喷口杯）的第一杯开始，这些葡萄酒要比现在的葡萄酒烈性高，加水稀释后变成相当于现代一杯啤酒的烈度：第一杯为健康，第二杯为爱情，第三杯则为睡眠。不过这是一个理想的过程，不一定按

赤陶柱状双耳喷口杯（用于混合酒和水的碗），约公元前550年，莱多斯，黑彩赤陶。

赤陶康塔罗斯酒杯（高把手酒杯）：两个女性的头，约公元前490—前480年，布吕格斯绘者，红彩赤陶。

赤陶基里克斯杯（酒具），公元前 5 世纪中期，布鲁塞尔画家，红彩赤陶。

卡尔斯鲁厄群，阿普利亚红彩鱼盘，约公元前 350—前 325 年，红彩陶器。

照这个顺序进行，但可能会让那些经常喝得酩酊大醉的宾客节制一点。在公元前 4 世纪古希腊雅典政治家欧布洛斯的一部戏剧中，酒神狄俄尼索斯如是说："第四杯不再属于我，饮之口出狂言；第五杯饮之呼天抢地；第六杯饮之狂欢作乐；第七杯饮之彻夜不眠；第八杯饮之惹是生非；第九杯饮之暴躁易怒；第十杯饮之陷入疯狂，家具物品，一应乱扔。"[7] 酒本是让人们畅所欲言，丰富谈话内容的，但它显然也是人们常常聚在一起的借口。

会饮还包括一场盛宴，通常是用一种特殊的食物来激发一种特殊的激情：鱼。对于出席者而言，鱼不仅仅是一种美味的食物，也是一种深深沉浸于消费文化和鉴赏中的新食物客体。与其他许多食物不同——它们要么因随处可见而变得索然无味，要么是宗教仪式上的供品，而鱼类此时在雅典人心中则是彻底的世俗食物。会饮上的人对待鱼，就像未来 3,000 年里评论家对待许多食物一样：把其当作一种值得讨论、评价、争论且出大价钱去了解和各抒己见的东西。[8] 这些针对鱼的讨论是促使大家坐在一起的一部分，是缔结社交纽带的一部分，是构建政治和经济同盟的一部分，也是建立和加强非亲属关系的一部分。

对于那些受不得会饮高端气氛的非精英人士，也自有另一种公共空间来吃吃喝喝。小酒馆主要是喝酒的场所，但也能吃一点东西——稍微富裕的人可以批量购买葡萄酒并带走。这些小酒馆散布在雅典各地，通常为奴隶所有，就像伦敦的酒馆一样，都有自己的名字：比如经常被人说起的"秃顶男人的小酒馆"。在庞贝，这些小酒馆的分布密度与今天的城市酒馆十分相似。在雅典古市集出土的文物让我们得以一窥当时小酒馆的面貌：研究人员发掘出大量厨具（焙盘、餐盘、锅、搅拌钵、小臼）和餐具（盐罐、盘子、小碗及许多酒具），以及一根长笛、几盏灯和动物骨骼。在邻近的一处遗址，人们还发现了大理石桌面。[9]而在这些小酒吧或小酒馆闲逛的人所遭到的非难也可能与现今如出一辙：

> 就连最体面的年轻人也酗酒、约会，在懒散的幼稚游戏中浪费大好青春……有些人在"九泉酒馆"喝酒，有些人在赌场掷骰子，还有许多人在长笛女受训的地方流连忘返。[10]

《食物奶酪篇》，选自《健康全书》，14世纪末期，插图手稿。

在雅典和其他古希腊城市，无论是高端会饮，还是街头生活，游戏和音乐都是不可或缺的特色。在这些空间里，吃喝与音乐、聊天、性相得益彰。人们还为在公共场合一起吃喝发明了各种仪式和技术。他们生产了大量用于烹饪和饮食的器皿，追求奢华的食物和饮品，如鱼和精酿酒精饮料，用以纵情享乐。而这些地方——无论是会饮还是小酒馆——几乎涵盖了现代社会公共饮食的所有方面。

吃在城市

一千多年来，世界各地城市的外出就餐场所与古希腊大致相仿：小酒馆、茶馆、咖啡馆、小吃店、小吃摊、小商店、俱乐部。大城市里可供选择的场所较多，也会向更多的就餐人群开放。

对于下层社会来说，从开罗到伦敦，从马德里到开封，小吃店有时是人们获取食物的主要场所。通常来说，城市的工人阶层自家没有厨房（这一趋势一直持续到19世纪），只能吃现成的。虽说他们可以把食物带回家，但历史记录表明，这些食物有时会在公共场合被食用。尽管小吃店的食物千差万别，但在不同的地理位置和时间上，它们有一个共通之处：据一位18世纪的西班牙作家所说，小吃店每天只会提供一道菜，通常用普通的陶器盛放，就被放在"地窖或入口"的地方。而正如14世纪编年史学家阿尔·麦格里齐所描述的，那里可能只有泥土地面。[11]这些空间不是用来娱乐

《吸烟者》，约 1636 年，阿德里安·布鲁维尔，木版油画。

《迈丹－埃尔－阿达维：街头集市上的小吃店，来自开罗、耶路撒冷和大马士革》，1912 年，沃尔特·斯宾塞－斯坦霍普·蒂里特，插图。

的，不能用来选择食物，也不能用于观看或被观看——而这些因素正是餐馆所能提供的重要功能；然而，小吃店显然是外出就餐的一个重要组成部分，直到今天仍以餐车、摊贩、加油站餐馆和小外卖店等形式存在。

咖啡屋、茶馆和咖啡馆是可以同时进行社交并获取地方新闻和饮料的重要场所。这些场所在服务模式和可供选择的食物上都不能算是餐馆；不过，它们在发展一些最终被餐馆接管的政治空间元素方面起到了重要作用。无论是在中国的喀什，还是在法国的巴黎，能提供茶和咖啡的场所往往都是社会事务兴旺的地方。[12]

在威尼斯，花神咖啡馆自 1720 年开业以来一直持续营业，现在仍在圣马可广场为游客提供服务。在日本宇治市，通圆茶屋自 1160 年就一直是达官贵人的活动中心，比如幕府将军德川家康（1543—1616），如今它正由通圆家族第 24 代人经营。

在近代早期的欧洲，酒馆文化至少可以与古希腊一样发达。小酒吧、小酒馆和啤酒屋随处可见，这类场所的饮品要比食物更加出名。喝酒才是正事：男男女女在公共场合一同畅饮。葡萄酒、苹果酒、啤酒、麦芽酒或（稍晚些出现的）白兰地和杜松子酒，都是这类场所

《欢乐的露台》，约 1670 年，扬·斯特恩，布面油画。

《小酒馆一隅》，1780—1827 年，托马斯·罗兰森，水彩画。

的引擎，这些场所大多明确禁止提供食物或住宿，或只允许提供奶酪和面包。

中国也有酒馆文化，就像在古希腊，其中一些酒馆是性娱乐场所（交际花和娼妓）。为突显自家的排面，这些酒馆通常装饰得非常奢华："红绿栏杆，蓝紫屏风，红色镀金灯笼，花台矮树，造型典雅的椅子。"相对简陋的小酒馆则是用竹子搭建，挂上简单的窗帘。来这些酒馆是要了解一些门道的：懂规矩的可以去楼上的包间；而不懂规矩乱闯的人不仅会被嘲笑，还会被收取更多的费用。[13]

从巴黎到杭州，人们都能买到相当于近代外卖的食物。在巴黎，人们晚餐的典型食物，比如香肠、汤品和禽肉，通常由不同的餐饮服务者提供。这些场所提供外卖或即食食品，但其食物的种类必须在经营者执照的允许范围内。直到今天，西班牙的传统面包店都只在星期日营业，并专门为教堂礼拜的课后餐提供烤鸡。

此外还有俱乐部和公共礼堂。比如在欧洲的某些德语区（Geschlechter-、Zunf-、Trinkstuben），它们通常采用会员制，并设置

《文会图》，约 1100—1125 年，宋徽宗，水墨绢本。

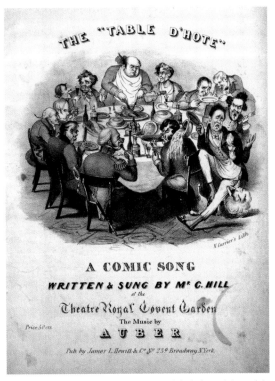

歌曲《套餐餐馆》的乐谱封面图，伦敦皇家中心剧院 C. 希尔先生作曲（1900），插图。

规则，但作为回报，会员们可以一起社交，一起吃饭喝酒。通常来说，这种组织会有一个官方厨师。在上莱茵沿岸和瑞士北部地区，曾一度开设 265 家餐馆。[14] 在巴黎和英国，这种会员制半私人的就餐场所也很常见，并且一直持续至今。

除上述之外，也有完全公共的就餐场合可供选择。15 世纪盛行于欧洲的"套餐餐馆"提供的是固定价格、固定时间的一餐。这种有固定就餐时间且所有人一同吃饭的就餐形式，是在餐馆发明之后才出现并一直留存下来的。食物被放在桌子上，顾客可以随便取用。如果来晚了，可能就会错失最好的食物。无论是想要

饱餐，还是只想随便吃点，在餐桌旁用餐的乐趣都会有一个固定的价格。许多套餐餐馆都有自己的老主顾，但也会为松散的旅客提供服务，只要他们能准时出现。在英国，"普通酒菜馆"通常服务于工人阶层，基本都是一种形式的套餐餐馆（固定时间、固定价格、固定食物）。这些场所大多相当普通，只是增加了座位和比小吃店稍微复杂一些的饭菜。其中最具有代表性的"套餐餐馆"或"普通酒菜馆"为辛普森鱼餐馆，位于伦敦的英格兰银行附近，自 1714 年开始营业，提供定价 2 先令一份的鱼类普通套餐——12 个牡蛎、汤、烤鹧鸪、3 种开胃菜、羊肉、奶酪。

吃在路上

在过去的几千年里，专门服务于旅客的食物体系已逐步形成。在旅途沿线上，我们可以看到餐馆的另一种起源，其与城市餐馆的起源不一样。无论是古代中国和日本的官员，还是沿玛雅路线穿越今墨西哥和中美洲北部的商人，或是从英格兰到埃塞俄比亚的宗教朝圣者，早期的旅行者一路上依赖的是"款待"，而这种款待并不来自酒店行业，而是沿途陌生人的热情好客。在许多文化中，这种行为被看作是重要的社会职责，并伴随着提供大量食物的道德义务；然而，吃在路上往往有着许多不确定的因素。在中国，这种不确定性更为明显，以至于在人们上路之前要为其举行盛大的宴会——吃饱肚子好上路，若遭遇不测，也算

《鲁尔斯餐馆，梅登街 35 号，WC2》，约 1940 年，沃尔特·贝叶斯，纸面钢笔水彩画。

是道了别。[15]

在沿北非、中东、南欧、东欧、中亚、南亚的丝绸和香料贸易路线上，总共出现了三种食物体系，三者均服务于在中国、印度、阿拉伯、粟特和罗马地区（仅举数例）之间运输货物和财富的商人，即驿站、小客栈和小旅馆。正如小吃店一样，这些场所有着跨越时间和地理的共同特征，也有着与文化密不可分的独特方面。所有这些场所都以娱乐为特色：剧作家、歌手、音乐家、诗人、说书人。与此同时，这些地方也是交谈和贸易的场所——也可以在穿越大草原的舟车劳顿中得到片刻的喘息。小客栈和小旅馆也提供酒和性服务；而阿拉伯地区的小旅馆通常不喜欢这类消遣。虽然大型商队一般会自带食物，但这些中途驻足之地总会催生一个有人气的吃饭场所。有些地方既提供住宿也提供饮食，而在其他城镇则纷纷出现了提供食物的茶馆、小酒馆和小吃店。

《萨尔茨堡的圣彼得酒窖餐馆》，约 1900 年，卡尔·欣特纳，照片。

在北欧和西欧，随着中世纪早期基督教帝国的崛起，政治、经济和朝圣路线推动了食宿场所的兴起。这些场所可被分为两个阵营（与我们在东亚看到的那些中途停留的场所差别不大），即提供住宿的修道院和独立的小旅馆。最古老、最知名的修道院餐饮场所之一是奥地利萨尔茨堡的圣彼得修道院。公元 803 年，约克郡的阿尔昆曾提到查理曼大帝在那里用餐；500 年后，萨尔茨堡的修道士也以诗歌和歌曲赞美那里的饮食服务。到了 18 世纪 60 年代，圣彼得酒窖餐馆（2017 年更名为圣彼得餐馆）已经成为富人的用餐胜地。

独立小旅馆沿袭了驿站的传统，为人们提供加工好的食物，以及就餐、聊天和娱乐的场所，但相比于丝绸之路（顾客以商队形式结伴而来），行经此地的朝圣者和商人更为散乱。在小旅馆，虽然人们可以随时购买到食物，但对于吃什么的选择往往是固定的（与小吃店一样）：当天烹饪了什么，就提供什么。小旅馆的娱乐活动相对低俗，食物也很糟糕，正如米格尔·德·塞万提斯所描述的：

他们把桌子摆在旅店门口，想利用那里凉爽的空气。店主给他端来了一份最差劲、最糟糕的鳕鱼，还有像他的盔甲一样又黑又脏的面包。但他吃东西的样子引来了哄堂大笑，因为他戴着头盔，用双手托着面罩，除非有人把东西送进他的嘴里，否则他吃不了任何东西，一位女士就在做这件事。[16]

《堂吉诃德》的后面又写到，在另一家小旅馆里，桑丘问晚饭吃什么。旅馆老板说桑丘想要什么都能有。于是桑丘点了烤鸡，但不幸的是，鸡都被老鹰吃掉了。桑丘又点小母鸡，同样不凑巧，所有的小母鸡都被送去城里了。小牛肉、小山羊肉、培根、鸡蛋……所有这些都会引起类似的令人遗憾的否定回应。桑丘最后惊呼道：

"我的天！你有什么东西，就干脆说吧！咱们有什么吃什么，甭再啰唆了。"

旅馆老板回答道：

"我有一些看起来像是小牛蹄似的老牛蹄，或是一些看起来像是老牛蹄似的小牛蹄，和豆子、葱头、培根一起煮，它们就在那里，正在说'吃我啊！吃我啊！'"[17]

这些地方的食物品质参差不齐，就像今天的餐馆一样。有些场所的食物糟透了——"长满霉菌和虫子"的奶酪、爬满蛆虫的肉；有些场所的食物则很棒，包括美味的鳟鱼、草莓、

《堂吉诃德、堂费尔南多、多罗蒂、卡尔迪诺、露辛达、牧师和理发师一同在小旅馆吃饭》，选自《堂吉诃德》，米格尔·德·塞万提斯著（1880 年版），古斯塔夫·多雷，版画。

烤小牛肉、花椰菜和甜点，这些都能巩固餐馆本来建立的良好印象。[18] 食物通常都是当地的，这不仅仅是因为巴伐利亚人希望吃到香肠、苏格兰人希望吃到鲑鱼，还因为许多食品采购仍受地域限制。香料可能来自国外，但其他食材大多来自当地。大部分用餐场所会提供汤、3 道主菜和甜点；但上等餐馆可能会有 6 道主菜共 50 道菜肴。配菜和装盘也五花八门，从经典大桌、公用碗、面包盘子，到更为私密的雅座，并配有单独餐具，以及为最尊贵的客人准备的银制餐具。

最早的餐馆

到目前为止，我们所看到的场所——从小酒馆到套餐餐馆，从聚会场所、驿站到咖啡馆，都算不上是我们今天所知道的餐馆。餐馆的完整意义，以及人们对它们的体验，依赖于服务和食物的选择。这些特征，以及餐馆作为一个社会机构的功能，从最初的小酒馆、小吃店、小客栈发展到现在，已历经一千多年的时间。只有在一个可以容纳商务旅行者的足够大的重商主义经济的十字路口，城市的发展才能保证餐馆文化的完全形成。这种情形并没有在西方发生，而是发生在约 1100 年的中国宋朝，中国城市里第一批开设的餐馆要比巴黎餐馆的出现早 700 年。

为什么餐馆会起源于这里？或许最明显的答案是人口规模：北宋末期，北方的开封和南方的杭州都是人口超过 100 万的城市。大约在同一时期，巴黎有 30 万人，米兰有 20 万人，格拉纳达有 15 万人，伦敦仅有 10 万人。第二，中国城市居民人口所持的货币都是小面额。第三，这些大型城市也是巨大的贸易中心，汇聚了来自不同文化背景的人，而对于旅客和那些以城市为家的人来说，可以享用来自其他地方食物的想法，成为另一个驱动力：具有 21 世纪餐馆文化特色的地方菜系（来自世界各地的"地道"食物），在开封和杭州这两大城市已完全形成。第四个原因或许与政治有关：中国社会秩序的松散导致了一个由士大夫而非世袭贵族统治的中央官僚社会的出现。这群人拥有权力和金钱，却没有途径、空间或意愿留在家里娱乐。此外，由于一个人可以通过政治手腕在阶层间移动，而在餐馆吃饭就提供了理想的战略空间和见面场合。[19]

有历史可考的最早的餐馆出现在中国开封。直到 1127 年，开封一直都是宋朝的首都。那些有关这座繁华城市餐馆的初期作品和绘画表明，这座城市当时已经进入了一个充斥着之前提到的小酒馆、小吃店和小摊位的时代。这些餐馆大都是与地方菜系息息相关的特色餐馆。这也在意料之中，开封的水路四通八达，除了把食物和食材带到这座城市的市场之外，它还带来了人，尤其是商人和官员。这些旅行者和外来人口结成了正式的地方联盟，此后，地方菜馆便应运而生，宋代史料里就曾提到"南食""北食"和"川饭"。南方的游客很难适应北方食物的口味，于是专为他们开设的小吃店也出现了。[20]

这些城市的就餐场景千差万别。就像今天一样，一个人可以在小吃摊吃饭，也可以在一个更正式或不太正式的餐馆（或大或小）吃饭。这些不同的场所提供了五花八门的食物：汤、炖菜、肉类、素食、意大利面、点心或野味。它们通常位于城市人口密集区，比如开封有一条马行街，毗邻动物市场，"非常热闹，据说那里的灯光所蒸腾出来的烟雾和热气能赶跑蚊子和黑苍蝇"。1147 年，北宋文学家孟元老在其回忆录《东京梦华录》中这样描述马行街和那里的餐馆：

> 马行北去旧封丘门外袄庙斜街州北瓦子……处处拥门，各有茶坊酒店，勾肆饮食。
>
> 市井经纪之家，往往只于市店旋

《清明上河图》局部，约 1186 年，张择端，单色水墨绢本。

置饮食，不置家蔬。北食则矾楼前李四家、段家煨物、石逢巴子，南食则寺桥金家、九曲子周家，最为屈指。夜市直至三更尽，才五更又复开张。如要闹去处，通晓不绝。寻常四梢远静去处，夜市亦有绕酸馅、猪胰、胡饼、和菜饼、獾儿、野狐肉、果木翘羹、灌肠、香糖果子之类。冬月虽大风雪阴雨，亦有夜市：子姜豉、抹脏、红丝水晶脍、煎肝脏、蛤蜊、螃蟹、胡桃、泽州饧、奇豆、鹅梨、石榴、查子、榅桲、糍糕、团子、盐豉汤之类。至三更方有提瓶卖茶者。盖都人公私荣干，夜深方归也。[21]

餐馆的顾客和供应的食物通常与其所在的地点相匹配。比如在一座寺庙附近，衣饰店和书店之间一定会有一家素食茶室风格的餐馆。在妓院众多的地方，一定会有许多南方菜馆。[22]据美国汉学家奚如谷推测，"尽管关于地方餐馆与妓院之间的实际关系信息甚少，但在城市的娱乐区，二者毗邻的现象似乎是可以预见的。"[23]餐馆通常位于娱乐区，许多餐饮场所会专门安排从歌姬到舞台表演等多种娱乐活动。

这类餐馆大多规模较大。据奚如谷记载，某家饼店配备超过 50 个灶，每个灶前都有四五个工人在负责和面、捏饼和入炉。1147 年，孟元老曾这样描述这种大餐馆：

> 大凡食店，大者谓之"分茶"，

则有头羹、石髓羹、白肉、胡饼、软羊、大小骨角、㸑腰子、石肚羹、入炉羊罨、生软羊面、桐皮面、姜泼刀、回刀、冷淘、棋子、寄炉面饭之类。吃全茶，饶斋头羹。

…………

又有瓠羹店，门前以枋木及花样簪结缚如山棚，上挂成边猪羊，相间三二十边。近里门面窗户，皆朱绿装饰，谓之"欢门"。

每店各有厅院东西廊，称呼坐次。客坐，则一人执箸纸，遍问坐客。都人侈纵，百端呼索，或热或冷，或温或整，或绝冷、精浇、膘浇之类，人人索唤不同。行菜得之，近局次立，从头唱念，报与局内。当局者谓之"铛头"，又曰"着案"讫。须臾，行菜者左手权三碗，右臂自手至肩驮叠约二十碗，散下尽合各人呼索，不容差错。一有差错，坐客白之主人，必加叱骂，或罚工价，甚者逐之。[24]

除了丰盛的食物，这段描述中最让人惊奇的莫过于训练有素的店小二。店小二们唱念顾客的菜单，以及驮叠着几十个碗的形象虽然出现在一千多年前，但如今看来依然很现代。

其他关于早期餐馆的故事则来自杭州。1132 年，宋都从开封迁至杭州（当时称为临安）。马可·波罗到达那里的时候，蒙古人已经在 1275 年完成了对杭州的入侵。马可·波罗称这座城市为"昆赛"（Quinsai），这是汉语"首都"的波斯语变体。法国著名汉学家谢和耐在其《蒙元入侵前夕的中国日常生活》一书中提到这位著名的意大利旅行家，他把杭州描述为"昆赛之大，举世无匹……在那里可以找到这么多的乐趣，简直恍若步入天堂"。[25]杭州城中心与之前的开封很相似，只是货物来自更遥远的海外：中东和东南亚。

除了被称为"茶酒厨房"的宴席承办者（包办饮食、餐具和装饰的餐馆）之外，还有一种大型餐馆。（法国也有类似从宴席承办者向餐馆老板转变的趋势。）马可·波罗曾这样描述这种大型餐馆：

湖心有两个岛，每个岛上都矗立着一座富丽堂皇的大厦，其间有多得令人难以置信的房间和独立的包间。当有人想要举行婚宴或盛大的宴会时，就会在这其中的一座殿堂里操办。所有的物件都已准备停当，诸如碗碟、餐巾、桌布及其他任何用得着的东西。室内的装饰摆设都由这两座殿堂的公民共同出资兴建和维修，他们也正是为此目的而建造的殿堂。有时，这些殿堂里会同时举行 100 场不同的宴会，有的大宴宾客，有的庆祝婚礼；然而所有人都能在不同的房间和包间里找到很好的去处，而且被安排得井然有序，谁也不会妨碍到谁。[26]

和开封一样，杭州城内也有餐馆和茶肆，"插四时花，挂名人画，装点店面，以勾引观者，流连食客。"食物被盛在精美的瓷器和漆器上，小曲入耳，可谓逍遥自在（这里的女孩会唱曲，而不是像古希腊的女孩吹笛子）。[27] 约1300年，在宋朝编纂的文献《梦粱录》中，除了对餐馆本身的描述之外，还开始出现了关于人们不知如何正确点餐的故事：

> 初坐定，酒家人先下看菜，问酒多寡，然后别换好菜蔬。有一等外郡士夫，未曾谙识者，便下箸吃，被酒家人哂笑。[28]

我们会在许多场合遇到"乡巴佬"（贸然闯入自己不熟悉的文化）这种说法，包括先于餐馆出现的欧洲旅馆，以及19世纪早期巴黎人通过使用出行指南和餐馆指南学会如何举止得体。对于经常光顾餐馆的新一代人来说，18世纪的中国餐馆指南也发挥了同样的作用。

尽管中国餐馆早在近1,000年前就已经完全形成，但欧洲餐馆却还要再经过700年才会出现。在公元后的第一个千年里，从面条到瓷器，众多的饮食文化在欧洲和亚洲之间传播；然而拥有侍者、菜单、丰富的食物选择、不可思议的装饰及娱乐的餐馆并没有随之迁移。相反，欧洲餐馆的出现非常突然。更进一步讲，它们像中餐馆一样，均出现在一个丰富的场景之下：获取食物的多种方式、在公共场合一起吃饭，以及客栈、小酒馆、俱乐部和茶馆的出现，等等；但却基本上没有菜单、侍者、隐私或外出就餐的礼节。

2

餐馆老板和你：
早期法国餐馆中的个人与公众

这是一个周五的晚上，你打算外出就餐。你本可以早做计划、预订餐位，但你没有，而是信步来到一个以前从没光顾过的地方。餐馆领班带你来到一张桌子前，专门分配给你的侍者递给你一份菜单。你决定点一份奶油意大利面，而你的同伴点了一份沙拉。你的食物是为你准备的（虽然一开始并不是这样），但它只是为你而做，只为你装盘，只为你端上来。大块朵颐（或勉强吃下）之后，侍者会根据你和同伴所点的菜品以及菜单上的价格为你开具一份账单。

在餐馆吃饭的时候，你或许不会考虑这些。自18世纪60年代首次在巴黎亮相之前，这些特征一直是在中国传承并被传播到全球。从那时起，餐馆就被定义为"一个场所"，当你在众多菜品中做出选择时，你就可以在这家"机构"的营业时间内就餐。至少从最初来

看，餐馆是侍者为你服务的地方，在这里，你可以和同来的人坐在一起，可以在账单生成后付钱，其间没有任何惊喜。餐馆最伟大的创新之一就在于它是以你为中心的，从践行这种外出就餐新方式的第一家汤铺开始，食客就是餐馆老板和美食评论家加以理解、塑造并宣扬的框架。

精美的食物

"罗泽，圣奥诺雷阿里葛莱酒店的经营者，也是第一位餐馆老板，这家酒店除了提供老板所期望的食物之外，还提供价值每人 3~6 里弗①的精致佳肴。"

——《年鉴》，1769 年[1]

---
① 古时法国货币单位及其银币。——译注

起初，"餐馆"并不是一个场所，而是一种食物：一种滋补的肉汤。这些肉汤作为菜品出现在 18 世纪的菜谱和医书中，其中最令人发指的建议就是把"肉和骨头与珠宝和黄金一起炖"，不过更为常见的建议则是肉汤要经过长时间的烹制，直至变成浓汤。

18 世纪 60 年代，一位颇有进取心的法国人创立了第一家餐馆，保证随时为顾客提供"肉汤"。关于谁才是第一位餐馆老板，人们一直有争论：两个世纪以来，一个被称为布朗热的人被认为是这项发明的创造者；然而到了 21 世纪初，不同版本的"第一位餐馆老板"出现了，他就是马蒂兰·罗泽·德·尚图索瓦。这两个人的故事其实相差不大，共同揭示了这类新兴生意的本质。

1803 年，记者弗朗西斯·威廉·布莱格登在《巴黎的前世今生》一书中首次向英国读者讲述了布朗热的故事，并称有关他的故事是一个经济和政治上的权宜之计："1765 年，一个名叫布朗热的人想出一个主意，想要通过各种浓汤来恢复虚弱的巴黎人日渐枯竭的动物机能。"布莱格登说此人没有承办宴席的执照，于是他开了一家昂贵的汤铺，"食物没有用罩布盖住，被摆在窄小的大理石桌上"，并为这种美妙的体验收取额外的费用。它"别出心裁，新颖时尚，最主要的是费用高昂，一时被引为潮流"。[2]

虽然这个故事的细节，正如餐馆老板的名字和制作无执照食物一样，均无史可考，但故事本身的确描述了第一批餐馆的关键特征：汤铺、装饰精美、价格更高、顾客富裕。

历史学家丽贝卡·斯潘通过研究后，讲述了一个相对更有依据的故事，这个版本强调了类似的特征。同样，马蒂兰·罗泽·德·尚图索瓦既不是厨师，也没有承办过宴席，而是一名企业家：他经营一家杂志，并参与政治改革。在其 1765 年的《年鉴》中，他首次把自己称为餐馆老板，创立的餐馆"专门提供能够保持并重建健康的食物"。[3]第一批餐馆自称为"疗养院"，18 世纪 70 年代的广告宣传（报纸声明和餐馆门口的招牌）都在承诺能为弱者和疲惫的人提供援助，并依靠从拉丁语口号到针对健康状况的菜单等用语，为其饮食生意奠定科学和医学基础。

然而，这些地方并不是诊所，它们更像是水疗中心——健康固然重要，但美丽、形象和某些小病痛的流行才是这些主张的核心。这些新企业专注于为个人提供强身健体的疗法，这里的顾客要比那些经常光顾小酒馆的人更富有，其中包括女性，她们的体质通常被认为是脆弱的；当然也包括敏感的男性——这在当时是一种赞美，意味着他们有意识、有智慧、有修养。

由于它们的目标是恢复健康，因此空间上的设计理念就变成了"用餐体验与食物同等重要"：人们独自坐在桌旁；随时可以用餐；房间装饰华美；瓷器精美；服务个性化且细致入微。虽然这种版本的餐馆只用了 10 年左右便发展成为我们现在所知道的餐馆，但其衍生出来的理念——个性化且具有美感的待客之

《阿里葛莱酒店／博哈奈酒店，法国第七区巴黎大学路 15 号》，2011 年，穆尼克，照片。

道——至今仍在影响着餐馆的发展。即使是那些宣称让食物成为"一种方式"，并在字体和成品设计上紧跟新潮流的快餐连锁店，也遵循了这一模式，这与起初代表公共体验或实用体验的外出就餐形成了鲜明对比。

自这些高雅的汤铺开始，餐馆就沿着两条路径扩展开来。一些较早的餐馆开始扩充菜品——添加水果、奶酪或简单的鸡肉等轻食；其他一些曾专门承办宴席的餐饮机构则开始吸纳餐馆的元素，比如用个人餐桌取代公共餐桌，提供固定价格的菜单并随时可以就餐，等等。

到了 18 世纪 80 年代末，巴黎的豪华餐馆开始崛起，成为当今餐馆的主要模式。1789 年至 1793 年，巴黎的第一批豪华餐馆——普罗旺斯三兄弟餐馆、伦敦大酒店、时尚牛肉餐馆、加特伦餐馆、梅奥和罗伯特餐馆——正式开业；它们都有银光闪闪的银制餐具、镜子和厨师。而小旅馆、小酒馆和咖啡馆向餐馆的转变，最明显地导致了我们如今所知道的多样化的餐馆场景。这种转变既得益于工作和生活方式的改变，也得益于人们对休闲和美学观念的转变。然而，正是这些豪华餐馆（受欢迎的程度和十足的魅力）在一定程度上促成了餐馆在全球范围的扩张。

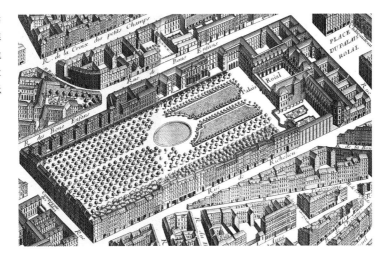

克劳德·卢卡斯临摹自路易·毕雷德的《巴黎杜尔哥地图之巴黎王宫俯瞰图》，1739年，纸面钢笔画。

巴黎王宫与餐馆宫殿

巴黎的早期餐馆常常被小说家、旅行作家和其他文人描述为"宫殿"。大镜子、精美的瓷器、新颖的灯具和豪华的家具摆设是这些富丽堂皇的场所的典型特征。在十多年的时间里，餐馆已经从"疗养院"变成了用餐胜地。其中最著名的就是巴黎王宫，这片娱乐区上遍布着巴黎的早期餐馆。

巴黎王宫位于卢浮宫附近，建于1633年，是法国枢机主教黎塞留的府邸，最初被称为"枢机主教宫殿"；1642年，黎塞留去世，宫殿被法国国王收回，自此被王室接管长达150年。18世纪80年代，它从一个拥有公共剧院的私人宫殿，转变成了一个拥有更多娱乐场所和餐饮场所的公共游乐场，同时也是一个允许所有人散步的花园。在此期间，它成为巴黎蓬勃发展的餐馆行业的中心。

伦敦大酒店于1782年在巴黎王宫开业，用美食作家让·安泰尔姆·布里亚－萨瓦兰的话来说，"它是第一家将精美的包间、精明的侍者、精选的酒窖和精良的厨艺四项要素结合在一起的餐馆。"[4] 布莱格登简单描述了这家典型豪华法式餐馆的内部：

来到大餐馆的第一层——以前这里可能住着一位包税人[①]——你可以走进一间套房，里面装饰着阿拉伯风格图案和大镜子，风格雅致不失华丽，所有餐桌均是为了大小宴会而设置。冬日里，这些房间用装饰性的火炉供暖，用坎凯灯（阿甘油灯的一种）照明，它们足以容纳250～300人；每年这个时候，每天在这里用餐的人数可达到200人；到了夏季，由于受乡村和首都周边娱乐聚会的吸引，用餐人数

---

① 1789年以前法国负责包收租税的人，后来大部分在大革命期间被送上了断头台。
——编注

会大大减少。[5]

就餐馆的内部装饰来说，它很普通，其推出的 318 道菜也算不上独占鳌头。不过，伦敦大酒店的老板却能让它脱颖而出。该店的创建和经营者安托万·博维利耶尔原是一名皇家厨师，后来写了一本与烹饪有关的书，从而奠定法国民族美食的基础。作为国王兄弟的前糕点师，博维利耶尔可谓是将之前只供贵族享受的饮食风格和礼节带到中产阶级餐桌上的餐馆老板的典范。事实上，法国大革命之后，他差点

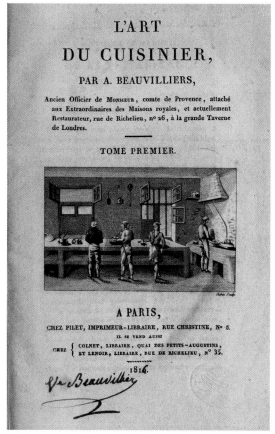

《烹饪的艺术》扉页，安托万·博维利耶尔（1754—1817），朱班刻印，1814 年。

因为与王室过从甚密被处决——然而，作为一位餐馆老板，他在公众面前表现出来的善良和热情挽救了他（或者至少说，在他餐馆吃饭的那位人脉较广的新警卫希望看到他烹制的肉放在桌子上，而不是他的头颅放在砧板上）。作为一名厨师，他改变了法国的餐饮方式，把酱汁、馅料和一系列之前只服务于贵族的烹饪技术，引入新的上层阶级——商人、企业家、艺术家、知识分子和美国旅行者。博维利耶尔经常身穿制服，佩戴皇家御赐的剑，在餐馆里走来走去，用多种语言与顾客交谈，记下他们的喜好，推荐美食和葡萄酒，让顾客喜欢上他，并帮助他们生成账单。

就在博维利耶尔开店的 3 年后，巴黎王宫附近出现了一家有着完全不同血统和菜单的餐馆：普罗旺斯三兄弟餐馆。餐馆名字中的"三兄弟"其实并非亲兄弟，他们也并非来自普罗旺斯。事实上，他们来自马赛，只是娶了三姐妹而已。但他们却给巴黎带来了美味的奶油鳕鱼酪——一种来自普罗旺斯的咸鳕鱼。起初，这家餐馆的装饰很简朴，没有白色的桌布，也很少使用银制餐具。然而，到了 19 世纪初，这家餐馆成为许多外国人（尤其是美国人）到巴黎旅游的首选目的地。他们喜欢法国的家具，也喜欢法国的食物，可能觉得比起参观历史遗迹和博物馆，他们更容易以一种不需要太多古典素养培训的方式来体验法国。其中一位旅行者卡罗琳·玛蒂尔达·斯坦斯伯里·柯克兰曾这样描述这家餐馆：

《法国复辟王朝时期的普罗旺斯三兄弟餐馆内部，巴黎冬季》，1842年，尤金·拉米，版画。

以普罗旺斯三兄弟餐馆为例，作为最好的餐馆之一，餐桌上铺着王室专用的上等锦缎桌布，还有与之相配的餐巾，极其纯洁白净。这里有银制的叉子和勺子，以及多得超乎想象的盘子，可供你连续使用；食物都被盛放在银盘子里，热乎乎的，烹饪也恰到好处，而且种类繁多。周围摆放着巨大的镜子，还有雕像和鲜花；水果被盛放在精美的瓷器篮子里，这里的任何一件奢侈品都能增加就餐的乐趣。[6]

这家餐馆完美地体现了法国餐馆的理念，以至于它被引入了美国第一届世界博览会，即1876年在费城举办的百年博览会。然而，在巴黎，它却要不断地与高级餐饮机构和新转变成餐馆的咖啡馆和套餐餐馆竞争。为了驾驭（并推动）这种传统的消遣和时尚方式，一种新的写作形式出现了。

如何吃得更好

一种新兴宣传行业的出现，帮助并怂恿将餐馆发展成为法国文化的标志，得以让人们高兴地逗留并将其传播到国外。这个行业的出现，有助于巩固人们对经典餐馆的看法。我们现在所说的关于美食的文章、评论，以及关于厨师、食物和就餐的书籍，都是伴随着餐馆（以及厨师和现代高级烹饪法）出现的。在 18 世纪晚期和 19 世纪早期的法国，这种有关美食的写作形式分为两类：一种是专业写作的兴起；一种是个人写作的大量涌现，尤其是以信件形式（类似今天的博客和 Instagram）。餐馆指南、目录和评论比比皆是。虽然此时出现了不同的美食写作形式，但它们都有一个共同的特点，即一部分是评论，一部分是场景描写。这催生了大量针对巴黎美食的精彩描述，而这些描述有时却互相矛盾，令人着迷。

人们对餐饮业的诸多生动印象，都来自一位美食新闻写作的缔造者（其为塑造和确立这种评论体裁做出了巨大贡献），他就是亚历山大–巴尔塔扎尔–洛朗·格里莫·德·拉雷尼埃尔。当罗泽的《年鉴》在对餐馆进行分类、描述和宣传时，格里莫开创了另一个美食世界——一种从食客角度出发，对烹饪进行写作和评论的形式（这让我们想起了古希腊会饮上关于鱼的讨论）。1803 年，格里莫首次出版了《老饕年鉴》，以"健康饮食指南"为副标题。[7]

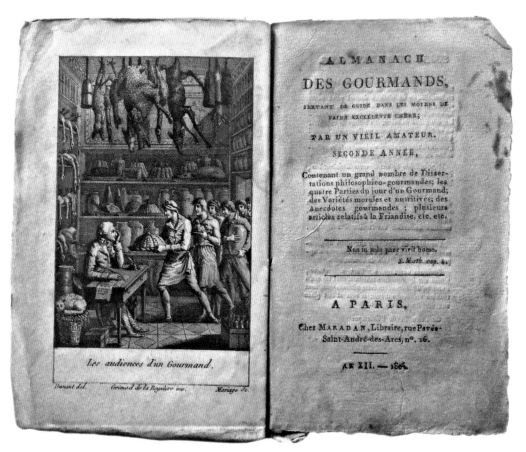

《老饕年鉴》扉页，亚历山大–巴尔塔扎尔–洛朗·格里莫·德·拉雷尼埃尔，1804 年，刻印杂志。

书中包含他对美食的评论，而这些评论均基于他与一群不具名的评审员举办的美食大赛。格里莫还会发表对餐馆的评论，其作品混合了讽刺、夸张和有见地的批评。他关于饮食方式和饮食含义的诸多主张被后来著名的美食家所采纳，比如布里亚－萨瓦兰（此人似乎抄袭了格里莫的作品，尽管他是一个更为雄辩且不那么刻薄的作家）。

与博维利耶尔一样，格里莫一直在古代饮食模式和新的饮食世界之间游走。格里莫出身贵族家庭，但成长经历颇为曲折，部分原因是他天生手指间有蹼。在青少年时代，有传言说是猪吃了他的手，而他小时候也被当作贫穷农民的教子受洗。格里莫似乎对命运做出了自己的反应，他一边穿梭于各种学校和家庭，一边将其作为一种非传统事业的起点，而这种事业既遭人嘲笑，也曾被人用来研究精英主义如何发挥作用。年轻时，他会在父母的家里举办盛大的晚宴，包括给猪穿上衣服，让它们坐在桌前，并介绍说它们都是自己的家人，职业是农民和商贩；观众中包括许多农民，他们会付钱观看这 22 位尊贵"客人"吃饭的场景。对于这些荒诞行径，他的父母选择了报警。被捕后，他被带到一所修道院，并在那里学到了有关食物的知识；也是在那里，他拥有了一双机械手指手套，他终于可以写字了。在法国大革命期间和大革命之后的动荡岁月里，格里莫借助自己既是圈内人也是圈外人的身份，建立了自己的人脉和声誉，从而引导人们采用新的饮食方式。

格里莫提出了得以构成一家伟大餐馆的标准：它必须能够满足人们的幻想和欲望。在他的帮助下，读者们深刻地意识到，餐馆是一个与众不同且有自己规则的地方，在这里，看菜单、点正确的食物和酒，会发展成为一种有品位的行为，需付出努力才能表现良好。他的第一本《老饕年鉴》带领读者参观了巴黎的餐饮机构和食品供应场所，后来的版本则摒弃了这种走马观花式的风格，而是按照类型对餐馆进行了分类。这些内容是指导人们获得全新体验的指南，比如点餐、按正确的顺序进餐、正确使用餐具、品酒以及重点关注一道菜的主要方面（类似于品酒指南）。这本书也是一本旅游指南，其对食物和餐馆进行了评级，而这些评级会被提交给格里莫组织的美食评审团。最初的评审团催生了许多其他美食协会，至今我们仍然可以在大来俱乐部全球 50 佳餐厅学院等组织中看见它们的影子。就像今天的餐馆评论家（想想 2007 年皮克斯电影《美食总动员》中那位可怕的评论家）一样，格里莫也以其尖刻而闻名。在博维利耶尔拒绝接受他的评论后，伦敦大酒店便不再出现在他的年鉴中，尽管前者是巴黎最知名的餐馆之一。格里莫的模式为下个世纪出现的各种美食写作奠定了基础——从烹饪艺术巨著到美食专著，从美食新闻（由查尔斯·狄更斯等作家撰写）到美食评论。

亚历山大-巴尔塔扎尔-洛朗·格里莫·德·拉雷尼埃尔(1758—1837)举办的所谓"葬礼盛宴"。

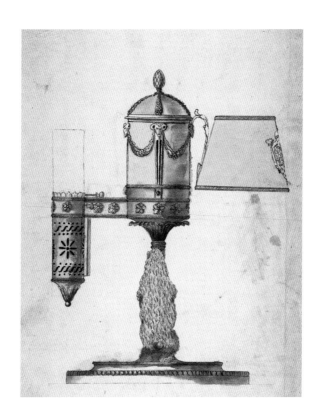

《带灯罩的阿甘灯》，约1800—1900年，未知艺术家，钢笔淡彩画。

灯光、餐桌与其他创新

18 世纪末和 19 世纪初是一个高级自动化且崇拜发明家的时代，也是社会对技术如何服务人类越来越感兴趣的时代。从城市扩张和工业革命，到美味酱汁的开发和菜单的印刷，这种对创新的热切追求推动了许多餐馆的出现和繁荣。与自由和企业家精神相比，煤气照明的作用也不可小觑。在一定程度上，照明技术的进步造就了现代城市，使得"夜晚"成为各种活动的场所。油灯和蜡烛，被置于巨大的镜子旁边，从而照亮了世界上第一批餐馆。19 世纪末，威廉·沃尔顿通过聚焦这些灯光对巴黎餐馆的场景进行了描述：

（巴黎）到处都是咖啡馆——地窖咖啡馆、弗拉芒岩洞咖啡馆、信念咖啡馆、意大利咖啡馆、波兰咖啡馆、博若莱咖啡馆、机械咖啡馆，几乎所有这些咖啡馆都会在晚上用坎凯灯照明，这种灯非常明亮，但需要服务员的细心照看。[8]

作为与餐馆同时（1765 年）登上巴黎和世界舞台的"发明"，坎凯灯改变了人类照明。在此之前，灯光通常很昏暗，或会产生过多烟雾。坎凯灯是艾米·阿甘和坎凯共同做出改进的结果，前者开发了一种新型灯芯和灯罩，后者则开发出弧形灯罩，并让这种新式灯具占领了巴黎市场。至此，油灯可以明亮地照亮各种场所，包括咖啡馆和新兴餐馆。在亨利·史密斯·威廉的《现代生活中的科学奇迹》（1912）一书中，名为《驱逐黑夜》的章节专门描述了这种油灯。虽然章节名可能有些夸张，但这种灯确实改变了巴黎人的夜生活。到 1820 年，煤气灯开始在整个巴黎流行；到 1900 年，全巴黎市共有 5 万盏煤气灯和电灯作为路灯。由于街道变得更加安全，公共室内的装饰变得越来越赏心悦目，尤其是在时尚的新餐馆和高端的咖啡馆，外出就餐从义务或娱乐行为转变成为一种嗜好。此外，灯光也让餐馆变成了人们可以看到和被看到的地方。

一旦进入这些光线充足的空间，顾客就会坐在独立的餐桌前，这或许是餐馆最基本、最重要且最迅速适应当地文化的创新。之前，即便是在同一时间享用美食，许多人围坐在一张大餐桌旁也是一种常态。独立餐桌是 18 世纪法国就餐场所描述的中心：时尚咖啡馆的袖珍大理石桌、豪华餐馆的白色桌布。然而，或许没有哪个餐桌会比机械咖啡馆的餐桌更加引人注目。

1786 年，机械咖啡馆在巴黎王宫开业，坐落在剧院、赌场和新兴餐馆之间。机械咖啡馆本身是一座剧院，餐桌全部采用机械化，即无须服务人员把咖啡端到桌子上。作为自动贩卖机和自动贩卖式餐馆的前身，机械化餐桌的理念激发了包括许多巴黎女士和托马斯·杰斐逊及诸多 20 世纪作家在内的人们的想象力。大家对机械餐桌的描述或许存在着些许微妙的差异，正如布莱格登在《巴黎的前世今生》一书中写道：

我记得在大革命之前，在巴黎王宫，有一家机械咖啡馆。这里机械化设置的性质非常简单，咖啡馆也由此得名。桌子被放在中空的圆柱体上，圆柱体顶部是一个带边的托盘，与桌面持平，但下面和厨房连通。一位漂亮的女士坐在吧台，用喇叭向下面的服务员重复所点的菜品。不一会儿，托盘的表面部分通过圆柱体下沉，然后立刻上升，需要的东西就出现了。[9]

这段描述似乎相当准确，但其他作家后来的描述则变得更加梦幻，这种梦幻在玛乔丽·科兰于 1945 年发表的小说《约瑟芬的婚姻》（即约瑟芬·拿破仑）中更是达到了顶峰：

在机械咖啡馆，可以将一枚硬币投进一个投币口，就会得到已经用纸包好的小肉派或几块馅饼……在这里，他把 200 法郎的票子换成了银币大小的金属片，并仔细检查了那些排列在屋里的像碗柜一样的隔层，每一隔层的门上都贴着一张布告单，上面写着物品的类别和价格。许多单子都是空白的，表明用来做三明治的面包很难买到。小肉派是最实惠的，但吃多了就会有点乏味。他把硬币投进选定的投币口，伴随着嗡嗡的机器声，碗柜下面挂着的篮子里甩出两个用纸包好的小包裹。他把肉派捡起来，放进口袋。[10]

科兰对这家 19 世纪餐馆的描述简直错得离谱，几乎有着蒸汽朋克般的风格，其依据的是 20 世纪大规模工业化的自动贩卖式餐馆，而非启蒙运动时期的科学产物。

对机械咖啡馆最为详细和准确的英文描述来自谢尔比·托马斯·麦克洛伊的《18 世纪的法国发明》。书中对机械咖啡馆进行了血统性的梳理——从创建者贝尔维尔到一手捧红机械咖啡馆的企业家唐泰，之后麦克洛伊这样描述道：

> 这里夏天顾客很少，到了冬天就挤满各阶层的男女老少。他们聚集在这里，只为了寻个夜间的消遣，只可惜空间太小，容纳不了所有人。与其他同时代咖啡馆相同的是，这里配有时下的报纸，还会提醒客人晚上要早些来，以确保能够读到新闻。每逢周日，由于人多，报纸还会被锁起来。
>
> 这家咖啡馆有许多大理石餐桌，每张桌子都会被放在两个中空的圆柱体或支柱上，与备餐的地下室相通。

点餐时，顾客会拉动桌腿或圆柱体上的链条，以此拉响地下室的铃。接着，桌上的阀门就会打开，顾客开始点餐，这些显然都是通过传话管道实现的。然后，圆柱体会托上来一个"哑巴侍者"，得以完成订单。女店主则坐在主层楼的收银台旁，随时通过传话管道与地下室的服务员沟通。这项服务似乎主要针对饮品，就像现在的法国咖啡馆一样。[11]

关于这段描述，最有趣的就是当咖啡馆里顾客太多，店主会把报纸锁起来。这从其他方面证明了来这里的人多到要在外面排队等候。

机械咖啡馆是法国发明的奇观，它还启发了法国之外的众多工程师。英国发明家詹姆斯·史密森（华盛顿特区史密森学会创始捐赠人）在描述 18 世纪科学革命时详细阐述了这家咖啡馆。托马斯·韦伯斯特的《家庭经济百科全书》（1815）中有一个章节，专门讨论了机械咖啡馆的装置，他说这种运行原理"常被用于伦敦的咖啡馆和小酒馆"，并且"也可能会被一些私人住宅所采用"。[12] 据托马斯·杰斐逊的传记作家所说，杰斐逊的故居蒙蒂塞洛就是这类私人住宅之一。在一次巴黎旅行之后，杰斐逊受到机械咖啡馆的启发，在住宅中建立了一套升降机系统。除了令人愉悦和感到新奇之外，这种机械装置还体现了人类节省体力的愿望，正是这种愿望推动了当时众多发明的诞生。

或许，对机械咖啡馆最简单的描述来自作家朱利安·巴恩斯：

> 我走到巴黎王宫，心中充满了震撼……感觉好像一切都融为了一体。过去无处不在；我即是当下；艺术在这里，历史在那里，现在则是爱情和性的承诺。那边的角落是莫里哀工作过的地方；那边是科克托；然后是科莱特；在那边，布吕歇尔玩轮盘赌输掉了 600 万，一提起巴黎这个名字，他就勃然大怒，终身不得安生；在那边，第一家机械咖啡馆开张了；再过去一点，在瓦卢瓦长廊的一家小刀具店里，夏洛蒂·科黛买下了她那把杀死马拉的刀。[13]

"在那边，第一家机械咖啡馆开张了。"这个简单的句子以一连串的巴黎经历为背景，反映了这个独特的所在以它的噱头和庞大的顾客群，继续激发着人们的想象力。

早期餐馆的可见性、景观性和私密性

正如麦克洛伊和其他人所描述的那样，机械咖啡馆的壮观之处不仅在于它的自动化，还在于随之而来的人群。在 18 世纪晚期和 19 世纪早期的巴黎，观看和被观看是餐馆用餐的核心。在餐馆里，年轻姑娘可以谨慎地点一份合自己口味的饭菜，不用和陌生人打交道就可以完成用餐。同时，她可以审视周围的世界和自己的形象，人们也可以看到她。"没有互动的观看"在当时的许多文字和插图中都出现过。而最可悲的场景就是人们站在餐馆外往里面看。奥古斯特·卢切特是这样描述这些人的：

> 有时候急匆匆的，有时候慢悠悠的，他们不时地停下来，在著名的维富餐馆和万利餐馆散发着香味的排风口旁驻足……他们目不转睛地盯着排列整齐的鹅肝酱、冻肉卷、螃蟹、鹧鸪、野鸡，以及那些说不上名字的美食……就像一只隔窗而望的馋猫。[14]

对于食客而言，观看也是体验的一部分。布莱格登对博维利耶尔伦敦大酒店的描述非常标准："我们会在这个角落坐下来，不必放下刀叉，就能一览无余地欣赏每一个进门的人。"对于女性而言，这种体验往往更加令人兴奋，就像美国旅行家卡罗琳·柯克兰所说：

> 在餐馆就餐对于来巴黎旅行的女性是一件新奇的事。在汤普森和威勒餐馆吃一份三明治或一盘牡蛎是一个相当了不起的壮举，我们国家的一些女士会对这种大胆举动嗤之以鼻。但在公共场合坐下来，吃上一个小时或更长时间的常规晚餐，就完全是另外一回事。这确实需要一些练习，才不至于在用餐过程中偷偷地东张西望，

看是否有人在看你。然而一旦习惯了这些食客，就会发现他们也挺讨人喜欢的……而且，虽然打眼看过去可能还有二十多桌食客，但并没有人会看你，或者甚至不知道你的存在。会有一个侍者专门服务于你，不同的菜会像钟表一样被精准地端上来，每样东西都尽可能地整洁和精致。起初，你可能会觉得这是一种罪过，但一段时间之后，这种感觉就会转变为一种惬意的放纵，丝毫没有半点无礼的感觉；在餐馆吃晚餐也成了巴黎一天中再自然不过的事情。[15]

在早期欧洲餐馆强调可见性和景观性的同时，它们也以包间的形式创造并提供了更多私密空间。这些私人房间通常位于餐馆的上层，装饰和服务与大餐馆的餐桌一样，只是多了一扇门。房间里通常配有沙发和桌子等休闲家具，侍者一般也会先敲门再进入。这些包间有多种多样的用途——政治、生意、浪漫的恋情——并为食客提供言论和行动自由。居伊·德·莫泊桑的《漂亮朋友》中有一个特别的包间场景，展现了这些房间是如何让人们更放纵地说话、吃饭和行动的：

他被带到三层一间不大的房间里。房内四壁挂着红色的帷幔，临街的一面只有一扇窗户。一张方桌上已摆好四副刀叉，雪白的桌布亮得耀眼，像是刷过白漆；两个高大的枝形烛台上点着十二支蜡烛，把桌上的玻璃杯和银餐具映照得熠熠生辉。窗外有一棵树，浓密的树冠，在各包间明亮灯光的照射下，像一片浅绿色的草坪铺在那里。

杜洛瓦在一张矮沙发上坐下来。同墙上的帷幔一样，沙发的布面也是红色的，但里面的弹簧已经旧得失去了弹性，他一坐下去，就觉得自己像是掉进了一个洞里。这是一家很大的餐馆，四周回荡着大餐馆里常有的嘈杂声——碗碟和银餐具的碰撞声，侍者们在铺着地毯的过道上快速走动的沙沙声，以及包间房门偶尔敞开时从房内传出的各方宾客的南腔北调。

…………

随后大家就座，侍者向弗雷斯蒂埃递上一份酒单。德·马雷尔夫人大声说道："这两位先生要什么，你们就给他们拿什么，至于我们两个，只要冰镇香槟酒，要最好的，甜香槟，记住——其他什么也不要。"侍者出去后，她又兴奋地大笑道："今晚我可要一醉方休，我们要喝个痛快，喝个痛快！"

…………

侍者端来了一份奥斯坦德牡蛎。这种牡蛎又肥又嫩，就像藏在贝壳里的一个个小耳朵，入口后一碰到上腭

《豪华餐馆私人包间》，发表于《家庭周刊》（1863—1864），蚀刻印刷。

和舌头，就像带咸味的糖果一样立刻溶化。喝过汤以后，侍者端上来一份鳟鱼，粉红色的鱼肉就像少女的肌肤。这时大家开始谈天了。

首先谈到的是一件市井传闻，说一位上流社会的贵妇，在一家餐馆的包间里与一位外国亲王共享佳肴时，不巧被她丈夫的一个朋友撞见，遂闹得满城风雨。这件事让弗雷斯蒂埃笑得前仰后合。两位女士则一致认为，那个泄露他人隐私的快嘴男子简直是一个恶棍和懦夫。

…………

有关爱情的这场谈话，随即由高尚的理论探讨转而进入其具体表现的园地——言语虽然放荡，但仍不失其高雅。因为这个时候，大家的用语都非常巧妙，女人裙下的遮羞布已经被揭开，只是言辞虽然大胆，但掩饰得当，且透着百般的精明和狡诈。所谈到的分明是赤裸裸的男女私情，但却尽是隐晦曲折的表达，使人们的眼前和心头迅速浮现出难以言传的一切。对于这些上流社会的人来说，更可以感受到一种微妙而神秘的情欲，在他们心中唤起种种难以启齿又十分向往的贪欢场面，不禁心旌荡漾、欲火炎炎。侍者这时端来一盘两侧配着鹌鹑的烤小竹鸡、一盘豌豆、一钵肥鹅肝和一盘沙拉。沙拉中拌着生菜，叶片参差不齐，满满地盛在一个状如脸盆的器具里，表面像是浮着一层苔藓。但这些美味佳肴，他们已无心品尝，只是盲目地被咽进肚里，思绪仍然停留在刚才谈到的事情上，沉浸在爱情的氛围里。

两位女士现在的话语已经相当直率了。德·马雷尔夫人秉性泼辣，每一句话似乎都带着一种挑逗；弗雷斯蒂埃夫人则比较含蓄，声音、语调，乃至一颦一笑、一举一动，都显得有点羞赧，表面上对她所讲的大胆言辞起到了一定的抑制作用，实际上却使之显得更为突出。弗雷斯蒂埃仰卧在沙发上，不停地笑着、喝着、吃着，时不时抛出一句毫不遮掩、极其露骨的话；两位女士表面上装出一副吃惊的样子，显得有些不好意思，但持续的时间不过是两三秒钟而已。因此，每当弗雷斯蒂埃说了一句过于粗俗的淫猥之词，他总要立刻附加一句："孩子们啊，你们这是怎么啦？要是这样下去，你们迟早要干出蠢事来的。"[16]

正如这场聚会最初的对话表明的那样——说一位上流社会的贵妇，在一家餐馆的包间里和一位外国亲王共享佳肴时，不巧被她丈夫的一个朋友撞见——包间是男人和女人私会的场所。法律制度为餐馆里的风流韵事留下一个漏洞：法律不允许法国男人在家里包养情妇，也不允许其与情妇在公开场合或第二个家里私通；但私人包间（有时甚至会设置两道楼梯，这样就不必两个人一起到场）却让私会和婚外情成为可能。布莱格登曾就此说道：

> 在这些庇护所里，爱神按照自己的规则撮合了许多无惧于在神祇面前献祭的人……这里，年轻情侣常常交换着永恒爱情的最初宣言；许多丈夫在这里获得了父爱般的幸福；若没有这些地方，放荡的妻子可能不知道该如何欺瞒她那善妒的丈夫，以及如何寻找机会倾听勇敢的爱慕者的深情赞叹。[17]

包间也会为政治团体、间谍和需要在家庭之外的私人空间（但遭到法国法律禁止在公开场合）会面的人提供场所。事实上，餐馆之所以会成为煽动叛乱的地方，正是因为国家的"耳目"都被设置在了咖啡馆和剧院里，却唯独遗漏了餐馆。

账单和菜单

在18世纪晚期和19世纪早期的餐馆，菜单的选择是丰富多样的。餐馆出现之前，菜单只是一张写着食物名称的卡片。而在餐馆，菜单变成了一种选择。以下这段对菜单的描述既不罕见，也不古怪，这种体验展示了丰富的选择。另外，菜单上的菜品都各有定价，顾客可以根据预算点餐。

> 老天！菜单是一份英文报纸大小的对开印刷纸，这至关重要的目录至少要花上半个小时才能读懂。汤：13种；开胃菜：22种；牛肉：11种（按不同方式调味）；含鱼肉、果肉和禽肉的油酥点心：11种（按花式）；小牛肉：22种（按不同主菜）；羊肉：17种（仅限不同做法）；鱼：23种；烤肉、野味和家禽：15种；主菜或配菜：41种；餐后甜点：39种；葡萄酒（除淡啤酒和黑啤酒，包括利口酒类的葡萄酒）：52种；利口酒：12种，搭配咖啡和冰。[18]

尽管如此，看菜单点餐仍需要一个学习的过程。当时的文学作品中有许多幽默的故事：人们总要花上半个小时看菜单，或是点了一些滑稽可笑的饭菜，因为他们并不知道这些菜是什么，甚至不知道如何开始点餐。帮助顾客点餐是侍者的工作职责之一，但也有一些提供建议的文学作品（以及美食家作品），来帮助人们提前做些准备。当时的旅行作家们就在这些菜单上记录了他们的迷恋，也记录了他们的不安。

对于今天的我们来说，破译菜单似乎并不难，而对于早期餐馆来说，要做出菜单上的全部菜品却很难。在没有冰箱的年代，这些餐馆是如何储存了如此多的食物呢？答案是：不储存。菜单上通常会有一个代码，用以说明什么食物在特定时期内无法供应（比如 12 月的草莓）。侍者可能还会告诉你某道菜暂不供应。此外，许多菜品（尤其随着法国高级料理的发展）采用的是同样的食材，只是烹饪方法不同。虽然有些餐馆的食客是美食家，但大多数食客并不是。事实上，就像今天餐馆里常年供应的鱼可能并不是大比目鱼或鳕鱼一样，人们在某些餐馆里究竟能吃到什么也是一个问题。这在 19 世纪各种关于巴黎厨房用猫肉做食材的漫画和诉讼案件中有着最生动的说明。

除菜单之外，账单也是人们在餐馆里讨论和体验的中心。从对法国大革命之后巴黎几家大餐馆的描述中，我们了解到女性（特别是餐馆老板的妻子）通常把持着财务大权。据说，

在伦敦大酒店——

当你走进第一个房间时，左手边立着一个宝座——很像西班牙总督富丽堂皇的会客室里的讲台，宝座四周用栅栏围着，以免闲人靠近。一位女士坐在上面，从其庄严的神情和雍容的体态来看，你自然会认为她是一位女王，她的头脑中不断浮现着她辽阔的领土。然而，这位可敬的人物却是博维利耶尔夫人，她最关心的就是向侍者收取他们在不同餐桌上收到的现金。[19]

作家奥诺雷·德·巴尔扎克在其文学作品中曾详细描述过菜单和账单，据说他和著名的

《穿着最整洁的晚餐》，1811 年，托马斯·罗兰森，手绘蚀刻。

《米歇尔·勒佩莱蒂耶被刺杀》，1793 年，路易·布里翁·德·拉图尔，点刻画。

《圣法盖侯爵勒佩莱蒂耶之死》，1793 年，弗朗索瓦－艾梅－路易·迪穆兰，版画。

万利餐馆的主人万利女士有一笔交易：他在店里写下小费的金额，并签好账单，然后把它寄给他的出版商。

但巴尔扎克笔下的人物可就没有这么可爱的设定了。相反，他们常常被账单所累。比如《幻灭》中的年轻诗人吕西安，刚刚搬到巴黎，又刚刚被他追随而至巴黎的女人拒绝，于是他决定到万利餐馆吃上一顿：

> 一瓶波尔多红酒，一盘奥斯坦德牡蛎，一盘鱼，一只鹧鸪，一盘通心粉和甜点——这便是他最渴望的。他一边享受这样的小堕落，一边琢磨如何向埃斯巴侯爵夫人证明自己的智慧，得以用丰富的学识来弥补自己的衣衫褴褛。酒店开出了账单，总共 50 法郎，这把他从梦里拖了出来。他本

以为这些钱可以在巴黎过不少日子，谁知一顿晚饭就花掉了他在安古兰末一个月的开销。于是，他满怀敬畏地走出豪华餐馆的大门，心里想着从此再也不来了。[20]

账单甚至会成为一场政治事件的中心，路易－米歇尔·勒佩莱蒂耶谋杀案便证明了这一点。[21] 1793 年 1 月 20 日，在第二道菜被端上来之前，勒佩莱蒂耶成为法国大革命的第一位烈士。他家财万贯，是雅各宾党人，也是巴黎议会的地方法官，经常出入巴黎王宫一家名叫费夫里耶的餐馆。在投票支持处决国王路易十六之后，勒佩莱蒂耶去赴宴，吃饭时被一名前皇家护卫队成员搭讪并刺死。

餐馆老板多米尼克·费夫里耶和两名侍者（莱派恩和杜兰特）都为这场谋杀案提供了证

词。显然，莱派恩刚去厨房端来第二道菜，刺客就冲了进来，将一把佩剑扎进勒佩莱蒂耶的胸口。餐馆老板与刺客搏斗了一番，但未能制服对方——凶手逃到巴黎的街道上，消失无踪。这个故事被讲述了一遍又一遍，带着些许象征意义和夸张的细节：他的饭菜很简朴；他的遗言很英勇；单枪匹马的刺客也被说成了一个团伙。

然而，其中最有趣的变化是勒佩莱蒂耶并不是在吃饭时被刺杀的，而是在准备付账时。事实上，这并不准确——勒佩莱蒂耶是这家餐馆的常客，很可能是每周或每月结一次账，餐馆老板（在刺杀行为发生时正在为别人结算账单）和侍者证实，勒佩莱蒂耶当时就坐在自己的桌子前。而这个重要的细节变化却是有关政治的：谁欠债，谁偿还。这是雅各宾党人与国王路易十六彼此对立的责任和坚持，国王被描绘为一个骄奢淫逸的人，把账单留给了法国百姓。然而，从餐馆历史的角度看，或许当时同样有趣的是"账单"的概念（一个有关个人账户的范例）与餐馆的关系竟如此紧密，以至于把它编进谋杀案的故事时也合情合理。

巴黎之外的餐馆

伦敦大酒店、普罗旺斯三兄弟餐馆、万利餐馆和维富餐馆是法国（乃至全世界）餐馆蓝图的象征。很快，它们将不再是巴黎的旅游目的地和标杆，而是一种重要的出口产品。在某种程度上，法国餐馆正是在出口到其他国家（尤其是英国）时才成为真正的法国餐馆。伦敦大酒店本身就是向"法国人对英式酒馆的迷恋"而致敬，而法国食物由在巴黎受训的厨师完成在英国餐馆里，从而体现了跨越海峡的魅力。

法国餐馆被迅速而广泛地传播开来，举例来说，1812 年布鲁塞尔有 1 家法国餐馆，到 1819 年就变成了 7 家；但最早和最壮观的版

《圣法盖侯爵勒佩莱蒂耶遇刺，1793 年 1 月 20 日，星期日》，1793 年，未知艺术家，版画。

德尔莫尼科餐馆的厨房，厨师正在两排长柜后准备食物，美国纽约第五大道和 44 大街东北角，1902 年。

本并不在欧洲，而是在美洲。乔瓦尼·德尔-莫尼科 1788 年出生在瑞士的提契诺州，后来成为一名船长，他驾驶的纵帆船把烟草从古巴运到加的斯，又把葡萄酒运到纽约，最后把木材运到古巴。1824 年之后，他留在纽约，摇身一变成为葡萄酒进口商和灌装商，并把自己的名字改成约翰。他的兄弟彼得罗在瑞士首都伯尔尼担任面点师，1826 年和家人来到纽约投靠约翰，改名为彼得。这对富有的兄弟——他们总共拥有约 2 万美元的资产——先是开了一家咖啡点心店，然而一个标牌工人不小心把他们的名字拼成了 "Delmonico"（德尔莫尼科），于是从那以后，这家人便在各地餐馆沿用了这个名字。

从一个只有几张供应咖啡与蛋糕的松木桌子的小店，到成为 19 世纪美国所有餐馆的典范，他们仅仅用了 4 年时间。1830 年，德尔-莫尼科家族在纽约市威廉街 25 号开了他们在美国的第一家餐馆；次年，他们邀请侄子洛伦佐加入。至此，这家餐馆开始引入法国菜，并采用之前并不被广泛使用的美国当地原材料，细心地照顾每一位食客的口味。起初，由于对美国农业现状和市场上的原材料不满，德尔-莫尼科家族在布鲁克林建立了自己的农场，从而在质量和品种上保证了餐馆的需求。1838 年，餐馆推出了包括 371 种菜品、长达

德尔莫尼科餐馆，一位女士的午宴占据了所有餐桌，美国纽约第五大道和 44 大街东北角，1902 年。

11 页的菜单，其中包括比利时菊苣、茄子、洋蓟菊苣汁。对于商人而言，这家餐馆成了午餐时间聚在一起享用优雅热菜的好地方。而近一个世纪以来，德尔莫尼科餐馆也在美国设立了高档餐饮的标准。

1837 年，德尔－莫尼科家族在比弗街和南威廉街交叉口的新大厦举行了新餐馆的开业仪式，约翰·德尔－莫尼科站在大厦正面庞贝进口处的豪华大理石柱中间，向几乎悉数到场的美国纽约媒体表示欢迎，并奉上一顿丰盛的预展晚宴。所有媒体都对这一事件发表了正面报道。餐馆按照古典风格建造，共有三层就餐场地；第三层留作私人包间区。据称餐馆的地下酒窖存放了 16,000 瓶葡萄酒。在这个刚刚成为北美最大城市的地方，这家餐馆的建设费用达到了前所未有的 10 万美元，但其成功的关键无疑仍在于食物和各种准备工作上。

德尔莫尼科餐馆采用新鲜丰富的食材、最新的法式烹饪和各种展示技巧，以教会美国人如何品尝一道菜。他们最先采用英法双语菜单，从而让久居此地的法国同胞也能轻松进入美食的世界。正如许多来到美国的移民团体一样，德尔－莫尼科家族与祖国保持着联系，贪婪地研读最新的烹饪书籍，从祖国进口他们无法用当地原材料加以复制的食材：

今天，一种新炉具的到来实现了来自康卡勒之岩、普罗旺斯三兄弟和塔列朗王子实验室最新发明的菜品；明天，又有一批来自斯特拉斯堡、图卢兹或昂古莱姆的肉酱被送到，伏旧园和香贝丹的葡萄酒也没有受到所谓敌人（海洋）的伤害而安全抵达。[22]

随着顾客陆续迁往上城区（住宅区），洛伦佐·德尔-莫尼科和随后几代德尔-莫尼科家族成员，将餐馆发展到了位于曼哈顿的4家分店。从1862年到1894年，他们雇用了在法国出生并受训的厨师查尔斯·瑞奥弗，除了19世纪70年代末有过短暂的中断。瑞奥弗在美国的第一份职业生涯始于19世纪后半叶德尔莫尼科餐馆在纽约的唯一竞争对手——金房子餐馆，后来曾掌厨美国最豪华的餐馆，并出版了一部包罗万象的菜谱书，也是第一个在美国享有名厨地位的法国人。他发明了"热烤阿拉斯加"（又名"火焰冰激凌"），用以纪念美国人当时买下阿拉斯加；还参与发明了纽堡火锅龙虾，并将经验教授给了下一代美国厨师。他还是美国烹饪慈善厨艺协会的早期成员和主席，该协会是美国最古老的主厨、厨师和面点师协会，由一群法国厨师于1865年成立，目的是在美国推广法国烹饪。（该协会如今仍然存在。）就像第一批法国餐馆一样，德尔莫尼科餐馆堪称美国餐馆的灵感来源和典范。

尽管伦敦和纽约扩大了餐馆文化的影响范围，但巴黎仍是其中心。就在英国观察家布莱格登描述巴黎早期餐馆的半个世纪之后，一个美国人又通过自己的视角再次审视了它们，看到了同样3家餐馆——万利餐馆、普罗旺斯三兄弟餐馆和维富餐馆，它们仍居于榜首。"这些地方既能检验法国烹饪艺术的知名度，也能测试你的钱包。"[23]中产阶级已是餐馆的新受众，比如20世纪中叶出现的托托尼咖啡馆、里奇咖啡馆、金房子餐馆和英国咖啡馆。欧洲各地餐馆都提供法国菜；然而，法语服务装备、语言标记和装饰却比烹饪更长久。当豪华餐馆在整个19世纪持续闪耀的同时，酒吧、俱乐部、咖啡馆以及不断增长的城市人口，将在塑造餐馆行业的过程中扮演越来越重要的角色。

3

精英饮食与大众餐馆

到了19世纪50年代，各阶层的人都可以在餐馆吃饭，正如美国学者詹姆斯·杰克逊·贾夫斯在这段可爱的文字里所说的：

　　要想看到法国人吃东西，应该去一些名气较小的餐馆，尤其是在周日，因为这一天谁也不会在自己家里吃饭。对于一个喜欢安静地吃东西的人来说，匆忙地去餐馆吃饭是很可怕的。婴儿、狗和保姆都有自己的座位，食物消耗之多，表明接下来要进行相当规模的禁食……一大家子人走进来：父亲、母亲、未婚的姐姐、两个五岁以下的孩子和一条狗，所有桌子都已经满客，于是他们转身向外走。餐馆老板冲上前来，拦住他们的退路，拍胸脯保证马上为他们腾出一

张桌子。他正好看到一张桌上的人在招呼结账，便赶紧找他们零钱，把新来的顾客塞进还热乎乎的座位，面前的桌上还堆着一排排碎面包、脏玻璃杯和食物残渣。一旦坐下来，童帽和帽子被挂好，这家人就被认为是上钩的鱼了。侍者以他特有的灵巧和迅速，撤掉脏兮兮的桌布和餐盘，转眼间换上雪白的亚麻桌布和瓷器。现在开始吃饭了。除了那只在椅子上正襟危坐的狗之外，每个人的下巴下面都披了一块餐巾，那是一块小号桌布大小的餐巾，女士们会把餐巾的三个角固定到两肩和下巴下，这样她们前面就有了一张裹尸布。研究菜单，点餐，心满意足并获得愉悦。在这种家庭宴席上，孩子们通常挤在一起，尽

《玛蒂尔达·戈杰/咖喱鸡汤、鲭鱼和比目鱼》，19世纪，威廉·斯泼尔丁与 T.帕克，石版画。

《阿尔勒一家餐馆内部》，1888年，文森特·梵·高，布面油画。

情享用美酒和各种满足成人口味的佳肴，他们吃得越多，他们的父母就越高兴……侍者会同时招呼十几桌客人——同样的菜可能要搭配十几种不同的服务方式——他必须要记住每一种方式和每一张餐桌，从而应对每一道菜的变化，不遗漏任何需要的东西。用餐结束时，他还要回忆每一道菜的数量和质量，一张餐桌上可能有二十道不同的菜，从而计算出"总额"。要是他被订单搞得手忙脚乱，错把餐巾当成自己的手帕，不知不觉地擦了擦额头上的汗，紧接着又拿餐巾擦了盘子，或者两手端着被叠成金字塔一样的六盘菜，腋窝下各夹着一卷面包，嘴里还在嘟囔着"总额"——那该是一种什么样的情景啊。[1]

在19世纪的欧洲和美国，正式餐馆——尤其是法国餐馆——一直保持着文化主导地位。然而，外出就餐是一种经历，其在各种情境和社会角色中都得到了扩展：中产阶级会在周日外出就餐；社会各阶层的人都会把外出就餐当作处理事务和娱乐的方式。于是，艺术家和精英人士的聚集地出现了。小酒馆、咖啡馆和酒吧则仿效餐馆的服务模式，为工人阶级和中产阶级开辟了新的避风港，如午餐店、冰激凌店、比萨店。女性角色开始扩展到餐馆的所有职业，她们不再只关心收银，而是成为核心顾客。各种类别的丰富混合超越了法国餐馆的理想模式，同时却仍保留着它作为一种令人向往的模式而存在。为了理解餐馆如何成为每个人的空间且如何被人的多样性影响所改变，我们将从餐馆作为一个消费者幻想空间的故事说起——无论其关于上层阶级，还是被上层阶级主导。

名流与庆典餐饮

伦敦皇家咖啡馆是一个很好的例子，其说明了法国美食是如何培养并保持自己的文化声望的。1865 年，皇家咖啡馆由法国移民丹尼埃尔·尼古拉和塞莱斯蒂纳·泰弗农联合创立，通过提供法国美食满足精英人士的愿望：食物将由法国专业人士在奢华的环境中烹制。这里首先是一家餐馆，伦敦贵族的主要人物会经常在这里就餐并抛头露面。正如美国学者安德鲁·P. 黑利所说，优雅进餐是"阶级成员身份的公开声明"。[2]

皇家咖啡馆见证了诸多知名人士的光

顾（他们主要活动于 3 个餐室——餐厅、烧烤间和啤酒屋），其中包括两位未来的英国国王（爱德华八世和乔治六世）、温斯顿·丘吉尔、大艺术家詹姆斯·麦克尼尔·惠斯勒、奥斯卡·王尔德、古斯塔夫·多雷等。虽然这份名单跨越了将近一个世纪，但类似这种包含知名、有权势、有才华、富有、美丽的赞助人名录，在 19 世纪和 20 世纪早期针对餐馆的新闻报道中并不少见。[3] 一连串的名字加强了人们对这些餐馆的需求，为精英阶层创造了一个反馈回路，同时为那些想要成为精英的人树立了一座灯塔。

人们在皇家咖啡馆找到一个空间，去约见值得约见的人，去热烈讨论并拥有听众。但并不是所有这样的约见都有一个圆满的结局，奥斯卡·王尔德在皇家咖啡馆的故事就证明了这一点。起初，他主要光顾烧烤间，与他的艺术家同伴惠斯勒一起吃吃喝喝。然而，随着财富的增长，他开始频繁光顾其他更豪华的餐室。王尔德很喜欢那里的食物，他的传记作家亚瑟·兰塞姆写道："他吃得太饱了，就像一个快餐店里的小学生，手上拿着一枚意想不到的金币。"[4] 王尔德变成了完美的美食家，他会在每道菜被端上来之前跟厨师讨论烹饪，还会点酒窖里上好的葡萄酒。[5] 他会利用这个空间娱乐并结交朋友，经常去那里观看拳击比赛。1892 年，他第一次带着情人兼朋友阿尔弗雷德·道格拉斯勋爵去那里就餐，道格拉斯的父亲昆士兰侯爵便在餐馆里留下一张字条，上面写着"致奥斯卡·王尔德——装腔作势的鸡奸

《伦敦皇家咖啡馆》，1912 年，威廉·奥彭，布面油画。

《欧陆酒店餐厅内，卢浮宫旺多姆广场》，约19世纪，赫伯特·克勒盖特，水彩画。

客"。王尔德约见了几位朋友，其中包括作家弗兰克·哈里斯和乔治·萧伯纳，以寻求他们的建议。最后，他选择起诉昆士兰诽谤，然而这导致王尔德最终因同性恋被起诉并监禁。在审判期间，皇家咖啡馆被提及十几次：王尔德曾在那里与情人、编辑和朋友会面。此外，人们还把那里视作这对情人故意在公共场所约会之所。比如庭审证词中包含一张据说是道格拉斯写给他父亲的明信片，表明他"决意与（王尔德）一起出现在许多公共餐馆，比如伯克利餐馆、威利餐馆、皇家咖啡馆等，我愿意什么时候去，愿意跟谁一起去，谁也管不着"。对于王尔德来说，皇家咖啡馆是一个可以与艺术家（比如惠斯勒）、编辑、戏剧制作人、剧院观众、社会旁观者、朋友和情人见面的地方。这是一个工作的场所，也可以享受美食或观看现场拳击比赛，并在新闻界、艺术界和社会中培养追随者。然而不幸的是，正如我们即将在

旧金山所看到的，这些空间的公共部分会允许人们一夜成名，允许他们的生意被私家侦探跟踪，并被当作呈堂证供，甚至比他们希望的更加公开。

然而，大多数的社会事件和餐馆诱惑，对如何划分社会阶级和如何成为一个引人注目的消费者的观念的影响，通常大于其对人们隐私或自由的影响。而在炫耀性消费方面，我们最能清楚看到这种转变的场所就是大酒店。19世纪末，一群新的名厨、酒店老板和主管成为餐馆烹饪界的守卫者和看门人。华尔道夫－阿斯托里亚酒店于1893年在纽约开业；3年后，皇宫酒店在瑞典的圣莫里兹开业；1897年，四季酒店在汉堡开业，那不勒斯伊克斯西尔大酒店和伦敦康诺特酒店开业。第二年，丽思酒店在巴黎开业。

不过，真正为餐馆设定国际标准的是理查德·多伊里·卡特于1889年在伦敦创立的萨沃

《华尔道夫酒店，第 34 街和第五大道原址》，约 1904—1908 年，约瑟夫·彭内尔，牛皮纸面铅笔和蜡笔画。

《巴黎丽思酒店举行的化装舞会》，1909年，雷蒙多·德·马德拉索·加雷特，布面油画。

伊酒店，由伟大的塞萨尔·丽思担任酒店经理，奥古斯特·埃斯科菲耶担任酒店主厨，葡萄酒大师路易·埃舍纳担任餐厅主管。萨沃伊酒店的派对光彩夺目，其中最著名的是1905年7月由香槟大亨、华尔街金融家乔治·凯斯勒举办的贡多拉晚宴。美丽的威尼斯在酒店古老的前院重现，由400盏威尼斯灯照亮，一艘丝绸镶边的贡多拉装饰着12,000朵新鲜的康乃馨，船舱内摆放着1.5米高的巨型生日蛋糕，意大利著名男高音歌唱家恩里科·卡鲁索正演唱一首咏叹调。大型酒店的餐厅是20世纪初依赖于最新工业效率的大型经营模式。在萨沃伊酒

店，企业的运行规模非常惊人：它可以自己提供电力和水，自己烘焙咖啡，并提供多种美食，包括印度菜、俄罗斯菜、德国菜，以及精致且经典的法国菜和英国菜。[6]

萨沃伊、丽思、华尔道夫－阿斯托里亚及众多其他豪华酒店的共同之处就是尊贵的食客。埃斯科菲耶曾为萨拉·伯恩哈特、莉莉·兰特里、内利·梅尔巴女爵士和威尔士亲王（即后来的爱德华七世）烹饪过菜肴。王室对萨沃伊酒店的光顾如此之多，以至于不得不弃用了专门宣示他们到来的特殊钟声；到1914年，萨沃伊酒店的烧烤餐厅已经成为顶级明

美国作家马克·吐温（1835—1910）在伦敦萨沃伊酒店的朝圣者俱乐部庆祝。《意大利画报之马克·吐温》34/29 期（1907 年 7 月 21 日），埃内斯托·普拉特，照片。

萨沃伊酒店的贡多拉晚宴派对，1905 年 7 月。

《伦敦萨沃伊酒店餐厅的豪华门厅》，约1900年，马克斯·考珀，彩色插画。

星、演出经理人和评论家的聚会胜地。

这些非凡的宫殿都秉承着同一个理念：这里是就餐场所，是人们走出家门、抛头露面、举行派对的地方。这在许多方面类似于 19 世纪末那些最富有的商人、王室成员或新贵，他们通常会在自家举办宴会。事实上，许多酒店老板和大厨之所以声名远播，要么是曾为富人提供饮食，要么是继续为餐馆和酒店提供服务，或是为他们认识的名人提供远程服务。

酒店老板与主厨的合作关系得以让大酒店的理念延续到 20 世纪，而这种合作中最完美的典范莫过于丽思和埃斯科菲耶。他们的共同目标是把精致的烹饪和精致的服务结合在一起：完美的食物制备和优雅的服务，以及这种行为的重复并在世界各地的倍增。从罗马到纽约，从伦敦到布达佩斯，同样的食谱可以获得同样的品质和同样的满意度。对于通过几代人征服了金融、王室或艺术界的权势人物来说，在豪华大酒店的餐厅就餐变成了一种近似于精神体验的事情。塞萨尔的妻子玛丽·路易·丽思曾这样描述橙香火焰可丽饼的吃法：

> 侍者像信徒一样聚拢在蓝色火焰的周围，寂静笼罩在他们的身上，餐

《巴勃罗·毕加索、莫伊兹·基斯灵和帕克罗特正在圆亭咖啡馆享用美食，法国巴黎蒙帕纳斯大道 105 号，1916 年 8 月》，让·科克托，照片。

厅主管灵巧地把散发着浓郁香味的利口酒倒进铜盘，芳香的烟雾骤然升起，飘入旁观者的肺腑，翘首以盼的食客以适当的庄重，虔诚地吃下第一口。至于葡萄酒，同样的礼节也很适用。酒杯的形状、大小和精致程度，以及侍者斟酒时的举止，都有助于品尝到极致的享受。[7]

20世纪初，许多经典法国餐馆的第一代浪潮已经消失，比如康卡勒之岩餐馆、普罗旺斯三兄弟餐馆和万利餐馆，但新一批美食圣堂取代了它们的位置：邻舍餐馆、薄牛肉餐馆、银塔餐馆、杜兰德餐馆、亨利餐馆、丽思酒店。当有人问一个英国人会选择去哪里吃饭时，他会回答说："早餐在盖隆的亨利餐馆，午餐去丽思酒店，晚餐在杜兰德餐馆。"但此时正有一个新的想法逐渐露出苗头，那就是以马克西姆餐馆为代表的新餐馆，在这里，食物会让位于音乐厅名流、前芭蕾舞演员和其他娱乐界人士，这些人大多只在午夜后到餐馆，他们才是最主要的吸引力。除剧院外，餐馆也成为作家和艺术家经常光顾的地方（就像惠斯勒和王尔德在皇家咖啡馆会面一样），在巴黎，巴勃罗·毕加索、格特鲁德·斯坦、欧内斯特·海明威、F.斯科特·菲茨杰拉德和T. S.艾略特就经常光顾圆亭咖啡馆；弗兰茨·卡夫卡和马克斯·布罗德则常在布拉格的梦曼特餐馆就餐；再远一些，1816年在圣彼得堡开张的文学咖啡馆可能是陀思妥耶夫斯基和车尔尼雪夫斯基经

常光顾的地方，也是亚历山大·普希金1837年决斗去世之前完成最后一餐的地方。在19世纪和20世纪，餐馆和剧院、餐馆和作家、餐馆和半上流社会人士是互相交织在一起的，就像11世纪、12世纪和13世纪的中国。在这种情况下，这两个世界从物理上讲也是紧密相连的。然而在19世纪，在这些空间用餐的名人——精英名流之家——却改变了餐馆的概念。媒体对上层社会人士及其生活习惯的报道，推动了一场将餐馆作为阶级剧院、权力建筑代表和按需休闲场所的社会运动。

在餐馆会面

当上流社会在19世纪纵情挥霍美食以显示他们的优雅时，服务于中上层阶级（政治家、生意人、商人、律师和出版商）的餐馆，不仅成为用餐的重要场所，也成为重要的聚会胜地，如英国的俱乐部、旧金山的餐馆以及俄罗斯、墨西哥和中国的旅馆及百货商店餐馆。

与18世纪中叶的法国同行一样，19世纪早期的英国中上层阶级几乎没有公共场所聚会。公用的房子（酒吧）是无处不在的，但随着这个世纪的过去，那里已经越来越找不到富人。整个19世纪，俱乐部扮演了越来越重要的角色，而且不仅仅是在伦敦。1886年，据统计，纽约共有超过100家俱乐部，会员人数达到6万人。在新书《伦敦的俱乐部与俱乐部的生活》中，约翰·廷斯描述了俱乐部的功能与根源，并讲述了从17世纪到现在（1872

《餐馆政治》之"富有的中产阶级"系列，1864年4月21日，奥诺雷·杜米埃，新闻纸平版画。

年）在著名咖啡馆、旅馆和酒馆里发生的趣闻逸事：

> 我们优雅的散文家，凭借多年的经验，真诚地说道："所有著名的俱乐部都是建立在吃喝之上的，这是大多数人都同意的，满腹经纶的人和目不识丁的文盲，愚笨的人和空想家，哲人贤士和丑角弄臣，都可以参与其中。"[8]

廷斯探讨了俱乐部一个更为显著的特点：人们会经常围绕共同的政治聚在一起，有时是共同的艺术。虽然许多早期俱乐部只是在餐馆或小酒馆里聚会，但到了19世纪中叶，一些俱乐部拥有了自己的空间，并常常拥有自己的厨师。在比较富有的俱乐部，这些厨师会满足人们的想象，专门烹制法国菜。虽然可供选择的俱乐部种类很多，但历史最悠久且最有影响力的要数牛排俱乐部了。这家俱乐部起源于18世纪初，最初是自认为有智慧的人聚会的场所。在教会和国家掌握重要权力的时代，这些俱乐部"成为美学游戏和自由对话的圣地"，常常假借欢声笑语来针砭时弊。[9]这些俱乐部以吃饭为幌子，为人们提供了预演政治主张、组织异议或辩论、探讨新想法并建立联系的空间。1709年，英国讽刺作家内德·沃德描述了牛排俱乐部一些成员的故事：

点餐单被传给了厨房主管，要求提供几份上等的牛排，有的是青葱或洋葱口味，有的是烤的，有的是炸的，还有炖的、炒的、煎的；为的是让新成立的俱乐部的每一位有头脑的成员都能合胃口，并以此确定他们所选择的场所（世界给了这家俱乐部独特的对牛肉片的管理方式）是否真的与他们的公众声誉相匹配……吃饱了牛肉之后，他们都对自己的选择极为满意，从那时起，他们决定每周都在这里会一次面。[10]

丽思老贵宾犬餐馆的酒单，旧金山，日期不详。

这类俱乐部遍布英国、殖民地和早期共和时代的美国以及其他英属殖民地，它们利用餐馆（和酒馆）作为空间，开展新的、更容易为大众所接受的艺术和政治活动。渐渐地，它们也改变了餐馆的历史，比如我们即将在第 5 章看到的改革俱乐部。

19 世纪 40 年代和 50 年代，在美国西海岸的旧金山，有两家餐馆标志着餐馆政治功能的提升。1849 年，一家名为"金鸡"（Poulet d'Or）的典型法国餐馆正式开业，不过这个名字很快就被误传为"贵宾犬"（Poodle Dog）（可能是因为对不讲法语的人来说这个名字本来就这么读，也可能是因为餐馆老板养了一只贵宾犬）。在很多方面，这家餐馆沿袭了东海岸餐馆先驱德尔莫尼科餐馆的模式，只不过相对低调。开业后，人们可以享用到多道菜的法式大餐（汤、鱼、肉、蔬菜、沙拉），最后是

"时鲜水果"。葡萄酒也包含在餐内，并且是当地原产。餐馆采用的新鲜食材使其不仅具备法国风味，还具有地道的加州风味。到了 19 世纪 50 年代，金鸡餐馆已完全融入当地繁荣的农业经济，较好地利用了城市圈养鸡和几千米外种植压榨的橄榄油等食材。[11]

金鸡餐馆得到了金融家弗朗索瓦·皮奥什的支持，他的目标是将旧金山打造成一座拥有世界级美食的世界级城市。[12] 与德尔莫尼科餐馆一样，这家餐馆在其历史上也曾数度迁址，最终在一栋相对豪华的六层砖砌建筑中定居。餐馆一层设置了公共餐厅，"男士可以安心地带着妻女在优雅的餐厅就餐"；六层设置了一个可容纳 250 人就餐的空间，并配有一支管弦乐队和一个更小更私密的宴会厅；然而，二至五层全部是私人餐厅套房，和法国餐馆一样，这里配备了床和各种丑闻。据詹姆斯·R. 史密斯所说："贿赂构成了餐馆保证其楼上餐厅经营

和丑闻自由的基础……一位女士明明知道丈夫星期六晚上就在楼上，星期日却依然能和他正常地在楼下用餐。"[13] 与此同时，餐厅、宴会区甚至私人套房也都变成了无法光明正大的幽会场所，而非用餐的会面场所。

20 世纪早期，一场涉及贵宾犬餐馆的政治贿赂计划，从其他方面印证了餐馆已成为被政治操纵的空间：法国餐馆的酒类经营执照依赖于旧金山市工商管理部门发放的酒牌；而它们也是政客们下班后经常"做生意"的地方。1906 年，两位政治家——旧金山市市长尤金·E. 施米特和亚伯拉罕·吕夫——串通一气，拒绝为这些餐馆颁发经营执照，然后又建议由吕夫担任它们的律师。当然，市长先生立刻恢复了餐馆的经营执照。然而，由于旧金山某家大报社的记者是另一家法国餐馆的常客，在听说这个故事后，这些不端行为就被根除了。最后，吕夫被起诉。[14] 这个故事不仅说明餐馆如何成为政治活动的一部分，也说明了餐馆如何成为人们会面、挖掘政治阴谋、听流言蜚语甚至谋取权势的核心空间。

在贵宾犬餐馆开张的同一年，另一家政治和商业氛围浓厚的餐馆也在旧金山开张，它就是诺曼·阿辛创立的"澳门和吴淞口"餐馆，这可能是美国的第一家中餐馆。诺曼·阿辛是一位杰出的商人，曾被选为社区领袖和周易协会会长，周易协会是美国最早的华人互助协会之一。在阿辛的"澳门和吴淞口"餐馆，他设宴招待当地的政界人士、慈善家和警察；还与旧金山的华人和白人社会的官员及要人合作，

致力于改善中国移民的生存状况。他常常在公共场合代表美国华人社区发言，并担任翻译；还经常为移民权利请愿，并公开发表言论。他利用自己餐馆的空间和作为成功商人的身份为政治、社会和经济演讲塑造了形象。[15]

与法国革命传统相呼应的是，世界各地的餐馆都是政治规划的场所。一家位于莫斯科的奢华餐馆，不禁会让人联想起萨沃伊和丽思等豪华大酒店，其也在一场革命中扮演了更为成功的角色，而这场革命在一个世纪之后仍为人们所津津乐道。它就是大都会酒店，糅合了诸多相互交错的元素，也成为 20 世纪初餐馆文化的标志——名流、场面和政治。

大都会酒店创始人萨瓦·马蒙托夫是一位艺术爱好者，他决心创立的不仅仅是一家酒店，而是一个文化中心，除酒店房间，它还要有剧院、展厅、室内体育场和餐厅。马蒙托夫聘请了一流的建筑师、画家和雕塑家打造大都会，工程项目耗时 6 年才完成，并开业于 1905 年 3 月——这是一个决定命运的年份。大都会拥有西欧早期同类餐馆的所有元素：新艺术风格建筑，提供电力、热水、电话、冰箱，并设有电梯。精英们蜂拥至此，尤其是尼古拉二世签署宣言之后的那个晚上（这位沙皇承诺于 1905 年 10 月 17 日召开杜马会议，并赋予俄罗斯人民民主自由）——

> 观众为自由举杯，人们互相道贺，情绪高昂。著名男低音演唱家费奥多尔·夏里亚宾也在宾客之列。在

《萨帕塔主义者在桑伯恩斯餐馆，墨西哥城》，1914 年，阿古斯丁·卡萨索拉，照片。

其他宾客的盛情邀请下，夏里亚宾被热情所感染，爬到一张桌子上，演唱了一首无伴奏合唱——著名的《杜比努什卡》，这在当时被认为是一首极具煽动性的民歌。一曲唱罢，夏里亚宾摘下礼帽，在房间内走了一圈，收了一大笔钱，后来又把这笔钱交给了革命工作者。[16]

1917 年，布尔什维克革命爆发，在为期6 天的围攻后，一群被赤卫军驱逐的军校学员占领了这家酒店。大都会成为布尔什维克党领袖和苏维埃国家领导人的住所，精英们曾享用法国菜的餐厅也被改成了会议室。但到了1925 年，第一届莫斯科国际象棋锦标赛在这里举行，餐馆也重新与外界建立了联系。

整个20 世纪，此类出于政治目的征用餐馆的事例呈爆炸式激增。在墨西哥革命期间，萨帕塔主义者将桑伯恩斯一家分店的软饮料分装车间用作了会议场所——埃米利亚诺·萨帕塔和战友们那张最具标志性、流传最广的照片就是在那里拍摄的。在中国，1929 年，华懋饭店（今和平饭店）在上海外滩的沙逊大厦开业，它融合了东西方风格，由英国著名商人维克托·沙逊爵士创立。与其他大酒店一样，这里也曾接待了众多贵宾：查理·卓别林、萧伯纳、诺埃尔·科沃德，等等。酒店第九层还成了各种"讨价还价"的场所，第二次世界大战之后，亚洲大部分地区的经济和政治命运都曾受到重大影响。

报道了她与侍者詹姆斯·C.克兰西的对话，因为后者不准她进入：

> "很抱歉，这是本店的规定，不能有任何例外。我们这样做也是为了保护像您这样的女士，这样可以将令人讨厌的女性拒之门外。您是不会愿意和那种女性在同一个房间用餐的。"
>
> "我从来没有被令人讨厌的女性打扰过，"布拉奇夫人反击道，"如果

午餐与女性

男性一直利用精致的餐桌来处理他们下班后的事务，但餐馆革命并不发生在这些晚餐时段的权力堡垒上，而是发生在午餐和女性角色上。19 世纪，作为餐馆的第一批目标群体之一的女性开始成为核心顾客的基础，她们在城市的经历改变了外出就餐的面貌。在更早的时代，随着餐馆在欧洲和美洲的扩张，女性顾客很少见到，或者女性外出就餐本身会被看作不检点的表现。然而，19 世纪以来，越来越多的富有女性在城市里购物或参与会面。到了午餐时间，男性可以走进分布在城市各处的酒馆、俱乐部和餐馆[17]，而女性却没有这些选择。许多高档餐馆、俱乐部和酒馆都是专为男性经营的，无论是菜单（肉类）和装饰（深色木材）只迎合男性的品位，甚至还会完全禁止女性进入餐馆。布拉奇夫人在纽约霍夫曼餐馆的经历就清楚表明了这种排斥。1907 年，《纽约时报》

《你知道了当然没有坏处！》，选自英国信息部在第二次世界大战期间发行的"言多必失"海报系列，1940 年，西里尔·肯尼斯·伯德，彩色平版画。

《白大衣大街25号（咖啡馆）》，1900年，尤金·阿特热，蛋白银印。

我被人讨厌，那也通常都是男人。我看你们也不会努力把令人讨厌的男性拒之门外吧。"[18]

布拉奇夫人一纸诉状将霍夫曼餐馆告上法庭，然而她在法庭上遭到了嘲笑，证词一律被驳回，并很快败诉。根据法院的说法（此案由第五城市法院的斯皮尔伯格法官受理），餐馆可以继续要求女性入内时须由男性陪同，但也须为女性提供用餐区域，餐馆也照此执行了。[19]

19世纪70年代至20世纪初，美国和欧洲中产阶级女性的用餐选择迅速增多，客户群也迅速扩大，正如畅销杂志《蒙西杂志》所描述的："男性屈指可数，女性占据统治地位……当午餐时间到来，她们蜂拥而入，对于一个漫步走进这些餐馆的男性来说，他会认为自己是一个入侵者。"[20]

茶室、冰激凌店和小吃店专为富有的女性服务，同时也为越来越多的职业女性服务。长久以来，女性一直从事服务业、农业和早期工业的工作；然而，这一时期的女性白领职位，尤其是文员职位的数量有所增加。从这时开始，以女性为中心的餐饮机构在城市中出现了。这些女性都面临着一个类似的问题，那就是找一个既舒适又没有社会风险的地方吃饭。

《咖啡馆一隅》，19 世纪末 20 世纪初，朱尔－亚历山大·格林，布纹纸，钢笔、毛笔、墨水、铅笔，混铅白上色。

格拉斯哥豪华房的女侍者，由查尔斯·伦尼·麦金托什与玛格丽特·麦克唐纳联合为凯瑟琳·克兰斯顿设计。

《1912 年新年夜（在餐馆）》，阿热斯·罗尔，1912 年，照片。

自助餐馆、茶室和冰激凌店通常同时为男性和女性提供服务（有时还提供儿童服务），消费不高，干净明亮，既不存在风险，也非常便利。在这样一些场所，习俗创造了隔离的空间：男性独自一人站在柜台前；女性或夫妇们则坐在餐桌旁，有侍者提供服务。[21]

这些用餐场所的美学和菜单选择改变了餐馆的面貌，使之逐渐发展成为今天普遍存在的常见形式。虽然正式餐馆长久以来多采用镜子、窗户和高高的天花板来加强照明，并给人一种纵深感，但它们会经常使用深色木材、丝绒和其他丰富且深沉的装饰风格。而在以女性为中心的空间，装饰设计多倾向于轻盈：镜子、窗户、高高的天花板——这些都是必要的，但也要有明亮的光线、透明的织物、淡色的花卉图案。[22]格拉斯哥的柳树茶室就是一个很好的例子。凯瑟琳·克兰斯顿曾委托查尔斯·伦尼·麦金托什在 20 年的时间里，结合现代室内装饰和轻饮品，先后设计或改造她所拥有的 4 间格拉斯哥茶室的室内风格。在索切尔大街 217 号的柳树茶室，麦金托什设计出了一件"建筑艺术品"，其中以豪华房最为瞩目：银色家具和铅制镜框，给人非同一般的体验。在英格勒姆街，麦金托什创造了一个中式房，采用一系列垂直和水平的格子屏风，旨在降低高天花板造成的凌空感，提高房间的亲切感，同时搭配了充满活力的色彩和塑料设计元素。

《里奇咖啡馆一餐，巴黎第九区意大利大道16号》，1908年，阿热斯·罗尔，照片。

与早期巴黎餐馆类似的是，这些餐馆的菜单也相对清淡，以冷禽肉、沙拉、汤和蛋类菜肴为主。这与人们对女性体质和饮食习惯的期望不谋而合。当时的一本约会建议书曾写道，人们并不担心女性会抬高餐费，因为时下的时尚潮流让女性"害怕变胖"，并"戒掉了许多她们喜欢吃的东西"。[23]就像我们在大英帝国和美国的茶室、冰激凌店看到的那样，针对女性的餐馆通常不提供任何酒类。

随着为女性服务的餐馆越来越多，女性老板的数量也在增加。在美国，1890年至1930年间，女性餐馆老板的数量从2,400人增加到了40,000人。[24]其中许多像凯瑟琳·克兰斯顿这样的女老板把经营餐馆看成是一种社会使命。随着中产阶级女性进入商业，她们经常会提及"餐馆是家庭的延伸"这种说法，创造一种鼓励其他女性外出就餐的话语氛围，并保持"淑女"形象；这可能给了一些女性更大的个人自主权，但她们也经常受到从属地位以及阶级和种族歧视的束缚。简·惠特克曾这样描述女性如何将这种餐馆工作模式作为家庭生活的延伸：

玛丽·达顿，芝加哥安特拉连锁

《布伦特里凤凰餐馆》，约 1940 年，沃尔特·贝叶斯，水彩画。

自助餐馆的老板（1910 年开始经营），她认为公共餐馆就是"一种扩大了规模的家庭餐厅"。正因为如此，她认为餐饮行业的女性"会非常感兴趣地关注一切，只要能为客人提供舒适和愉悦，以至于她们会忘记长时间、不规律的工作，这也是餐馆工作常有的状态"。[25]

在 19 世纪的最后几十年里，随着美味午餐选择的愈加丰富，女性的晚餐选择也更加多样化，包括男性。越来越多的人开始把外出就餐当作一种社交乐趣；不仅是富人，中产阶级也是如此。起初，中产阶级的晚餐选择很少，部分原因是不希望女性外出就餐，而中产阶级男性的选择较为广泛（比如俱乐部和酒馆）。然而，随着晚餐约会成为一种流行的休闲活动，小吃店通常会延长营业时间，一直开到很晚来迎合这些夫妇。此外，一些非正式的非法国餐馆（可以提供其他文化食物，比如中餐馆和意大利餐馆）也成为这群新食客的目的地。[26]

法国食物之外的食物

尽管法国餐饮实际定义了 19 世纪的欧洲和美国餐馆，但餐馆的各种特点也蔓延到了各种类型的饮食场所，美食也由此蔓延到了法国美食之外。要想走出法国，就需要改变食物，扩大美食范围，还要改变表达和话语。从字面上讲，它涉及从法语菜单（法语国家以外所有国家的共同点）到英语、德语、意大利语或任何食客所说的语言。

19 世纪早期，拥有地方特色、地方食物和地方传统的餐馆纷纷出现；然而，直到 19 世纪末 20 世纪初，这类场所才成为人们所期望的餐馆，而不是精英法式餐馆。在 1914 年的《伦敦美食指南》一书中，纽纳姆－戴维斯中校除了回顾了斯特兰德酒店的辛普森餐厅、丽思酒店和皇家咖啡馆之外，还对罗马诺这样的餐馆发表了几篇充满同情的评论，罗马诺的主厨不仅精通法国菜，"对其他国家的烹饪方法也持开明态度，他的肉末烤茄片……是我在布加勒斯特以外吃过的最好吃的。他煮的花生汤……（来自）尼日利亚……非常令人钦佩。罗马诺是我所知道的欧洲唯一一家可以吃到马来咖喱的餐馆"。在戈尔茨坦餐馆，这位美食家一边好奇怎样才能吃完这家犹太餐馆的全部菜肴，一边盛赞这里的面食、腌菜、咸牛肉和杏仁布丁，"我以为只有法国人才知道制作这种多汁美味佳肴的秘诀。"他还盛赞了苏豪区的一家中餐馆和几家意大利餐馆，"它们足以与每条街上的法国餐馆一较高下。"

德国和意大利都显示出了与英国和美国相似的模式：由在巴黎受训的厨师引进大菜系，法式餐馆随之而来，随后在 19 世纪后半叶，开始出现中产阶级和下层阶级版本的餐馆。1850 年之后，德国人将"restaurant"（餐馆）一词纳入德语，用以指代效仿皇家咖啡馆或德尔莫尼科餐馆的餐饮机构。之前与之相关的德语"小旅馆""小酒馆",后来均被"餐馆"一词（Gastwirtschaf 或 Gaststätte）取代（至少在法律术语中是这样的），而后者就是指"为中产阶级服务的餐馆"。1840 年之后，柏林、汉堡、法兰克福和慕尼黑都有了正式餐馆，其中许多都与豪华酒店的崛起息息相关，但人们也看到了餐馆的诸多特点，如打印菜单和餐桌服务，这些都融入了中产阶级的就餐场所。在意大利，比萨的演变就是一个很好的例子，其说明了这种不属于上流社会的食物从街头小吃到进入餐馆的转变。

在 21 世纪，比萨被各个阶层、各个国家的人们所食用；然而，在不到 200 年前，它是意大利穷人的食物。比萨从街头小吃到成为人们坐下来食用的菜品，这是一个决定性的转变，使它后来成为全世界范围的美食。

据资料记载，最早的比萨店出现在 1799 年，人们会在小店里购买比萨饼，或直接在小店里食用。我们之所以知道这一点，是因为早期一家比萨店的老板詹纳罗·马耶洛遇到了麻烦。由于当时占领那不勒斯的法国军队总是吃霸王餐，马耶洛不得不关闭餐馆。没有了收入，但又要支付比萨店的租金，他债台高筑，正想让房东宽限几天。比萨店并不是马耶洛发明的，他只是把它载入了历史。1807 年，那不勒斯有 55 家比萨店——我们之所以知道这一点，是因为比萨店不属于被征税的企业类型，所以政府那里有详细的清单名录。

同样的政府记录显示，经营比萨店的人处于商业阶梯的最底层（与那些煮动物内脏和卖水果的人并列）。大多数开比萨店的人都没有什么背景，做这门生意是进入更高经济阶层的垫脚石。比萨店的老板有时会和沿街卖比萨的小贩一起工作（奇怪的是，有些小贩还会寄售），小贩会高喊出比萨的各种配料名，当一个饥饿的那不勒斯人想来上一块时，小贩就会竖起砧板，切一块比萨给他。这些比萨的品质通常不是上乘，甚至还可能引发霍乱。一些比萨店老板还会为小贩提供重新加热比萨的方法，但热比萨外卖的愿景是在大约 200 年之后出现的。一般来说，人们认为在店里吃比萨口感会更好。

女性也是比萨行业的参与者。有的女性会开比萨店（法律规定只有丧偶、未婚或经丈夫允许的情况下），她们经常在厨房里摆好桌子，做面团，准备菜单上的其他菜肴，或者记账。除餐馆和叫卖经济外，这里还有一种由女性主导、欣欣向荣的街头比萨店。通常每周一次，妇女们会摆好圆柱形烤炉，做好比萨，等待出售。这是一种地下经济（不受管制和征税），为女性提供了重要的收入来源，也为当地人提供了比萨。事实上，正是这些女性企业家的成功直接导致了比萨店的快速发展。[27]

与餐馆出现之后的小酒馆、咖啡馆和小旅馆一样，随着时间的推移，其他食品供应商也开始销售比萨，所以一家卖通心粉的餐馆可能会在供应品中增加比萨，或者一家只卖葡萄酒的商店也会增加几张桌子和一个比萨烤炉。比萨烤炉是比萨店里最难操作且最具有争议的部分。烤炉必须在现有结构的基础上进行建

"比萨小工"，选自《那不勒斯民俗和环境的描述与说明》（1853），弗朗切斯科·德·布卡尔。

造或改造；如果没有正确的通风设备或良好的维护，就会引起火灾或滚滚浓烟。健康与安全检查是 19 世纪比萨店老板日常生活的一部分。邻居们也会经常抱怨，因为这些店铺大多位于现在所谓的"多功能开发区"，但在城市里，这只是简单的生活：生活、用餐和工作都在一个狭小的空间里。

比萨店从上午晚些时候开始营业，经常一直到午夜，为人们提供热餐。店里的厨房和用餐区一般不会分开，顾客进门点餐，看着面团和配料迅速被做好，然后放进烤炉。这些顾客来自不同的阶层，虽然他们购买比萨的场所并不相同。贫穷的人会从小贩那里买比萨，但手头比较富裕的人会光顾附近的餐馆。工薪阶层的比萨店可能没有座椅，就像美国、北欧及亚洲的许多柜台式服务咖啡馆和餐车式餐馆一样（从历史和全球角度来看，坐下来用餐是一种特权）。中产阶级家庭可以坐下用餐，有侍者专门提供服务，有时甚至是在一个单独的餐厅，这取决于餐馆的地方有多大或有多豪华。也有同时为工薪阶层和中产阶级顾客服务的比萨店，比如阿尔巴港的底层有一个站立区（厨房所在的地方），物美价廉，通常是为学生和工人服务；楼上有座位区，专为中产阶级服务。就连王室成员最后也爱上了比萨。1889 年，萨沃伊女王玛格丽塔品尝了那不勒斯当地一家由拉法埃莱·埃斯波西托比萨店制作的比萨，据说她很喜欢这家比萨店。根据一个被大家不断口口相传的故事所说，"玛格丽塔比萨"就是以她的名字命名的，使用的食材与意大利国旗颜色相似。至此，比萨店不仅出现在最初的工人阶级社区，并遍布整个城市。[28]

作为一家外卖店和提供全面服务的餐馆，比萨店随着意大利家庭的移民而得到广泛传播。当意大利南部移民在纽约安家后，他们在东区开设了简陋的比萨店，并在哈莱姆区建立了小型公寓比萨店（两张桌子、热比萨、葡萄酒和啤酒）。和意大利一样，美国的比萨贸易最初也以工人阶级为主，但后来扩大到了中产阶级顾客；20 世纪初时，客人最初以波希米亚人为主，但到了 1915 年，男女白领上班族已经成为纽约比萨店的常客。[29]

穷人的餐馆

对于穷人和中产阶级来说，在餐馆用餐大约始于 19 世纪中叶。这些餐馆几乎都是自助服务，食物也不一定按照订单烹饪。在费城有一本关于 19 世纪中叶的德语小说，其中针对这样的餐饮场所（介于自助餐馆、小酒馆和外卖店之间）有一段绝妙的描述。迈克·克拉普曼酒馆和餐馆由一个爱尔兰人经营，位于费城市南郊一个摇摇晃晃的建筑里，专门为男人、女人、黑人和白人提供德国食物：

> 一走进前厅，也就是真正的餐馆，会被餐馆的陈设吓一跳：自助餐桌上摆满了各种各样的菜肴，与切斯纳特街的时尚餐馆一模一样。唯一不同的就是食物的种类、盛放食物的

碗，以及分发食物的艺术和方式。上下两排（20个）又大又亮的红色陶罐，每个罐子里放着一个大锡勺。其中一个罐里装着腌猪蹄，另一个装着杂碎汤，第三个是猪肉和泡菜，第四个是白豆，第五个是黄豌豆汤，第六个是苹果果酱，第七个是胡萝卜泥和土豆泥，第八个是李子酱，其他还有腌制过的牡蛎、咸鱼和各种各样的肉类，以及炒肝、带皮煮土豆和各种各样的水果派。[30]

在迈克餐馆吃饭有两种方式：一种是从家里自带一个餐盘，将餐馆的食物带走；一种是用餐馆的锡制餐盘在店里用餐。每勺菜的价格是 1 美分（这种按量计价的模式曾经是低价餐馆的流行模式，包括现在）。

在拥挤的城区，公寓里是没有厨房的，人们不得不购买已经烹饪好的食物；这种食物大部分是外卖。从某些方面来说，19 世纪美国的城市用餐体验与 11 世纪的开罗没有什么不同：以其他名字命名的小菜馆是餐馆最常见的形式，此外还包括公寓里的小酒馆和餐馆、寄宿公寓的餐厅和低端的牡蛎屋。

街上也有很多食物出售，炸鱼薯条就是一个很好的例子。英国经典炸鱼薯条最初是两道独立的油炸菜式；卖鱼的小贩通常是流动的，他们在酒吧或摊位上以 1 便士的价格叫卖他们的鱼和面包；而卖薯条的商贩则把薯条卖给穷人，通常是在一户人家的前屋，用经常发臭的猪油炸薯条，食客要么在后屋吃，要么像包鱼一样用报纸把薯条带走。这两道菜何时被合并在一起的，目前尚不可知，但人们普遍认为，约瑟夫·马林斯于 1864 年在伦敦开了第一家真正的炸鱼薯条餐馆。同时，由于造船技术的进步，如蒸汽拖网渔船的发明，以及用冰块保存鱼类的习俗，导致鱼价大大降低，使得有更多的产品可供销售。如此一来，穷人和工人阶级也都能买得起炸鱼薯条了。

随着食品采购和运输成本的降低，整个餐饮行业发生了变化。其中一个值得注意的例子就是对牡蛎的消费，其印证了 19 世纪餐馆阶级的复杂性，也是高端和低端餐饮的一部分。

堆满牡蛎壳的高档餐馆和低档餐馆

正如在美国出生的英国诗人 T. S. 艾略特在《普鲁弗洛克的情歌》中提到的，牡蛎屋是一个非常寒酸的地方：

> 我们走吧，
>
> 穿过一些半清冷的街，
>
> 那休憩的场所正人声喋喋；
>
> 有夜夜不宁的下等歇夜旅店
>
> 和满地蚌壳的铺锯末的饭馆；
>
> 街连着街，好像一场讨厌的争议
>
> 带着阴险的意图。

牡蛎屋通常位于一座建筑物的地下室，这是一种非常务实的决定：因为牡蛎要保持低温，在地下室，冰块或其他冷却方法更容易被控制。然而，这些地下室空间往往廉价且粗陋。虽然大多数牡蛎屋没有餐桌服务，但它们却配有重要的服务员——按需求在屋前剥牡蛎并分发牡蛎的雇工。此外，大多数牡蛎屋还提供啤酒、葡萄酒或烈性酒，根据地点的不同，这些酒由酒保分配或由服务员提供。

那时，大多数牡蛎屋并不以富人为客户群体，但托马斯·唐宁在纽约开设的牡蛎馆却以有权有势的男女食客而闻名。如何建立声誉是一个复杂的过程；不过唐宁似乎一开始就对牡蛎有着令人难以置信的了解，并真正致力于提供最好的牡蛎。唐宁出生在弗吉尼亚，是一个自由的黑人，从小就是一名牡蛎工。1819年，他来到纽约，开始做牡蛎生意，最初是出售从

哈得孙河淘上来的牡蛎。他成功地在一个商贩密集的牡蛎市场中脱颖而出，最终买下了一栋相对高档的建筑，作为他的店铺，建筑内有多间凉爽的地下室，地下室里有持续流动的水，可以让牡蛎保持新鲜。在唐宁持续的把关和出色的服务下，餐馆的生意蒸蒸日上。

除了亲自捕捞一部分牡蛎（直到1835年），唐宁还与纽约其他牡蛎捕捞工建立了牢固的合作关系，以保证口味上乘。比如他会一大早出门，登上进港的船只，在开阔的海面上品尝各种牡蛎，买下最上等的，然后把它们运到自己的船上；最后，为了帮助这些捕捞工，他还会专门去市场，参与那些被他挑剩下的牡蛎的竞卖，抬高价格，但并不真正打算购买那些劣质的牡蛎。这样的做法使他在供货商中深

《从牡蛎屋驶出的牡蛎快运车，美国马里兰州巴尔的摩市》，约1905年，基斯通图片公司，影印立体照片。

M. 法诺里临摹自理查德·卡顿·伍德维尔作品《牡蛎屋里的政治》，1851 年，平版画。

《圣尼古拉餐馆：每日快递收到的牡蛎》，约 1873 年，查尔斯·N.莫里斯，设色版画。

《纽约第二大道午餐》，1931 年，沃克·埃文斯，明胶银印。

《1912 年新年夜（在餐馆）》，1912 年，阿热斯·罗尔，照片。

受欢迎，同时又能控制全城最好的牡蛎。

　　这些美味的牡蛎吸引了一批追随者，深受查尔斯·狄更斯和维多利亚女王的喜爱，以及一批著名但如今已被遗忘的纽约人。与德尔莫尼科餐馆一样，唐宁最终将餐馆的室内设计从大多数的牡蛎屋风格，转变为高端客户（包括女性）所期望的镜面、窗帘和枝形吊灯，并将菜单从整只或去壳的牡蛎扩展到一系列牡蛎菜品。在这里，曾发生许多主要的商业交易和政治活动，而唐宁自己则会精心安排顾客人群及他们所坐的空间，就像他精心处理牡蛎一样。

他还参与了许多政治和社会运动，特别是作为一个积极的废奴主义者，尽管这并不是他商业形象的核心部分。

　　东海岸遍布牡蛎屋，数量多到让东海岸的许多牡蛎养殖场都深受其影响，而西部山地地区也掀起了牡蛎产业热潮。落基山脉的牡蛎根本就不是牡蛎，其原因不言自明：落基山脉与太平洋海岸最近处也超过 800 千米。那里的牡蛎其实是一种不需要运输的食物，因此传统上被称为"羊的睾丸"。不过，新鲜牡蛎——真正的海洋生物——在 19 世纪 40 年代到 80 年代

《铁路餐馆内部》，1921 年，阿热斯·罗尔，照片。

的淘金热期间，在落基山脉采矿镇的餐馆里却极为流行，它们出现在广告、报纸文章和菜单上，与香槟并驾齐驱，并以高价出售（当时 1 只牡蛎卖 1 美元；根据通货膨胀调整后，相当于今天的 30 美元）。人们可能会认为这些牡蛎是罐装的，但其实并不是，它们是新鲜的——供货商如此宣称，高价也能反映出这一点，我们也可以追踪它们的商业路线。这是怎么实现的呢？答案是多亏了火车、包装创新和新型制冷技术的出现。

牡蛎的包装方式有两种：带壳和去壳。去壳牡蛎被放进桶里，浇上水并密封，然后被放进装满冰的大木桶里；或者相反，先把它们放进大木桶，然后往中间放冰块。这些冷冻去壳的牡蛎可以在市场上销售一周至一个月（也就是说出售时足够新鲜），足以从东海岸运到科罗拉多。整只带壳的牡蛎被装在 120 千克的桶里，通过摇晃和添加材料的过程，将牡蛎压紧，让牡蛎壳无法张开。如果运输得当（并使用冰块）的话，它们的保鲜时间可持续两个月。然后，这些牡蛎被装上火车，运往美国各地，如此一来，牡蛎成为挖掘类食物的核心——无论是半壳菜品，还是经过丰富加工的菜品，如牡蛎煎蛋卷（用牡蛎和培根煎成的

《新奥尔良餐馆》，1935年，本·沙赫，照片。

蛋卷）。

对于矿工来说，他们绝大多数来自东海岸去低端牡蛎餐馆吃饭的阶层，而不是唐宁的餐馆。吃牡蛎的体验是一种引人注目的消费高潮，这导致了价格的飙升和牡蛎欺诈的激增，比如把罐装牡蛎肉放在牡蛎壳上，称之为"半壳牡蛎"。

从工人阶级在铺满锯末的地下室吃牡蛎，到矿工在山里吃 1 美元的牡蛎，再到富人坐在天鹅绒椅子上呼呼作响地吃牡蛎，在 19 世纪，对更广泛的人群来说，在餐馆用餐变得更加容易且有了地方特色。在这一阶段，餐馆之间的巨大分歧已经显现——装饰的重要性、菜单的选择及吸引回头客的服务风格。我们将继续就此探讨，并在下一章探索德尔 - 莫尼科家族和托马斯·唐宁所深谙的法门：烹饪的重要性，尤其是那些成为烹饪大师的人——厨师。

4

菜单与厨师

"当顾客看到一道菜时，他们理应同时得到美食和一种设计感。"斗牛犬餐馆主厨费兰·阿德里亚如是说。[1]而食物与设计感在大多数餐馆都是由厨师创造的。从早期由前皇家厨师创办的巴黎餐馆到现代由移民创办的餐馆，掌管厨房的人往往被视为餐馆的心脏。不幸的是，如今最常与"厨师"搭配的词是"名流"。在媒体泛滥的21世纪，这意味着我们所知的许多厨师不仅是制作食物或菜单的人，还是在媒体上露面或表演节目的人。这种个人崇拜由来已久，但无论在哪个时期，其都掩盖了厨师的创新工作。在这一章中，我们将看到5位有影响力的厨师，他们跨越5个世纪，塑造了烹饪和厨房。厨师与菜单常常密不可分，并构成一家餐馆的核心特质。这些厨师的服务会告诉我们：他们如何理解顾客，如何使用厨房，以及如何塑造食物的制作。

制作菜单，成就厨师：怀石料理

17世纪50年代，在日本文化之都京都，一个富人可能会去一家雅致的茶室吃饭。品茶是一种颇具礼仪性的体验，通常包括一份固定的客人名单和一个指定的场合。虽然茶道是此类聚会的核心，但其中也包括一顿特别准备的饭食。如果你打算在京都举办茶会，比如为新生的侄子庆生，那么你有3个最好的场所可以选择。这些著名茶室会提供精致的饭菜，以及优雅清静的环境和周到的服务。它们每一家都来自日本茶道宗师千利休（1522—1591）的世系；而它们的饭菜却不尽相同。千利休的男性后裔——江岑宗左、一翁宗守和仙叟宗室——各自发展了不同的烹饪技艺，并将这些技艺传给各自的学徒，从而形成了不同的烹饪流派。这些流派被定义为"专有的、秘密的烹饪方法"，并以发展和传承它们的厨师名字命名。[2] 从某种程度上说，每个烹饪流派都以其菜单闻名：不仅是上菜的方式，还有这些菜的烹饪方式，从制作高汤到切割牛蒡，再到装盘美学。这些厨师如何将食材和顾客的体验连接起来，将展示出作为一名厨师的意义。

这些日本厨师开发的菜肴属于早期餐馆的一部分。人们会去公共场所吃一顿私宴，最终将让位于两种类型的场所体系：一种看起来更像餐馆，专门提供后来被称为"怀石料理"的菜肴；另一种则是与宴席承办者有长期合作关系的茶室（这种关系至今依然存在）。16 世纪文化的转变使早期茶道食物的极简主义和自觉节俭变成了一种精致的活动美食，为怀石料理烹饪奠定了基础；然而，这些变化在京都和江户（今东京）却表现得截然不同。17 世纪晚期，日本餐馆从茶室文化发展而来；然而，京都和江户的正式茶室才是日本著名厨师世家的发源地。[3] 京都和江户料理的发展因顾客的喜好而异，这反映了他们的社会经济地位。在京都，无论顾客选择哪一种流派，其菜肴总是会突显简约美学，以及创造一个充满回忆且难忘的相遇。而在江户，烹饪强调的是顾客的财富和权力，同时又保有乡村烹饪的特征。

西班牙厨师费兰·阿德里亚的记事本和图表，2011 年 9 月 29 日，深入了解他是如何安排食物制作和烹饪体系的。

京都菜单

10 月 17 日，中午

味噌汤

　　豆腐

　　蔬菜

　　鱼子

泡菜

香橙味噌汤

　　京都荷叶盘，上置朱砂平碗

米饭

雪松木板烧烤

　　　分层大盒，包含：

　　　海鲷

　　　牡蛎

　　　栗子

　　　青洋葱

甜品

《两个年轻男子与几个女子在隅田川河岸边茶室用餐》，约1788年，窪俊满，多色木版画（双联画），设色纸本。

烤年糕

冷椒味噌汤，加糖

纳豆

饭后菜

柿子

海带卷

以上菜单来自京都的高级茶文化传统，当时它正在向怀石料理转化。怀石料理创始人千利休开发了一种仪式，即将简单的食物与正式的茶相配。在他去世后的数年间，他的传统通过血缘和收养的后代加以延续，后者还进入他的企业并成为家族的一员。从千利休这一血统中衍生出了许多的烹饪流派。到了第四代，前面提到的三兄弟流派（江岑宗左、一翁宗守、仙叟宗室）开始涵盖最著名的茶室、宴席和餐馆，这里我们只探讨其中一个：里千家。

里千家流派由仙叟宗室（1622—1697）创立。仙叟的主业是我们所认知的宴席承办者：他为个人和茶室提供特定场合下的专门饭菜。在今天的日本，传统茶室仍然会依赖宴席承办者提供外卖。顾客从菜单中选择菜品；点餐单会被告知宴席承办者，同时说明茶室内茶会和娱乐活动的时间；食物都是新鲜的，一道接

《餐馆里的两位宫女和一位艺伎》，1844年后，歌川国贞与一兰斋国纲，多色木版画（三联画），设色薄纸本。

一道地送过来。怀石料理是一种有特定顺序的6~8道传统菜肴的体验；然而，仙叟是创立这一传统的厨师之一，他的饭菜并没有像他的继承者那样被系统化。

仙叟风格的核心理念是"食物应与当下契合"，即与季节、参与者和场合契合。为了引导客人思考这些具体的方面，他选择了可以传达感官、历史和语言信息的食材和餐具。比如在一次旨在庆祝新茶产出的宴席上，他提供的食物——龙虾和饭团——传统上是在新年庆祝活动上吃的。在其他菜肴上，仙叟会使用诗歌和史书中的著名餐具上菜，创造出他自己的视觉变化：在曾祖父千利休的圆形樱花叶图案的和碗（yoshina wan）中间放一个不同寻常的红色长方形托盘。这个想法是利用茶道悠久的历史，同时根据当下的食物、庆典和参与者而量身定制的体验。

这一部分的开头菜是为好运准备的。仙叟用文字和烹饪形式来突出主题、框定场合。传统的味噌汤通常有两种食材，现在却用了三种，象征富足。甜点带来的是一种感官的骚动：清淡香甜的蛋糕配上甜辣椒味噌汤，与黏稠、咸黑的纳豆形成对比。最后一道菜——另一种鲜明对比——名字以"kobu"结尾，意思是向"yorokobu"一词致敬，意为"喜乐"。这种意蕴深远的文字游戏在日本诗歌中很常见，而在日本的高端餐桌上也十分流行。[4]

作为一名厨师，仙叟的本意是将人们一起用餐视为一种交流、分享经验和回忆。一顿饭的目的是让他们分享各自的历史记忆，以及当下用餐那一刻所留下的回忆。仙叟厨师是日本乃至全球高端烹饪的早期代表人物。为了创造审美和情感效果，他在色彩和纹理上进行了变化和排布，在食物上进行装盘和组合，甚至左右了人们对食物的期望。我们稍后就会看到，这种把一顿饭视作一项重要活动，以及对味觉和视觉期望的操纵，在 400 年后费兰·阿德里亚等名厨的品鉴菜单中也得到了呼应。

江户的菜单

京都的饮食传统是富有诗意且多种多样的，而江户（东京旧称）料理则更注重阶级性和舒适性。江户菜是为大名而生，大名是富有的世袭地主，在古代日本的军事体系中也居于上位。虽然他们对茶道烹饪的兴趣源自京都流派，但他们正在形成一种新的烹饪方式，一种不是关于文化和交流的"表演"，而是关于炫耀，表明他们在旧秩序中合法继承人的地位。京都和江户的传统是两种餐馆消费模式的例子，它们在流行程度上各自有起有落。从这一点来看，它们很像早期的巴黎餐馆，代表着饮食的节制与健康；而像蒙特卡罗酒店之类的场所则是金碧辉煌的炫耀。

《花瓶与菜刀》，1816 年，鱼屋北溪，多色木版画，设色纸本。

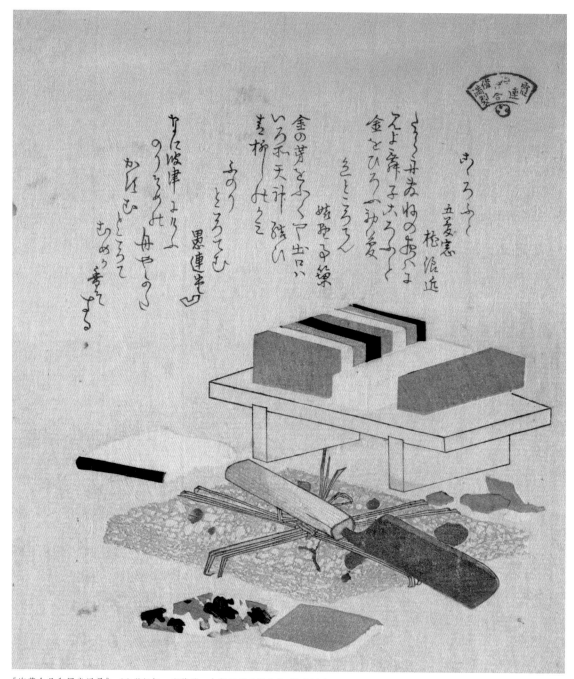

《海藻食品和厨房用具》，19世纪初，窪俊满，木版画册（部分），设色纸本。

主厨小堀远州是创立江户菜的主要参与者之一。他开创了许多菜式，并常常使用高端食材，以华丽精美的瓷器为餐具。瓷器是他专门委托人制作的，有时甚至还会亲自为餐具命名（为千利休的正统菜肴传统注入了新的噱头）。他的菜单很古怪，经常一餐会吃到许多种鸟类、鱼类和贝类。他发明了50种切鲤鱼的方法，其中包括精密刀法技艺，这些技艺后来也都归入了一个有名字、有品牌且广受欢迎的"秘密传承体系"，预示了20世纪餐馆特许经营的专业度。虽然仙叟宗室的菜肴在制作时有热有冷，温度适宜；但小堀远州的菜更像我们在19世纪晚期之前在欧洲餐桌上看到的：视觉上精美绝伦，但对温度并不敏感。冷食被认为是奢侈的象征，因为这意味着厨房距离用餐区很远。[5]

这些日本厨师预示了延续到21世纪的烹饪社会学的诸多方面。他们的烹饪方法是对文化诉求和食物感官体验的回应。注意用餐之外的品位，这恰恰是餐馆烹饪的核心：食物的外观，装菜的盘子，与菜单上其他菜品的互动方式，以及上菜的时间；所有这些都是让餐馆用餐不同于普通家庭用餐的因素。在餐馆用餐是体验性的，通常也是审美性的——即使这种审美只是一根合适的腌黄瓜！

17世纪早期带有圆形花样（牡丹饼）的盘子，由带有天然灰釉的炻器制成（备前陶瓷）。

《十郎一家的厨房》，约1680年，菱川师宣，单色木版画，设色纸本。

《十郎一家的宴席》，约1680年，菱川师宣，单色木版画，设色纸本。

《广小路上的茶室》，约 1835—1842 年，歌川广重，多色木版画，设色纸本。

索耶与埃斯科菲耶：现代厨房的发明

　　法国人亚历克西斯·索耶（1810—1858）与奥古斯特·埃斯科菲耶（1846—1935）及许多欧洲和亚洲的著名前辈，都曾先后被授予"第一名厨"的称号。与其关注大厨的名气，或许更应该提出一个更深刻的问题：这些大厨做过什么，使得他们名闻天下？他们如何改变了餐馆的烹饪和用餐的意义？就索耶和埃斯科菲耶而言，他们是管理和使用厨房的先驱，他们的贡献至今仍然影响着厨房。

　　在 19 世纪的欧洲，厨师的寿命要比其他领域的同时代人短，而蔬菜和肉类的储藏时间也比今天的食物要短，这两种寿命的缩短都与厨房技术的可用和不可用有关。厨师死亡率较高的原因是长期接触煤火，食物则是由于缺乏冷藏条件而腐烂。虽然 19 世纪的科学家应该为改善厨房的许多基础技术而受到赞扬，但管理这些厨房的厨师也是重要的发明者。世人常说索耶和埃斯科菲耶的烹饪是多么出色，客人是多么高贵，生活是多么充满幻想；事实上，他们也是厨房技术的关键创新者——改变餐馆烹饪的不仅仅是他们的盛极一时，还有他们对细节的关注，以及对食材和管理的创新。

《择菜：格兰德啤酒餐馆，斯特拉斯堡瓦尔斯海姆》，E.图特科夫茨，20世纪早期明信片。

19世纪20年代，十几岁的亚历克西斯·索耶在巴黎的餐馆圈子声名鹊起，后来成为伦敦改革俱乐部的烹饪主厨。长期以来，索耶一直是一位富有创造力的厨师和发明家；然而，改革俱乐部主厨的职位却为他提供了一个打造现代化厨房的机遇。改革俱乐部是议会改革运动之后成立的政治俱乐部，目的是让议会更具有代表性，1837年，该俱乐部聘请索耶担任主厨，同时开始为俱乐部建造场地。索耶与建筑师一起设计了当时看来极具未来主义风格的厨房空间，其中最显著的特点是"精密控温"。不出所料，厨房里有了大烤箱，烤箱两侧是沸腾炉、蛋奶酥烤箱和蒸汽柜，以便最大程度地利用烤箱的余温。索耶还开发了一套可移动的金属衬里盖板，可以将厨房其他部分的

热气加以阻隔，并将其反射到需要保温的物品上。厨房还巧妙地利用了水和冰，比如在木板、瓷砖和大理石上淋浇冰水来冷却鱼类和蔬菜。最重要的是，新厨房使用了煤气炉。

索耶（48岁英年早逝）的职业生涯一直在餐馆的厨房里，当时厨房的条件非常差，常常有厨师在工作场所丧命。在封闭的空间（即使是通风良好的空间）燃烧大量煤炭会产生过量的二氧化碳，导致长期待在厨房里的厨师体内积累过多的毒气，从而引发肾衰竭、肺部疾病和其他致命疾病。著名厨师安东尼·卡莱姆（同样英年早逝）曾指出这个问题的严重性（然后，一如既往地，他过分浪漫化了厨师的工作），他说："木炭会杀死我们，但这又有什么关系呢？我们的生命越短，我们的荣耀就越

"改革俱乐部厨房布局",《建造者》杂志,第 4 卷(1846 年 7 月 18 日),插图。

大。" [6] 煤气炉是一个重要的发明,是它带来了一个更干净、更安全的厨房。

1802 年,察霍伊斯·温兹勒成为第一个有记录可考的在煤气炉上做饭的人,炉子是他自己建造的。在 19 世纪的头几十年里,其他发明家和科学家也在致力于此类发明。[7] 然而,1836 年,詹姆斯·夏普正式发明煤气炉,并申请了专利,开始在工厂量产。而这一切都让索耶为之着迷,并将其融入现代餐馆厨房的设计中。

除了更加安全之外,煤气炉还让索耶和他的厨师们能够更容易控制温度。木材炉和煤炭炉在 19 世纪得到了稳步改进,人们可以更精确地调温并保持稳定的温度。这些在铁架上使用的炊具创新促进了母酱的发展,这种高汤和奶油面糊的化合物,使得厨师改良出了法国菜需要的一系列特定酱汁。而这些酱汁是当时很多餐馆菜肴的基础。煤气炉使得操作和加热更加便捷,最终成为世界各地家庭和餐馆的首选。(不过,值得一提的是,法国厨师起初并不情愿使用煤气炉,甚至还很抗拒。)

虽然改革俱乐部的厨房以其令人印象深刻的"冰与火"而闻名,但索耶还陆续推出了许多小且具有革新性的厨房用具。比如他发明了厨房水槽接水器(过滤器)。食物残渣堵塞下水道一直是厨房的大问题,厨房工作人员往往要花费大量时间才能清理干净。索耶想出了一个简单又巧妙的主意,他在排水管里安装了

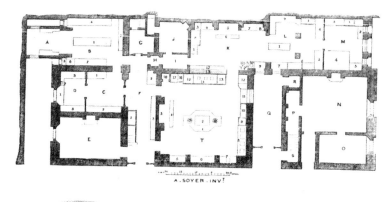
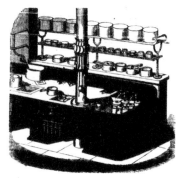

"改革俱乐部餐厅布局"，《建造者》杂志，第4卷（1846年7月18日），插图。

一个过滤器，这样就可以把残渣拦住，避免流入管道。此外，他还是厨房计时器的早期发明者、采用者或改良者。

索耶的餐桌

巴黎伯爵汤

芦笋浓汤

马萨林塞文鲑鱼

孟德斯鸠焗红鲻鱼

夏邦尼尔森鹅肝酱

塞维尼羊脊

酿橄榄

凤尾鱼沙拉配意式腌金枪鱼

榛子油沙丁鱼

炒家禽肉片

鲭鱼牛奶小黄油酥

改良威尔士羊排

黄瓜泥甜面包

多特雷尔藤叶

佛塔小龙虾配桑帕约香槟酒

达兹奇果冻配春季水果

新式英法豌豆

大马德拉精华松露

大绿芦笋配奶油酱

蓬巴杜式意大利烩饭

果仁糖脆杏仁配杏子

龙虾米罗通配鸹蛋

库拉索泡沫奶油

半冻野猪肉配蘑菇

温莎奶酪魔芋

子里有不同的配料、香料和腌菜；每个人夹起一块鸡翅或鱼肉……然后把它切成小块，放在自己的盘子上，蘸上不同的酱汁，直到根据自己的口味调出最喜欢的味道。[8]

如果我们看看改革俱乐部 1846 年 5 月 9 日的这份菜单，就能看到索耶的现代厨房是如何在餐桌上体现其现代性的。以上列出的菜品是专门为俱乐部的一场私人宴会准备的（不是常规菜单）。私人用餐在公共餐馆和俱乐部餐馆都很常见（直到今天仍然如此）。菜单上出现法语也并不奇怪，其中还包括相当奢侈的菜肴。

索耶在他 1847 年出版的《美食革新家》一书中讨论了这份菜单。正如他在书中描述的，其中四分之一的菜都用到了酱汁，每一种酱汁都有不同的加热和冷却时间。比如他的棕色酱汁（其他许多酱汁的基础）必须经历加热、文火、冷却、沸煮、炖煨、过滤、加热、冷却，然后再次沸煮、炖煨、冷却。他的果冻慕斯需要先冷藏才能上桌。为了满足自己不断探索食品技术的愿望，他还开发了一道菜，其中涉及了一种非同寻常的上菜设备——佛塔。

佛塔出现在改革俱乐部的厨房，是一个关于中国饮食习惯被西方采用的故事。索耶了解到在中国餐馆里有一个习俗，就是为顾客提供简单烹制过的家禽：

周围摆上三四个小碟子，每个碟

索耶认为这种方式非常巧妙，厨师可以将一道主菜配上一系列酱汁或佐料，然后由顾客自己做决定，也可以全部试一遍。在 1846 年 5 月 9 日的菜单上，他在佛塔上加入了小龙虾配松露和香槟酒。在他的书中，他想让读者知道，顾客可以从他或与他合作的唯一制造商那里获得其中一种菜肴，从而预示了我们在 21 世纪看到的众多名流厨师炊具的搭配。

看似新奇的佛塔小龙虾配香槟酒，其不仅展示了索耶的装盘技术，也展示了餐馆厨师通常的操作方法。为了制作这座塔，他将国际厨师的做法与自己生活的地方相结合，这意味着他采用了一种不同于他受训时的传统戒律来制作菜肴。不过，索耶的这道菜并不是由激发他灵感的中国宴席的食物组成。相反，这道菜的食材完全是欧洲的，只是形式上是中国的。这道特殊的佛塔菜中包含的一种原料（松露），他原本打算用到另一道菜里；但他没办法搞到另外那道菜的其他食材。当时受一场暴风雨的影响，进口雪鸥（一种会唱歌的鸟，骨肉均可食用）已经不可能出现，于是他把松露用进这道菜。为了突出诱人的异域情调，索耶没有在配菜中加入多种酱汁和配料（就像激发他灵感的那道中国菜一样），而是与一家欧洲瓷器制造商合作，打造了一款具有东方美学特色的餐具，并给它取了一个极具东方色彩的名字。一道菜的色、香、味同等重要，这是餐馆的共同特点（无论是麦当劳，还是斗牛犬餐馆）。

虽然佛塔菜没有成为改革俱乐部的支柱，但它展示了索耶以新的形式理解、调查、调整并结合现有食材的能力。索耶关于食物采购的论述，以及他作为一个用食材创新的厨师角色，为21世纪的厨师树立了典范。他引以为傲的"烹饪实验室"，与斗牛犬餐馆里擅长创新的著名厨师费兰·阿德里亚没什么不同。对于后者，我们会在本章的最后加以阐述。在《美食革新家》一书中，索耶详细记录了1846年5月9日菜单食材的购买地点和时间：

> 晚宴前一周，供货商就接到了订单。最上等的鲥鱼和塞文鲑鱼都是在邦德街的格罗夫斯店买到的；剩下的鱼来自亨格福德市场。早上七点，从格洛斯特直接运来的活塞文鲑鱼已经送到，将在上桌前十分钟内煮好，以最大程度保证其鲜味。最上等的家禽肉来自格罗夫纳广场戴维斯街的贝利店和干草市场查尔斯街的汤森家店。鹅肝和一些非常新鲜的上等法国松露来自莫雷尔店；开胃菜来自摄政街的埃奇斯和巴特勒店。羊脊肉来自皮卡迪利埃尔街的纽兰店；威尔士羊排来自斯莱特店，青豌豆和非常昂贵的甜点来自考文特花园的所罗门店。我之

所以详细说明上述供货商的名字，并不是为他们宣传，因为我相信他们已经在各自的领域有了名气；我这么做只是为了证明一个真正的美食家在做一桌菜时有多么耗神费力。

这种对食材来源的关注可能会让我们想起21世纪的菜单，其中包括种植或捕捞食物的农民或渔夫的名字。这并不是特意给索耶太多的赞扬（他的作品总体上读起来感觉他像是一个需要多一点谦逊的人），不过，他的确是一脉餐馆厨师和主厨家族的一员，这些人处在尖端技术与广泛且通常是国际美食传统和精细配料的交汇处，使得他们的职业生涯熠熠生辉。

埃斯科菲耶与餐饮新美学

埃斯科菲耶与我们刚刚提到的那份精致菜单诞生于同一年，似乎是19世纪革命性厨师工作的后来人。不过，其最为知名的可能是对专业厨房的贡献，并创造了名流厨师的现象。在欧洲，埃斯科菲耶在餐馆功能方面做出了两项创新：烹制的食物种类（菜单）及厨房的组织管理（厨房军旅制度）。这两项贡献相辅相成。

我们从第一个例子开始：埃斯科菲耶的伦敦卡尔顿餐馆曾推出一种套餐菜单，即只需花费12先令6便士（现在约人均100欧元，相当于在伦敦丽思卡尔顿酒店吃一顿饭的费用），顾客就可以享用到：

蜜瓜鸡尾酒

圣日耳曼奶油浓汤

默尼耶河鳟鱼

图卢兹鸡胸肉

杂烩饭

带骨髓羊肉榛子

英式青豆

拜伦苹果

黎塞留鹌鹑果冻

罗马生菜沙拉

阿根廷黄油芦笋

冰草莓慕斯

小甜点

奥古斯特·埃斯科菲耶（1846—1935），1930 年，照片。

这份菜单展示了各种烹饪风格和不同的食物温度，后面我们会再讨论这些。它似乎跟索耶的菜单有所不同，因为它有果冻、沙拉、芦笋、羊肉、鱼肉和鸡肉。然而，即使考虑到规模上的差异（精心安排的盛宴与套餐相比），菜品的组成和上菜顺序也不完全相同。这反映了索耶和埃斯科菲耶之间最大的变化（虽然从菜单上看并不明显），即烹饪方式和上菜方式。

比如被索耶自称为"索耶松鸡沙拉"的菜品，是一种肉蛋沙拉。而与埃斯科菲耶的箴言"简单至上"相比，它就是一种幻想，甚至是天马行空。埃斯科菲耶简化了菜肴数量、装盘方式和菜肴结构，即更少的菜品、更少的配菜、更少的食材。而所有这一切都提高了餐桌上的风味性和戏剧性。

在整个 19 世纪，高端餐馆从"贵族"转变为"高级"。虽然这似乎并不是一个很大的飞跃，但"出身高贵"和"高级时尚"之间的差异还是很显著的。值得一提的是，直到 20 世纪 20 年代，"高级料理"这个词才进入英语词典，而指代上层中产阶级的"高级资产阶级"却在 1888 年就已进入英语。[9]19 世纪下半叶，"高级资产阶级"成为高级料理的焦点。他们的审美同时呼应并避开了早期的贵族料理。在法国，安东尼·卡莱姆开创了一种烹饪风格，在接下来的一个世纪里，西方世界的"高级料理"被埃斯科菲耶加以改进，并加以推广。

从某些方面看，埃斯科菲耶反映的是美学

上更为广泛的变化。他的一桌菜与索耶的一桌菜，就像梵·高或莫奈的画与一幅浪漫主义画派的画。两种画都很美，但用色、构图和笔触方式却完全不同。现代绘画，就如埃斯科菲耶的菜，不那么繁杂，更多地投入到引人注目和新媒介的使用，减少了绘画的要素：光、色和笔触。同样，埃斯科菲耶减少了菜肴的数量，将更多的精力放在强调单一配料和菜肴上，在特定的时刻提供最大的感官愉悦。

"梅尔芭桃子"就是一个很好的例子，埃斯科菲耶食谱中最重要的是"简单"。这道甜点需要一个完全熟透的桃子，滚水烫后去皮，撒上一点糖，加入香草冰激凌和覆盆子果泥，再加少许糖粉。食谱中只有4种食材，其中两种是糖，几乎简单到极致。虽然简单，但也正因为如此，埃斯科菲耶才会说："针对这份食谱所做的任何改动，都将破坏其微妙的平衡。"随着这道菜越来越受欢迎，埃斯科菲耶抱怨编辑和美食作家在发表食谱时"粗心大意"，偏离了原本的轨道，通常加入了更多的配料。埃斯科菲耶说他们可以"随意公布"，却"不肯费心仔细研究"，这就导致做出来的甜点"很难满足真正美食鉴赏家的口味"。[10]

"梅尔芭桃子"是一道甜点，虽然人们对它过多的关注有些奇怪，但它却是构成精致美食的元素之一，也是埃斯科菲耶对餐馆做出的一项重要贡献。19世纪80年代，在蒙特卡洛的格兰德酒店，埃斯科菲耶采用了一种新的服务方式，即每道菜都单独上桌。埃斯科菲耶致力于以恰到好处的温度上菜，且常常以戏剧性

的才华强调他厨房里对时间的精准掌控。其中最著名的例子就是在餐桌边点燃食材（这种方式要求侍者训练有素，临场应变能力极强，这也是为什么今天国际酒店的餐厅主管大赛中仍然包括点燃菠萝的项目）。上菜时，服务人员要在正确时间把每一桌每一个客人点的每一道菜带出厨房，它需要把控节奏，以便下一道不同的菜也能在同一时间准备。从厨房到顾客，用餐的节奏在不断改变。

在18世纪和19世纪的大部分时间里，美食通常是冷食，或者至少是室温食物。装盘也很精致：猪肉和猪油做的帕台农神庙雕塑，糖做成的结晶宫殿，各种各样的动物造型菜，以及酸辣酱、馅饼和其他食物。食物摆放好了，顾客落座了，虽然菜肴可以增加或删减，但与"每道菜单独上桌"的体验是不同的。早期餐馆通常不会按顾客的点餐单准备食物，第一批巴黎餐馆里浓郁的清炖肉汤往往要被重新加热或一直保温；这些餐馆比较流行的其他食物，如水煮鸡肉、沙拉、面包和奶酪，通常都是冷的或常温的。这在一定程度上是因为厨房的空间非常宝贵，而且琢磨如何去应对单份食物的需求是令人生畏的。埃斯科菲耶沿着卡莱姆开辟的道路，开始提供有目的且有必要的热食。特别是，酱汁的作用使得上菜的时间极为重要。

如今，人们可能会认为法国菜有5种母酱。然而，在卡莱姆于19世纪30年代出版的烹饪文献中记载，最初只有4种母酱，分别为：白酱、褐酱、丝绒浓酱和德国酱。（这些

酱汁都以面粉糊为基础，按照上面的顺序分别加入牛奶、牛肉/小牛肉高汤、鸡肉/鱼肉高汤或鸡肉/鱼肉高汤加鸡蛋、奶油。）在欧洲各地大酒店和伦敦萨沃伊酒店担任主厨期间，埃斯科菲耶借鉴了卡莱姆和其他欧洲传统，开发了一种新的法国美食。1903年，随着《烹饪指南：烹饪实用备忘录》一书的出版，埃斯科菲耶为烹饪界重新定义了5种母酱：白酱、褐酱、丝绒浓酱、荷兰酱和番茄酱。（德国酱被降级为丝绒浓酱的"后裔"。）这些酱汁被用来制作成百上千的其他酱汁——总有一款适合你。但不要过分崇拜酱汁，因为它也要与完美的菜肴相匹配。就像埃斯科菲耶不喜欢用烤炉烤牛排或用煤气炉烤鸡肉，只有木材和高纯度的煤才能让食材呈现其所需的特性。

埃斯科菲耶对每一道菜的细节关注使他赢得了良好的声誉，但这一点最初也让他头痛不已。厨房向来是个忙碌的地方，但不一定是井然有序的地方。为了取得成功，埃斯科菲耶必须与"一台"由一大群人组成并运转良好的"机器"一起合作。为了实现这一点，他转向（或是完善）一种新的厨房组织形式，并借鉴了19世纪的军事和工业技术。埃斯科菲耶的主要贡献之一就是将厨房军旅制度系统化，并将其捧上神坛。

厨房军旅制度

埃斯科菲耶所倡导的厨房管理系统，有助于更容易地将菜肴以正确的温度按时送到顾客的餐桌。厨房军旅制度是一种厨房管理形式，它将食物制作分为不同的岗位，即使今天也依然沿用。专业厨房（至少可以追溯到15世纪的王室厨房）将厨房职责划分为不同的任务：某人负责面包、肉类或精致的糖塑，某人则负责洗碗；然而这些任务通常是按一个个厨房加以分配，间或有固定的逻辑，却鲜有指定的空间。当巴黎餐馆刚刚起步时——通常是由曾经给富人当厨师的人经营，后来转在公共场所为富人服务，他们带来的是豪门或城堡里的厨房组织。不过，餐馆的厨房通常很小，节奏又非常快（今天也一样）。媒体上的描述经常让人们对厨房的清洁程度表示担忧，常常说那里气氛混乱（在某种程度上，和今天一样）。

厨房军旅制度平息了这种混乱，并成为专业厨房组织的蓝图。这种管理形式已极为盛行，甚至连麦当劳也有了改进的军旅制度。其基本理念是：厨房里的每个人都有自己的职责和工作空间。一系列的人，以等级为标准，分配点餐。每个人都按照要求的时间做指定的工作，顾客订单上的菜——甚至是12人以上的复杂订单——会同时发出，并且都是在适宜的温度下。经典（即周密）的厨房军旅队伍就应该是一支真正的军队。

这支队伍的最上级要么是行政主厨，要么是烹饪主厨。小一点的餐馆通常只有一个人担任这个职位，但大一点的餐馆可能同时有两个职位。在这种情况下，烹饪主厨会向行政主厨汇报工作。这个人，也就是烹饪主厨，是厨房的领导，负责全面管理、开发菜品和菜单、监督采购和招聘，并管理员工，也包括在厨房里发号施令（也就是说，在正确的时间向正确的人发出命令）。

主厨下面是大厨，作为主厨的副手，其主要职责是管理。他要确保顾客的点餐被传达给正确的人，厨房里的每个人都尽职尽责，上菜（在各方面）准确无误。在现代厨房里，这个人还经常负责库存等不那么光鲜的杂务。和许多二把手一样，他们也掌握着很大的权力。

再往下一级是若干的厨师领班，他们每个人都有自己的烹饪单元（包括烹饪和指导低级厨师）。这些厨师包括：烤炸厨师——除烤制肉类之外，传统上还要负责烧、烤、炸；海鲜厨师——负责鱼类和海鲜类料理；非主菜厨师——负责蔬菜、蛋类和汤类料理；冷盘厨师——负责冷菜、冷盘、沙拉、熟食和奶酪，通常监管食品储藏室；面点厨师——负责甜点、糕点、面包和意大利面；酱汁厨师——负责制作酱汁、加热冷盘和大部分菜肴的最后加工，他们被认为是厨师领班中最重要的厨师，地位仅次于大厨。

厨师领班下面都有各自分管的厨师：烤炸厨师监管煎烙师和油炸师；有时海鲜厨师会配一个去壳工（预处理贝类的工人）；非主菜厨

《送单的侍者们，伦敦萨沃伊酒店主餐厅厨房》，1940 年，费利克斯·曼，照片。

《萨沃伊酒店厨房一隅》，1893 年，亨利·贝德福德·勒梅尔，照片。

师监管汤水师和素菜师；有时冷盘厨师会配一个屠夫；面点厨师有时会带一大群人，比如糖果师、冰品师（冰甜点和其他冷甜点）、装点师或面包师；甚至还有更多的初级厨师（小工和学徒）为领班工作。

烹饪大队中也有不为顾客准备食物的职位，这些人包括小学徒和洗碗工，他们主要负责清洗盘子、餐具和锅碗瓢盆；受大家爱戴的"公社厨师"负责为员工们做晚餐；还有专门负责沟通餐厅和后厨事务的跑堂服务员，有时他们会向各岗位分配点餐，其他时候则只向主厨和大厨汇报工作。埃斯科菲耶曾在军队当过7年厨师，对军事指挥体系十分熟悉，于是以此为模板，制定了这种管理体系。其在很多厨房都非常有效，至今也依然有效。

在萨沃伊酒店，当有顾客点"卡梅丽塔龙虾""佩里格雏鸡"和"拜伦土豆条"时，海鲜厨师便开始处理龙虾，烤炸厨师开始处理鸡肉，非主菜厨师开始处理马铃薯，酱汁厨师开始调制适合每道菜的酱汁。他们会在自己的岗位上调动各自的员工，在指定时间内完成自己的工作，最后由大厨收尾。只有这样，他们才能同时供应 500 个顾客的饭菜。

方盘、套餐菜单及其他细节

埃斯科菲耶的目标始终是创造赏心悦目但精简的食物。当他同意加入萨沃伊酒店与塞萨尔·丽思共事时，他不仅带来了一直在各豪华酒店工作时不断完善的厨房管理和饭菜供应体系，还带来了他在餐馆数十年里一直在思考的想法。其中一个想法或许微不足道，却是理解餐馆及其持续递进发展的重要组成部分。正如仙叟、小堀远州、索耶等前辈一样，埃斯科菲耶了解不同的碟子对菜肴产生的不同影响。他早就想用银制方盘盛开胃菜，担任新职位后，他如愿以偿了。当方盘在 21 世纪初重新出现在菜单上时，既受到了欢迎，也遭到了诋毁，但它们并不是新鲜事物。至少自 17 世纪以来，改变餐具的形状、颜色和风格一直是鼓励人们以不同方式看待和感知食物的方法，索耶和埃斯科菲耶等厨师都深谙其道。

埃斯科菲耶还改变了一种在高档餐馆吃饭的方式，且至今仍在使用。为了满足顾客需求，同时还能创造出复杂而惊艳的菜肴，他借鉴了套餐饭店的做法，开始推出价格固定的菜单。这些菜单都是单一定价，菜品全部是套餐。如此一来，厨房的备菜工作变得更加容易，厨师也可以向顾客推荐他认为适合的菜肴。虽然我们会将套餐菜单想象成关乎平衡收支和使用配料的一部分，但这也是一种允许厨师向缺乏专业知识或没有意愿浏览菜单的顾客推荐一顿好饭的做法。

对于埃斯科菲耶来说，优雅基于简单且无须无关的细节。他摒弃了不可食用的装饰，也不允许在食物上留下任何极端的痕迹，他简化了菜单和酱汁，没有更多看起来像希腊庙宇的前菜；食物看起来要像食物。但这并不说明食物看起来寒酸——相反，它充满了生机、动感和色彩。谈起埃斯科菲耶，我们不得不提及他自创的一场辉煌奇观——还记得第 3 章塞萨尔·丽思的妻子玛丽·路易·丽思所描述的橙香火焰可丽饼吗?

遵循了仙叟菜单的季节性和庆典性,以及索耶在 1846 年开创的美食大餐的传统,埃斯科菲耶于 1895 年在蒙特卡洛推出了一份以红色为基调的庆典菜单,该菜单融合了味觉、视觉和象征性的喜悦,以庆祝一群年轻人在赌场上旗开得胜:

千层派配红熏鲑鱼和黑鱼子酱,

置于红色餐巾纸上

玫瑰香槟

红鹧鸪汤(含红腿鹧鸪肉)

红鲻鱼配香贝丹酒

鲤鱼鱼白配波尔多小龙虾

吉祥鹌鹑

杂烩饭

1870 年拉菲

佩里戈尔黑珍珠松露鸡肉

阿尔卑斯红生菜心沙拉

新芦笋配酱汁(酱汁名:美丽的

夏日黄昏)

匈牙利鹅肝冻糕配甜辣椒粉

从鱼子酱到红葡萄酒再到蔬菜,整套宴席都是红色的,其中点缀着金色,偶尔也有黑色。用餐区也是红色的——红色的投光灯,红色的座椅,红色的菜单,红色的玫瑰花瓣。这是世纪之交的一场盛会,夸张的风格、颜色和

场面,但菜肴和装盘并不夸张,正如所有的美餐一样,这是一个平静的时刻。

厨房革新的先锋

3DS 配摩洛哥综合香料和柠檬罗

勒嫩芽

粤语音乐

芒果和黑橄榄片

5 种胡椒甜瓜酱／冻甜瓜干配新

鲜香草和绿杏仁

南瓜子油甜食

Thai nymph

蜜瓜火腿 2005

马苏里拉奶酪球

海棠天妇罗配藏红花和牡蛎奶油

玫瑰味马苏里拉奶酪蒸奶油蛋卷[11]

以上只是 2005 年斗牛犬餐馆四人餐中的"开场"。斗牛犬餐馆引领并塑造了当前全球高端餐饮的许多趋势。它成立于 1964 年,位于巴塞罗那以北 160 千米的海岸上,就在法国边境线的下方。从 20 世纪 90 年代开始,在厨师费兰·阿德里亚的领导下,这里成为"分子烹饪法"(无数新烹饪技术的标签)的发源地。

如果你从上面的菜单中看不出什么,这也是可以理解的。有的食材显而易见(蜜瓜、火腿、芒果、黑橄榄),有的制作工艺也算明显(天妇罗、奶油、蒸);然而,有些菜的名字却大多给人一种神秘感,让人看不出是什

么。"Thai nymph"究竟是什么？是昆虫还是美女？（郑重声明，这是一种用棉花糖作馅的泰国沙拉，很像美味的越南春卷或蔬菜卷。菜谱上还写着：本小吃仅在空气湿度低于 65% 时供应。）

可以想象，在本章即将结束时，我们旨在用一长串不同的行政主厨名单，来说明是他们通过厨房和烹饪创新塑造了餐馆，但阿德里亚或许是其中最合适的人选。与索耶和埃斯科菲耶一样，阿德里亚对新事物很感兴趣，比如餐馆可以改变用餐和烹饪的体验。如果说从索耶到埃斯科菲耶的运动是从浪漫主义画派到现代主义画派的转变，那么评论家们宣称阿德里亚掀起的是超现实主义画派运动，他是高级料理界的毕加索或达利。[12]

达利和阿德里亚都出生在西班牙的加泰罗尼亚地区，尽管二者相隔 58 年。达利在自己的烹饪书《卡拉的晚宴》中说道：

> 我只喜欢吃外形一目了然的东西。如果我讨厌又脏又烂的菠菜，那是因为它和"自由"一样没有形状。我把重要的审美和道德价值归结于食物，菠菜尤其如此。与没有形状的菠菜截然相反的是贝类。我喜欢吃贝类，事实上，我喜欢所有的水生贝壳类动物……只有需要剥壳的食物才容易被我们的味蕾征服。[13]

对于阿德里亚而言，这可能是一个挑战，

也是他关于"食物是什么，食物可以是什么，以及我们如何体验食物"的主张。（可以想象他会做出一道贝类菠菜。）

1987 年，阿德里亚成为斗牛犬餐馆主厨。同年，在一次厨师聚会上，阿德里亚听到了名厨雅克·马克西曼的一句话，这句话改变了他的职业生涯——"创意不可复制。"阿德里亚和他的团队把这句话应用到了极致。他们没有努力进行渐进式的创新，而是将精力投入到激进的新方法，让食材焕然一新。他们的大部分成果都被归类为"分子烹饪"。

当时正值冬季，斗牛犬餐馆位于一个度假区内，淡季顾客很少，于是闭门休业（2000 年之后需求发生了显著变化，斗牛犬餐馆曾一度一年收到超过 100 万份用餐预约）。但从 20 世纪 80 年代末开始，厨房员工开始利用休业的这几个月（3 个月，然后是 5 个月，再然后是 6 个月）探索新的烹饪方法。他们不只探索前辈的菜谱，还尝试重新思考并改变烹饪习惯和配料的做法。他们会摸索上百种冷藏草莓和上菜方法，并决心做一款固体鸡尾酒——从口味、制作方法、美学和工程学等角度，他们一直在不断努力，直到做出了值得品尝的饮品。在冬季研发期间，阿德里亚和他的团队也会像索耶和小堀远州那样，与设计师和制造商一起为他们所创造的特定食物制作新的餐具和厨房工具。他们没有选择地方菜或国际性的法国菜，而是选择了先锋派——他们想要"从理论角度出发……将烹饪规范化。"[14] 1994 年，斗牛犬餐馆的厨房新兴实践（部分）终于被规范化：阿

西班牙厨师费兰·阿德里亚，在斗牛犬餐馆厨房，2007 年 6 月 16 日，西班牙罗塞斯。

德里亚决定将餐馆的着力点放在他称之为"概念技术"的烹饪技法上。

2000 年，斗牛犬餐馆开始将其研发的所有菜肴编目、记录并分类，以便跟踪甚至分析团队设计的烹饪新技术和新概念。2006 年，他们针对餐馆的诸多原则发表声明，其中包括烹饪要点，比如：

> 烹饪是一门语言，通过它可以表达以下所有属性：和谐、创造力、幸福、美丽、诗意、复杂、魔法、幽默、刺激和文化。
>
> ⋯⋯⋯⋯
>
> 就像人类进化以来的大多数领域一样，新技术是烹饪进步的源泉。
>
> 高汤家族不断扩大。现在人们使用的是具有相同功能的轻高汤（水、肉汁、肉汤、澄清的蔬菜汁、果仁

奶，等等）。

声明中还包括服务和用餐体验，比如"一种正在推广的新的上菜方式。菜肴在餐馆里由服务人员完成最后的工序。在其他情况下，食客自己也会参与烹饪过程"，或者说，"语境化、讽刺、盛大活动、表演，这些都是完全合法的，只要不是肤浅的，都是对美食反射过程的反应，或与之密切相关。"[15]

阿德里亚深深致力于将饮食作为一种"调动参与者感官、情绪和思维的"行为，有时你会一边吃冰沙一边从气球里吹出橘子味的空气（就像本章中提到的其他用餐体验），这与你周围的普通餐馆相距甚远（除非你住在一个相当富裕的地区）。然而，无论价格高低，这些行为（对食材的思考，采用更好、更安全、更容易的烹饪技术，做菜时兼顾食客和食材储备）都是每个餐馆厨房不可或缺的一部分。

5

餐馆主管与女侍者

2012 年，日本东京的宫崎真在国际竞赛中赢得了"最佳主管"头衔。为了这个荣誉，他必须以专业手法搭配菜肴和美酒，并点燃一个菠萝，还要在 9 轮比赛中完成一系列其他任务和期望，让客人产生信任感和放松感。再往前100 年，奥斯卡·奇尔基在纽约的华尔道夫酒店为埃及统治者穆罕默德·阿里帕夏和美国富豪安德鲁·卡内基提供了同样精致的服务。再往前 200 年，在巴黎，食客们会在万利餐馆享受到精致的服务。但在第一家法国餐馆出现之前，300 年前的东京茶室也可以提供精致的用餐体验，这些茶室后来还成为全球最高端的餐馆之一。

"前厅"是餐馆的特色。在这里，有人为你安排座位，有人帮你点餐，有人为你上菜。他们或泰然自若，或准备接受一场遭受轻视和评判的严酷考验。（男女）侍者的历史并不是

一成不变。这是一个由形象定义的职业——势利而灵巧的男人、敏感而热情的女人。在不同的文化和时代里，优秀侍者的定义是基本不变的，但从事这些职业的人的生活和他们的文化声誉却各不相同。在本章中，我们将从顾客的角度探讨人们对餐馆前厅的期望和体验，并深入了解侍者的生活。

关于仆人、服务和服务人员

对大多数人而言，在漫长的历史中，食物大多由烹饪者制作，而和他们一起享用食物的人则是家人。然而，在这一章中，我们将探讨"别人"提供食物，一个从仆人和陌生人开始的故事。

关于"站在桌旁伺候人"的历史通常介于创业和奴役之间。这两条将食物从厨房送到

用餐者手中的路径相互交织，也阐明了服务人员与顾客之间复杂的关系以及充满争议的小费行为。

仆人是最早提供餐桌服务的人。在王室中，即便是很古老的时代，这项工作就涉及烦琐的传统和规范。除了豪门贵族和盛宴文化，全球早期的餐桌服务都是由在小旅馆和小酒馆工作的人们提供的。在古代、中世纪和现代社会早期，就像今天一样，旅行者始终存在：这些出远门的人无法与家人或朋友共同用餐。世界上的主要宗教，包括印度教、伊斯兰教、犹太教、基督教和佛教，都有经文和教义要求向陌生人提供食物。虽然这是宗教框架下的利他

主义，但在某种程度上，这种行为催生了一种新的业务：邀请他人共同用餐，但同时要求他们以物易物或支付食宿费用。随着时间的推移，这类寄宿地和宗教经营场所发生了变化。据记载，这种转变曾发生在"圣地亚哥之路"沿线，这是西班牙的一条基督教朝圣路线，其起源可追溯至10世纪。随着人们不断走过这条路，"共同用餐"的形式发生了改变。起初，游客们由偶遇的修道院提供饮食，而修道院的资金来自当地和国外的教徒。然而，随着越来越多的朝圣者踏上这条路，道路两旁开始出现各种食物供应场所和其他形式的待客场所，这些场所适合所有虔诚的旅者，无论是穷人还是

《华尔道夫酒店的"奥斯卡"群像》，约1904年，菲利普·凯斯特，照片。

《华尔道夫酒店厨房一隅》，1903年，乔治·博尔特，照片。

《华尔道夫酒店餐厅一隅》，1903年，乔治·博尔特，照片。

《观看与被观看》，1764—1772 年，铃木春信，多色木版画，设色纸本。

富有的贵族。12世纪甚至还有过一本旅行指南，列出了沿途最佳食宿场所。[1]虽然世界各地仍有一些餐馆会有"宾至如归"的感觉（往往是因为你其实进入的是别人的家），但另一些餐馆的服务也越来越规范化，并扩展到能够举办不止一场宴会，它们变成了小旅馆、小酒馆和寄宿旅馆，是陌生人以一定代价为其他陌生人提供食物的地方。

江户的女侍者

无论是通往麦加和耶路撒冷的朝圣之路，还是日本东海道的53个宿场（驿站），又或者是印加公路，为旅行者服务的经济体如雨后春笋般涌现。正如第1章和第2章所探讨的，这些场所多与同时期的餐馆不同；然而，无论是小旅馆还是餐馆，它们确实通常会有人负责将食物端上餐桌。

日本江户时期（1603—1868）的线路就是一个很好的例子，说明了餐饮服务是复杂的旅行经济的一部分。五街道①旨在改善日本各地的交通和商业，尤其是京都和江户之间的交通。每到一站，都会有一些小酒馆雇用一种特殊的侍者——饭盛女，翻译过来就是"提供饭菜的女性"，或者更生动地说，是"盛米饭的女性"。

这些在五街道小酒馆做侍者的女性，也是一种妓女。按照法律规定，沿线酒馆只能雇用两名饭盛女，她们既非艺伎（不受雇于餐馆或茶室且不从事性行业的女招待或艺人），也不是高级妓女（从事性行业的上层阶级女性，通常受雇于特定的男性或社会团体）。这些女性只受雇于小酒馆本身，既是侍者，也是性工作者。法律禁止她们穿棉布以外的衣物，这样就不会与穿丝绸的高级妓女相混淆。[2]

从浮世绘的版画和早期照片来看，她们身姿曼妙，衣着精美。这些图片在英语中通常会配上"女侍者"一词，说明这些女性的双重身份——手持茶壶或盛放米饭和腌菜碗的托盘，背后是床上用品。比如歌川广重在他的赤坂浮世绘《东

《乡村茶室的饭盛女》，1897年，小川一真，手工着色蛋白银盐感光照片。

———————————
① 五街道分别指东海道、中山道、奥州街道、日光街道、甲州街道，为日本江户时代以江户为起点的五条陆上交通要道，亦是当时代表全日本的总称。——编注

《赤坂旅舍招妇图》，约1834年，歌川广重，多色木版画，设色纸本。

《真理子/名物茶室》，约1834年，歌川广重，多色木版画，设色纸本。

《咖啡馆里的侍者领班》，1904年，恩斯特·路德维格·基尔希纳，多色木版画，设色纸本。

麿在版画《难波屋北》中收录了一首诗，描述了浅草寺以东难波屋茶室的女侍者：

> 人从此间过，
>
> 多如苇草棵。
>
> 驻足停留者，
>
> 皆为难波屋。[3]

在类似五街道这样的沿线上，也有无其他职责的女侍者。歌川广重在同系列的真理子版画中描绘了其中一位女性：正在上菜的她背着一个孩子，所穿的衣服也并不漂亮，只是在路边的一家餐馆里负责上菜。[4] 多年以后，这两种女侍者的形象（情欲对象和职业女性）展示了 20 世纪早期社会动荡的时代里餐饮场所雇用员工时的概貌。

19 世纪时，可爱灵巧的日本女侍者开始在文学作品中出现。在情感小说《春色梅儿誉美》（1833）中有这样一个场景：一对旧情人在一家餐馆偶遇，女侍者凭直觉说出了他们的需要以及上菜的时间。

海道五十三次》中就对这些女性做了刻画：一位女侍者在为顾客上菜，其他女侍者在别处照镜子化妆，从角落里隐约可见床上用品，以及男人的姿势和表情，都暗示着这些女人可能也做其他"工作"。在江户时期的日本，在城市内外的茶室工作的女性通常是诗歌和故事的焦点，以赞美她们的辛劳和美貌，这种做法可能是真正优质餐饮服务的反映，也可能是一种影射（或两者兼有）。比如 18 世纪晚期喜多川歌

> 这时，女侍者端来了一些茶。
>
> "请问您想点些什么？"她问道。
>
> "嗯，好的，给我们烤三盘中份的……"丹次郎说。
>
> "来些清酒吗？"
>
> "不了，"丹次郎说，"只吃饭就好了。美好的老味道。或者，米八，你想喝点什么？"

"不了，谢谢。"米八笑着说。

女侍者感觉到了两人之间的异样，于是拿起一个靠在楼梯栏杆上的小屏风，放到他们身边，以便给他们留出隐私空间，然后噔噔地走下楼梯。

女侍者在合适的时间返回，为他们端来了鳗鱼饭，然后立刻走开，又在他们需要结账的时候适时返回。这些细节可能看似微不足道，但就优质服务而言，这个无名的角色清楚地反映了男女侍者所需的核心要素，即对互动、直觉和关注的期望。虽然早期的日本史是高度性别化的，而且经常被情欲化，但早期欧洲版本的完美侍者也一样会被性别化——只不过是男性——并在"顾问"与"仆人"之间来回摇摆。

法国侍者与餐馆主管

在19世纪的欧洲，随处都是靠自己努力从侍者成长为餐饮帝国"掌门人"的人。虽然侍者的角色看起来是从属的，但在很多方面，侍者也可以变为主管，尤其是在早期的欧洲餐馆，能够管理顾客的人正是侍者。

法国侍者的"势利眼"往往带有一种刻板的印象。然而，19世纪的法国侍者因其学识的确占据着非同一般的社会地位。虽然服务于人，但侍者往往处于权力地位。这将从门口的一个简单程序开始：领班决定食客的座位，根据阶层和社会地位将他们进行分类。对于不熟悉餐馆的人来说，侍者往往要比他们更熟悉菜单和用餐礼仪；而对于经常光顾餐馆的人来说，侍者通常会熟悉他们的生活、口味、弱点和吹毛求疵。此外，男性侍者还会被训练出一种操控感，即使在他们无法控制局面的时候（包括一些最基本的事情，比如把食物从厨房里端出来）。尤金·布里福在他的《餐桌上的巴黎》（1846）一书中这样描述法国侍者：

> 餐馆侍者应机智灵敏、思维敏捷、反应迅速、衣着整洁、讨人喜欢，有一点点痞气，又有一点点"弗龙蒂努斯"味（一位善于分析的罗马参议员，以水利专业知识而闻名）……在用餐高峰期，侍者尤其令人敬佩；他无处不在，同时招待20桌客人；还要以最高超的走钢丝技术端着一堆堆碗盘，一个都不能打碎；他什么都不会忘记，并知道如何调整和管理一切。[5]

19世纪晚期，人们曾举办过一场叫作"侍者竞赛"的活动，以赞美侍者的敏捷灵活，还催生了许多电影场景和卡通片。穿着制服的侍者须一边力求保持盘子和杯子的平衡，一边完成赛跑。虽然这一切很有趣，但比赛也反映了作为侍者所应有的身体素质。在有些餐馆，侍者还会像军人一样接受训练。除了身体素质，社交能力（记忆能力、应变能力、管理一屋子

在柏林举办的一场侍者竞赛，1930 年 9 月，照片。赛跑路线长度为 100 米，要求参与者将盛放咖啡壶和咖啡杯的托盘完好无损地运送到终点。

充满期待的顾客的能力）也是（现在也是）侍者必备的关键技能之一。1901 年的一首小诗就阐明了这一点：

> 一流的侍者
> 是这样的：
> 一个有敏锐洞察力的人，
> 一个思维活跃的人；
> 他能像看懂魔术一样
> 读懂客人的心；
> 也能像闪电一样

> 告诉你是要内脏杂碎
> 还是大杂烩。[6]

虽然法国拥有一个长久以来备受推崇的传统，即侍者一生都应该坚守在自己的岗位上，但在 19 世纪，仍有一些侍者在管理链上获得了晋升。其中最著名的两个人（分别在欧洲和美国）甚至还成为餐馆主管。

塞萨尔·丽思，19 世纪 60 年代开始职业生涯，在一系列服务人员的角色间跳来跳去（也曾遭到解雇），先是在祖国瑞士，然后是巴黎，塞萨尔·丽思与玛丽·路易·丽思，1888年，照片。

辗转于各个酒店、咖啡馆和工人阶级餐馆。他可能从没有在侍者竞赛中跑赢过：曾因打碎太多盘子而丢掉一份工作。然而，他显然拥有侍者的管理头脑（有能力跟踪顾客的需求，迅速读懂顾客，管理并感知整个餐馆的人），以及注重满足对顾客的承诺。他在巴黎被晋升为一名主管后，又先后在欧洲各地的大酒店担任主管。（在此期间，他遇到了埃斯科菲耶，并开始与其合作。）最后，他创立了自己的酒店。丽思是一位理想的精品餐馆经理，因为他喜欢两样东西：快乐的富人和"丽思体验"（即奢华体验，以他的名字和旗下企业的名字命名）。

他既喜欢顾客，也喜欢和顾客无关的事，比如空间布置、雇用人手和探讨菜单及装饰。

1883年，一个名叫奥斯卡·奇尔基的小伙子从瑞士来到美国纽约，很快就得到一份餐馆杂工的工作，这种年轻人的工作主要是负责清理餐桌。不到4个月，他就成为一名侍者，接着便跳槽到德尔莫尼科餐馆。在那里，他学会了如何与阿斯特家族和女演员莉莲·罗素这样富有的顾客打交道。作为一名来自贫穷家庭的移民，他会说3种语言，并十分迷恋纽约的精英阶层。随着时间的推移，他内心的这种感受逐渐加深。1893年，华尔道夫酒店开业，奇尔基（他通常称自己奥斯卡）终于被授予酒店主管的职位。在其职业生涯中，奇尔基几乎成了这家酒店的代名词，并营造出一切都由他掌控的氛围：如果有人举办特殊活动，他会负责统筹协调；如果有人来吃饭，他会安排好细节。人们觉得他认识每一个人，这在一定程度上也是事实。他不仅与许多富人和名流相识，甚至成为朋友，还有一大群人脉资源可为他提供最上等的欧芹、最好的音乐和最精美的亚麻床单。奇尔基与当时的其他酒店主管，通过为顾客营造出一种"一切如我所愿"的感觉，从而创造出一种价值感；但与此同时，他们的目标却并不是让每个人都受欢迎。精致的餐饮机构，尤其是那些顶级的，依靠的并不是"友好"（这将成为中产阶层的一个理想标志），而是"守门"。通过选择性的"欢迎"，让这些场所获得声望和需求。奇尔基和丽思通过阻拦一些客人并纵容另一些客人，以实现增强餐馆影响力的目的。这种服务上的"偏见"也是利用前厅管理餐馆的另一种方式：就像厨房选择食物一样地选择顾客。

19 世纪的餐桌侍者

在 19 世纪中叶的美国，"服务"可以对"餐馆"进行定义和分级。美国记者乔治·G. 福斯特在其 1849 年出版的《切片里的纽约》一书中写道：

> 餐馆有 3 种截然不同的类型，每

一种都有自己的模式和特质。瑞典分类学家卡尔·林奈将它们归类为斯维尼式、布朗式和德尔莫尼科式。斯维尼式是布朗式的向下延伸……需要注意的主要区别是，在布朗餐馆，侍者会时不时地在招呼声中走来走去，而在斯维尼餐馆，这种现象绝无发生的可能。

尽管斯维尼餐馆、布朗餐馆等类似餐馆（之后会详述廉价餐馆）都有菜单、侍者和账单，但在福斯特看来，真正的餐馆（福斯特在书中将"餐馆"一词用斜体表示，可能因为它仍是个外来词，也可能是为了加强语气）只有一家——德尔莫尼科餐馆。它的荣耀既来自美食，也来自服务。

着迷于德尔莫尼科餐馆服务的不止福斯特一人。这家餐馆以优雅的氛围和细心的侍者而闻名。即使在它还只是一个咖啡馆的时期，其服务和装饰也足以使它脱颖而出：色彩多样的窗帘和镜子。到了 19 世纪后期，其服务模式开始面临来自华尔道夫酒店和丽思酒店等对手的竞争，但最初德尔莫尼科餐馆的服务是无可匹敌的。众所周知，这里的侍者可以记住顾客的名字，能够提供出色的菜品建议，并能做到无缝隙上菜。就像《春色梅儿誉美》里的女侍者一样，福斯特在谈到德尔莫尼科餐馆的侍者时说："当你一动念头，（他们）总会出现在你身边，似乎并没有一直在观察你。他们会认真倾听你的请求，并向你保证，将在最短的时间内看到你点的菜。"[7]

20 年后，在《荷兰人后裔在纽约的最后时光》一书中，艾布拉姆·C.戴顿仍然对这种谨慎的服务念念不忘："从第 14 大街走进来，人们不禁会觉得这里全无喧嚣和混乱；听不到吵闹的报菜声，侍者们像幽灵一样悄无声息地走来走去。一种奢华感围绕着你，作为一个贴心的男孩，侍者一动不动地站在你面前，毕恭毕敬地等待你说出愿望。"[8]

然而，大多数人是支付不起德尔莫尼科餐馆的费用的，但这并不代表他们没有被侍者服务的外出就餐经历。如果他们住在城市，应该会去过当今许多餐馆的前身：自助餐馆、餐车式餐馆和快餐连锁店。在纽约及世界上的其他主要城市，许多人会去便宜的餐馆吃饭。在曼哈顿，这类低端用餐场所兴起于 19 世纪三四十年代。在这个时期，纽约商业区和住宅区变得更加独特；尤其在 1836 年大火之后，许多公民没有足够的时间回家吃午饭（也没有足够的钱去吃德尔莫尼科餐馆），他们在寻找一种不需要花费太多薪水或太多时间的食物，于是他们选择了餐车式餐馆的前身，那里提供后来在美国被称为"快餐"的东西。在这些服务最少（通常价格也最低）的餐馆，食客会向站在餐馆过道尽头的侍者喊出自己想要的食物，侍者随后会把菜单报给厨房。菜肴的种类也很有限，所以通常马上就能上桌。在城市的午餐时间，这类场所会接待很多顾客，且几乎都是男性。

1857 年 3 月，一位上流社会作家在《哈珀周刊》上曾这样描述这类小餐馆：

> 门外挂着一个白色的大招牌，上面写着店内供应的各种菜肴。一小块牛排售价 6 美分；一杯咖啡 3 美分；其余的菜价大致按同样比例罗列。迪梅斯看到里面不禁打了个寒战。这是一间又长又矮的屋子，摆着大约 20 张小桌子，上面铺着斑斑点点的桌布，像是染了很久的茶末汁。屋里充满油腻的烟雾，侍者们卷着袖子，穿着已经快要烂掉的拖鞋，在里面跑上跑下，用盘子和刀叉"表演杂技"。几个顾客零零落落地分散在四处……他们默默地吃着，带着一种奇怪而又野蛮的认真态度。

> 迪梅斯颓然地坐到一把椅子上，一个衣衫褴褛、油乎乎的男孩拖着脚走到我们面前，接受了我点的菜。不一会儿，迪梅斯的目光开始扫过桌上的摆设，这时，男孩端着两个豁口的盘子回来了，每只盘子里放着一块黑色的有弹性的东西，叫作小牛排。

这些餐饮场所对城市工人很重要，可以为他们在家之外和没有厨房的地方提供一个获取食物的场所。这种外出就餐的新阶层，以及新的餐饮选择，也催生了新的服务类型。虽然历史上的福斯特和小说中的迪梅斯都会嘲笑这类餐馆的服务，但它却反映出一种新趋势：借鉴小酒馆和外卖餐馆，同时融入个性化选择的潜力——这正是餐馆的标志。

女侍者的崛起

直到 20 世纪初，"女侍者"才成为公共讨论的话题，但女性为顾客提供服务的历史却十分悠久。在家庭经营的场所，特别是小酒馆和寄宿场所，女性通常负责制作食物和上菜。然而，作为侍者，其职责却略有不同：与男侍者一样，她的工作是与顾客互动，同时为他们上菜。

在 19 世纪的大部分时间里，在欧洲、美国和中国，男性是侍者行业的主宰；但这种情况在 20 世纪发生了巨大变化。随着餐馆种类的增加，劳动力构成也发生了变化。女性大多在中低档餐馆工作，比如咖啡馆、餐车式餐馆和小吃店。在 1900 年的美国，女性占侍者总数的 40%（41,178 人）；到 1940 年，这个比例上升至 68%（356,036 人，该行业本身也出现指数级增长）。[9] 在 20 世纪初的瑞典，83% 的餐馆员工是女性，其中 96% 未婚，且大多数都是新近从农村搬到城市。[10] 到 1936 年，日本共有 100,000 名女侍者。

随着女性侍者的崛起，人们开始讨论女性在全球经济和社会中的作用，而作为一种新的文化符号——女侍者，她们既受人欢迎，也遭人排斥。牛仔诗人 E. A. 布里宁斯托尔在 1903 年创作的《餐馆女郎》一诗，就是描述女侍者文化观念的一个典型例子：

从远古时代，就听说闯荡者的
故事，

诗歌与传说，讲述他传奇般的
事迹；

从事其他职业的男性，赢得了我
们永恒的赞美，

他的英勇，以千百种方式流传。

美丽的女人，多么曼妙！我们可
以留点空间

讲述手持扫帚的女人的故事；

其他人我也会提到，但我的赞美
现在要留给那个烟雾缭绕的餐馆
柜台后面的姑娘。

啊，柜台后面的姑娘！她干劲
十足，

她的态度很有魔力，甜蜜地轻声
说着"肉末杂菜"，

当一声喝叫从厨房传来——"端
走一盘热菜！"

她迅速地飞来飞去，时不时地脚
尖点地。

当你点餐后，请注意她那怪异的
体操动作，

双手捧着盘子飞快地回来了！

"一杯咖啡！"她一边唱着甜美
的颂歌，一边点好咖啡，

当她端来热腾腾的杯子，她会再
问你："蛋糕还是炸面圈？"

《穿制服的女侍者》，奥斯陆，约 1899—1930 年，照片。

她站在柜台后面，周围摆放着

馅饼、甜甜圈和炸面圈——那是
她职业的标志。

对于艺术家来说，她飞来飞去的
样子

是一幅多么壮观的画啊！

注意她舀汤、切饼的优雅举止！

"意式海鲜加——吐司。"她轻快
地说。啊！当她灵巧地用手掌平衡盛
满食物的托盘，

她将展现她的魔力。

她的疯狂是有章法的，她一边跑
一边尖叫：

"给我来六串香肠，

前面是一块褐色蛋糕——非
常好。"

你可以赞美一位战争英雄，并将
他树立为楷模。

但柜台后面的姑娘，她才是最耀
眼的明珠。

称颂你尘世的偶像；发自内心地
赞美他——

但餐馆柜台后面的姑娘，她是
我的！

没错，在她风华正茂的时候，把
她送给我，

我将把英雄、偶像和其他的全都

留给你们。

若你愿意,你大可把他们捧上天
堂,可是我

会为那个烟雾缭绕的餐馆柜台后
的姑娘而唱![11]

女侍者让人着迷,餐馆老板也开始专心
设计女侍者的装扮,以吸引顾客。多年来,女
侍者的衣服就像是家政服务员(与男侍者相
似——黑色外套、白色衬衫、裤子,与贵族住
宅里的普通制服没什么不同)。女侍者还会穿
上黑色的衣裙,系上围裙,可能还会戴上一顶
帽子。然而,到了19世纪末和20世纪初,餐
馆的员工制服已经变成一种惹人注目的套装
(至少对女性侍者来说)。

1895年,曼哈顿的一个餐馆老板决定让
他的女侍者穿上灯笼裤。这种服装的确吸引了
人们的注意。《纽约时报》还对此进行了报道,
称一位同意穿灯笼裤的女侍者确实"吸引了一
大群人,他们挤满拿骚大街的两旁,试图进入
餐馆,但餐馆只能容纳一部分人"。然而,大
多数女侍者会拒绝这种新服装,并以罢工相威
胁(还获得了共事男侍者的支持)。[12]这个故事
反映了一些与女侍者相关的敏感问题,尤其是
工作环境及工作的性别化。这种现象也不仅仅
存在于美国或西方。

妇女社会政治联盟的女侍者,伦敦妇女展览会,1909年,照片。

在日本，咖啡馆的女招待（Jokyu）延续了"饭盛女"的色情服务传统。此外，在日本城市的娱乐区，女性长期从事各种服务行业，从提供陪伴和娱乐的艺伎，到提供性服务的女招待。但是，在明治时期（1868—1912），日本开始与亚洲以外的国家展开持续交往。随着日本国民整体对西方习俗和政治的兴趣渐浓，许多人开始痴迷于西方文化。这就导致各种不同美学和商业形式的激增，其中就包括巴黎咖啡馆。咖啡馆女招待的身世千差万别，在一个被视为现代化的背景下工作，她们开始与更广泛的男性和女性接触，而不仅限于日本城市的娱乐区。出于这些原因，关于这一行业的讨论更加令人忧虑了。西方咖啡馆在20世纪的头10年里开始在日本流行。

女招待人数的激增，既源于咖啡馆的流行，也源于人们对咖啡馆女招待的期望值发生了变化。这些女性不仅负责上菜，还要从事精神劳动。她们要倾听顾客说话，与顾客交谈，与他们共处并调情。到了20世纪30年代，与顾客的互动变成了她们的职业核心；为了提高竞争力，咖啡馆开始按照几乎1:1的比例雇用女侍者，并引入了一些新做法，让1895年的那些灯笼裤看起来相当古怪。比如银座的一家咖啡馆会让女侍者携带小型键盘乐器，她们会根据顾客触碰的位置弹奏音符并唱歌。可以想象，这些做法在杂志和社会评论家那里足以引发一波讨论。

女侍者是典型的"摩登女郎"（当时全世界的女性都会用这个称呼）。她们是杂志、摄影、漫画、散文和小说的焦点。谷崎润一郎在其20世纪初创作的小说《痴人之爱》中就讲述了一个年轻女侍者的故事。她的一位顾客被她迷住了，决定将她培养成他的伊莉莎·杜立特尔①。他成功了，并娶了她。然而，作为一个摩登女郎，她最终控制了这个男人的生活。[13]

这些女性中的许多人确实以一种全新的方式变得独立，她们可以决定和谁共度时光，包括男人。此外，鉴于微薄的薪酬和糟糕的待遇，她们学会了组建工会。与全世界的女侍者一样，她们团结起来以争取更好的待遇和更公平的薪酬。[14]

在20世纪30年代的中国，女侍者的境遇与此类似，但结果却大不相同。中国的文学作品、电影和杂志在欲望和焦虑中对这些短发、沉着、外出寻欢作乐的"摩登女郎"发出了叹息（类似于欧美和日本的评语）。[15]女侍者通常会因其年轻貌美而受雇，"调情"是她们的工作，而且她们也常常是餐馆老板广告策略的一部分。这些女侍者的薪酬很低，但她们也有小费，使收入大大提高。

然而，男侍者对女侍者的说教态度却在政治上占据了上风。随着女性开始在中国城市从事服务行业，因而改变了男性的就业机会（岗位竞争、拉低男性薪酬），这是女性社会地位与其色情化功能共同作用的结果。正如女侍者的新鲜感在西方吸引了一大批顾客一样，在东方亦然。从事这些工作的女性同样在谋生和获得尊重之间徘徊。雇主喜欢女侍者，因为她们的工资通常较低，但

_____
① 电影《窈窕淑女》中的角色。

顾客的需求却增加了；然而，在中国，妨碍女性获得尊重的阻力不仅来自外部，还来自雇主本身。女侍者往往是性骚扰的受害者，但又因处境而受到指责。一些举足轻重的男侍者工会，依靠并宣传女性道德败坏及虐待女性的故事（玩两面派游戏），成功游说政府通过了禁止女性从事服务行业的规定。法律打着保护女性的幌子，结果却使许多女性失业，毁了她们的生计。[16]

女侍者与获得尊重

女侍者行业史上最有趣的事件之一发生在 19 世纪的哈维之家连锁餐馆。哈维之家的女侍者被吹捧为与众不同的人，都是优雅的中产阶级女性。正如我们所看到的，这种说法无论真伪，都是基于这家餐馆的雇用规则、合同和条款。在 20 世纪迅速发展的美国中部餐馆中，哈维之家的女侍者形象被过于理想化了。而这些场所女性员工形象的变化，使得女侍者（特别是白人女侍者）成为一种常态，男侍者（白人男性或其他种族男性）反而失去了主导地位。

由弗莱德·哈维创建的哈维之家是遍布美国西部火车站的连锁餐馆，但提出雇用女性员工的却并非弗莱德·哈维本人。在那些更靠近西海岸的连锁店，他最初鼓励他的经理们雇用黑人男性。然而，其中一位名叫汤姆·兰顿的经理认为，白人女性侍者会更易于管理，并有可能帮助减少他位于新墨西哥分店的暴力事件。[17]于是，他和哈维雇用的女侍者被描述成一群美国西部的变革者。

"哈维女郎"是哈维之家女侍者的绰号。20 世纪 60 年代，随着"花花公子兔女郎"的出现，"哈维女郎"的品牌似乎销声匿迹了。这二者其实并不是一回事。在 19 世纪晚期，单身女性在外挣钱会被质疑道德不端，而女侍者更是如此，因为她们经常和男性有着看似亲密的接触。不过，哈维之家的女侍者会一律住在公司宿舍，有宿管监督，作息规律，并严格规定什么时间穿什么衣服。她们的制服简单朴素：长袖、埃尔西领、黑鞋袜、白围裙——正是 19 世纪法国女仆的制服（这种极具美感的仆人制服给 20 世纪女侍者的制服形象提供了许多灵感）。"哈维女郎"轮班时必须穿制服，通常一天 12 小时，一周 6 天，夜晚火车到达时同样如此。周五晚上，她们可以穿自己的服装参加餐馆举办的活动。[18]因着这些严格的控制，这些女性的薪酬很高，并提供旅行、食宿（包括哈维之家的所有食物，应季水果除外），而且有机会获得社会经济地位的提升——要么通过哈维之家的晋升体系，要么通过婚姻（这是更为常见的结果）。

对于哈维之家的一些女侍者来说，婚姻和财富并非她们追求的目标。其中两位女性就证明了哈维之家为员工提供的是更广泛的发展机会，她们是珍妮特·费里尔和爱丽丝·斯塔克豪斯。历史学家莱斯莉·波林－肯佩斯曾收集整理了这两位爱冒险的朋友的故事。费里尔是一位苏格兰裔女性，伦敦的一位医生告诉她，

哈维女郎，聚集在弗莱德·哈维之家餐馆，艾奇逊－托皮卡－圣太菲铁路公司，比森特酒店内，堪萨斯州哈钦森市，约1920—
1929年。

她到中年时会双目失明，于是她决定去看看外面的世界。费里尔来到美国，在佛罗里达州的一个度假胜地工作时遇到了斯塔克豪斯，后者也有意闯荡世界。两个热爱冒险的女侍者决定去西部当"哈维女郎"。哈维之家本来就倾向于招募一同来求职的女性，并会将她们分配到同一家店，安排同一间宿舍。这正合费里尔和斯塔克豪斯的心意。在随后的40年时间里，她们每工作一段时间就会辞职去旅行几个月，

遍游四大洲的国家。每次旅行结束后，她们还会回到哈维之家，一直工作到攒够钱再去旅行为止。费里尔也从未失明。[19]

成为"哈维女郎"并非易事。女性被要求接受过教育（至少是美国八年级教育，相当于19世纪80年代英国九年级教育），并拥有出色的表达能力，举止礼仪得当，能够且愿意立刻接受外地培训，再被分派到密西西比州西部的某家店工作至少6个月。哈维之家通常会收到

数千人的申请。[20]那些成为"哈维女郎"的女性在媒体和坊间被称为"聪明人"。餐馆和内部晋升体系会对这种"聪明"大加奖励。持续在哈维之家工作的女性可以晋升到管理岗位，其职责和薪酬与男性相同。[21]（哈维之家的厨房则是另外一回事，在这里工作、做饭和打扫的女性以及有色人种，无论男女，往往只能做收入最低的工作，且几乎没有晋升空间。偶尔，有色人种的男性会有晋升，但他们的机会甚至与在哈维之家工作的白人女性也不平等。从这一点来说，哈维之家与 19 世纪、20 世纪和 21 世纪美国和欧洲的其他许多餐馆并无不同。[22]）

哈维之家对女侍者有着极为严格的要求，原因之一是为了吸引和留住优秀员工。女侍者的性感形象在全球范围内是共通的，因此，为了吸引和留住他们想要的人，哈维之家要与人们的普遍看法做斗争。此外，哈维之家的女侍者一直在向西进发，进入一个被认为更加危险和不道德的区域。这种恶名，至少在女侍者身上是毫无根据的。在西部，卖淫和女侍者是完全不同的职业（当时的一项研究结果表明，在 1888 年加利福尼亚州的 230 名性工作者当中，只有 1 人有过侍者经验），然而，事实很少能说服一根筋的卫道士，作为一名女侍者的社会污名可能是一种真实的负担。历史学家波林–

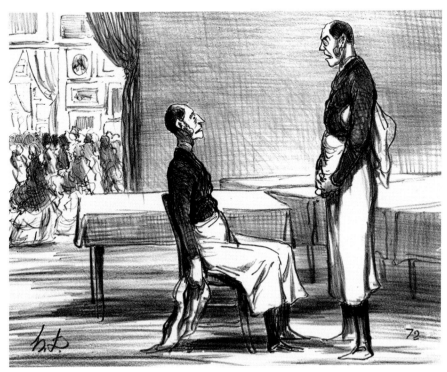

《博览会餐馆》，选自《喧闹》杂志"1857 画展"，1857 年 7 月 1 日，奥诺雷·杜米埃，新闻纸平版画。

肯佩斯在 20 世纪 80 年代的调查中发现，一些曾经做过"哈维女郎"的女孩仍然不愿接受采访，她们并不想让家人知道自己做过女侍者。

流行文化和口述历史中有许多成功的"哈维女郎"的故事。埃德娜·费伯的短篇小说《我们最好的人》（1924）最初发表于《大都会》杂志，讲述了一个名叫汉娜的女人的故事。她的父亲嗜赌成性，把她所得的遗产输得一干二净，于是她成了哈维之家的女侍者，并嫁给了一个司闸员，丈夫后来成为部门主管。1946 年，在由朱迪·嘉兰和安吉拉·兰斯伯里主演的音乐电影《哈维女郎》（改编自 1942 年出版的小说）中，哈维之家的女侍者成为另一个关于爱情和成功的神话故事的核心。这些甜得有些发腻的故事反映了"哈维女郎"的希望和哈维之家精心维护的企业形象。当这些女性被雇用时，她们承诺自己一年内不会结婚；如果违背承诺，她们会被没收一半的薪水。在美国的某些地区，男侍者的数量依然多于女侍者，而女侍者却以追求完美和聪明而闻名，这些女性的结婚率很高；然而婚姻并不能保证经济上的富足。费伯故事中的汉娜就是一群现实生活中女性的代表，她们以哈维之家的工作经历为跳板，在美国西部过上了体面而充实的生活。

安排餐桌

在餐馆里，谁能得到服务，谁不能得到服务，通常是餐馆员工可以授予或保留文化威望的核心问题。关于被安排到餐馆较差位置的漫画和专栏文章数不胜数，这些故事的框架往往源于一种偏见——谁看起来位高权重，谁看起来家财万贯，谁看起来英俊漂亮。

事实上，大多数餐馆都有这样一个人，他的主要工作就是确定谁该坐在哪个座位上。在高档餐馆，这个人就是主管。由于奥斯卡·奇尔基这些人的存在，这个职位与豪华酒店一样，在 19 世纪和 20 世纪初得到了蓬勃发展，如今在高档餐饮界依然举足轻重。然而，在中档餐馆，这个人通常被称为"男领班"和"女领班"（这种说法源自小旅馆和小酒馆，而不是餐馆）。这一职位的核心就是确保顾客坐在一个有男侍者或女侍者提供服务的地方，其工作既涉及餐馆员工的时间调度，也涉及顾客在餐馆的位置安排（当然，大多数领班的目标是把顾客安排在令人愉快的位置上）。

大多数就餐者认为被安排座位是理所当然的；然而，在美国，一百多年来谁能在哪里就座吃饭一直是紧迫问题。非裔美国人在许多用餐场所通常会被拒绝服务。在 20 世纪中叶的美国民权运动中，餐馆服务是一个关键性争议，餐馆也经常是人们静坐抗议的场所。这是一种非暴力抗议，就是为了让所有人看到美国黑人平日所受到的不公平待遇。1960 年 2 月 1 日，4 名黑人学生坐在北卡罗来纳州格林斯博勒市的伍尔沃斯连锁超市午餐柜台前——这里"仅为白人提供服务"。管理人员和工作人员均拒绝了他们。抗议者在当天打烊时离去，但之后每天都会来，在随后的 6 个月里，越来越多

非裔美国学生静坐抗议——等待获得服务并反对种族隔离，伍尔沃斯午餐柜台，阿肯色州小石城。1963年，照片。

的人加入了这场抗议。在此期间，静坐蔓延到了美国东南部的午餐店和餐馆。以和平方式要求平等权利的公民往往会遭到白人管理层、白人员工和白人公民卑鄙的暴力虐待。1960年7月25日，3名黑人——伍尔沃斯超市的员工——终于在午餐柜台获得了用餐服务。其他一些餐馆也纷纷效仿，但有些餐馆仍然坚持拒绝——直到1964年受到法律禁止，但后来仍有些地方继续这样做（非法）。

静坐抗议是要求平等进入餐馆的著名故事之一；然而，它们只是非裔美国人获得准入和认可的长期策略的一部分，包括通过并策划一些抵制活动。历史学家奥德丽·鲁塞克讲述了1961年发生在马里兰州的一次以干预和增强意识为目的的戏剧性行动。

20世纪60年代，非洲国家纷纷获得独立，并开始向美国派遣非洲黑人外交官。这让美国国务院很伤脑筋，一方面美国想要表明支持这些新的国家（尤其是在冷战期间），但同时这些国家的代表又受制于美国的种族隔离制度，其中最明显的就是在餐馆被拒绝服务。为此，美国国务院考虑制定一份"绿皮书"和"米其林指南"的结合体。"绿皮书"罗列了黑人在美国各地旅行时被允许出入的场所，"米其林指南"则是全球餐馆指南的领跑者。虽然这个想法未能付诸实践，但另一个想法却成功落地：国务院将与华盛顿特区的餐馆老板和经理发生接触，鼓励他们扩大服务范围，即可以为非洲黑人提供服务，但并不包括美国黑人。此外，他们还会为员工提供培训，让他们认识（辨别）非洲人和非裔美国人。

该项目被实施后，来自《巴尔的摩非裔美国人报》的一群黑人记者谋定了一项秘密调查计划，用以证明餐馆为黑人（无论是否是非洲人）提供服务的状况，并记录下当地餐馆是如何对待非洲外交官的。[23] 为了做到这些，他们决定假扮成一群非洲政要。赫布·曼格拉姆扮演一个虚构国家的财政部长，他租用了一套精心制作的非洲传统服饰，包括带豹纹皇冠的头巾；同为记者的鲁弗斯·威尔斯和乔治·科林斯则穿上礼服和燕尾服，戴上高顶礼帽。这群人租了一辆豪华轿车，用着假名字，操着假口音，参观了巴尔的摩地区的 5 家餐馆，每到一处，他们都要看看是否能被提供座位和服务，以及被提供什么样的服务。

1961 年 8 月 22 日，他们开始了调查。结果相差很大。一开始，餐馆的工作人员被这些非洲随行人员的故事所吸引，以至于女侍者还向他们要了签名。到第二家餐馆时，他们被安排就座，但服务态度十分冷漠，明显对他们怀有质疑和敌意。经理告诉他们，"我们不接待黑人，但非洲人是可以的，这是肯尼迪总统告诉我们的。"这直接印证了美国国务院的措施卓有成效，尽管口头上的情绪和糟糕的待遇削弱了培训目的。他们在另一家餐馆受到的待遇同样反映了国务院的计划是十分明确的，但执行不力。老板起初拒绝为他们服务，但后来一位经理因担心国务院会追责，便为他们安排了座位。另外两家餐馆则完全拒绝接待，其中一家声称当时概不待客（一种常见的反种族融合策略）；另一家则直接拒绝了他们。

1964 年《民权法案》的出台改变了美国餐馆的面貌，但对少数族裔的服务偏见仍是餐馆的一个大问题——侍者歧视顾客，顾客歧视侍者。对黑人用餐者经历的持续研究（定性和定量）表明，种族定性和种族主义仍会影响黑人用餐者的用餐方式和服务质量。

小费

餐馆是一个暗流涌动的场所，这体现在单一的互动中，也体现在顾客与侍者之间的关系中。然而，这种互动中最令人担忧的时刻即侍者拿来账单之时。人们如何结账，以及如何支付小费，会因文化而异。比如在德国，通常是所有人精确地分摊账单；而在美国，人们会采用不同的分摊方式。在很多地方，账单仍然会被交给聚会中的男性，虽然女性可能同样会支付餐费。然而，形式最具多样性的还是小费。

餐馆里的小费问题历来都是西方人关心的问题。小费最初是中世纪的一种"打赏"——因提供特殊服务而付给仆人酬金，或更多情况下是房客付给仆人的酬金。当一个人去拜访一个大家族，他会给工作人员（马夫、贴身男仆及其他唐顿庄园式的专业人员）一点报酬，以作为对其在客人来访时所做工作的感谢。这一习俗后来演变成了咖啡馆、酒馆和餐馆的小费服务。

关于"小费"最迷人的故事之一（虽然并不足信），是它本身来自一个首字母缩略词："确保及时"（To Insure Promptitude）。这个版本始于18世纪60年代左右，第一本英语词典（《英语大词典》）的创造者塞缪尔·约翰逊和他的朋友们经常光顾一家咖啡馆，这家咖啡馆的桌上放着一个碗，上面刻着"To Insure Promptitude"（首字母缩略词为 T.I.P.）。虽然这样的容器几乎肯定存在，但《牛津英语词典》却驳斥了这种说法。"小费"这个词早在18世纪50年代就已经在仆人间被普遍使用。在德国和法国，"小费"的术语（Trinkgeld 和 Pourboire）可以大致翻译为"酒钱"（既可以表示"敬酒"，也可以表示"给点现金买酒喝"），从而促进服务人员的健康和幸福感。这个术语源自德语，后来被收入法语。

付小费这一始于仆人的习俗，现在已经转移至有公共服务的场所；然而，公共场所的侍者并不是仆人，付小费也不再是正式的主仆关系的一部分，而是与服务紧密联系的复杂体验——这是一种不同的关系。正是这些餐馆和其他服务行业机构，把"小费"从"打赏"变成了一种充满争议的市场交易。

小费让餐馆里的"暗流涌动"浮上了水面：围绕食物建立一种明显不是共食性的关系，这是由市场关系定义的。自从小费的概念出现以来，人们就一直在争论这个问题。在20世纪初的美国，曾有几个州颁布了禁止支付小费的法律。比如在南卡罗来纳州、田纳西州和华盛顿州，付小费和收小费都是违法的；然而，由于这些法律效用过小且难以执行，它们在10年内便被废止。在欧洲，小费在20世纪中叶被转变成了服务费。1943年，《英国餐饮业工资法案》确立了服务人员的最低工资标准，改变了围绕小费展开的经济激励机制和结构。1955年，法国通过一项法律，要求每张账单都必须收取服务费。

随着法律、习俗和商业惯例的改变，小费在世界各地发生了变化，最后变成了我们今天看到的"零碎式支付"，人们出行前通常也要了解世界各地对小费的期望。美国人的小费期望值最高，大约是账单的20%；在中美洲和南美洲，一般支付10%就可以：在危地马拉和智利，小费置于任何服务费之外；但在厄瓜多尔，小费被包含在服务费之内；而哥斯达黎加则一般不给小费。在日本、韩国、泰国、越南和中国城市以外的地方，人们并不指望得到小费，甚至可能还会认为付小费不礼貌；在印度、菲律宾、中国香港及其他中国城市地区，小费的金额约为账单的10%。大多数中东国家没有付小费的习俗，但以色列和沙特阿拉伯除外。大多数非洲国家也有付小费的习惯。虽然似乎被欧洲国家长期占领过的地方更有可能支付小费，但像新西兰这样的地方却是例外，从而破坏了这一前提。欧洲本身对小费展现出了令人吃惊的多样化期望，从瑞士和德国简单地涵盖在服务费之内的传统，到边境另一边的奥地利在服务费的基础上再加 10%，这种欧洲和全球的多样性，既反映了文化的道德观——即如何看待现金，以及礼品、贿赂和费用概念的巨大差异（这三者都不是小费，但都对小费的概念产生了影响），同时也反映了经济状况（当地经济中的工资制度或与旅游业的关系）。此外，旅游专家甚至对不同地方的小费也抱有不同的期望。无论是好是坏，总之自从付小费的新闻出现以来，人们就一直在争论这些地方差异和文化差异。

尽管付小费的行为在一定程度上可以通过社会学和心理学研究以及男女侍者本身加以预测，但它仍是一个相当复杂的现象。有些人认为，付小费会降低服务人员的地位且强化顾客的地位。还有些人则认为，小费的作用更像是礼物，会在服务人员和顾客之间建立一种潜在的联系。在这种情况下，付小费也可能是餐馆仪式体验的一部分，是一种象征性、而非工具性的东西。然而，小费似乎的确是被顾客使用、也被服务人员理解为社交语境的一部分，它包含着无数的含义：相互支持，糟糕的服务，食客的慷慨，对侍者工作的认可或不满。总之，它是一种关系的表现。[24]

人类学家曾将服务人员划分为两种模式："无感情的机器"和互动型服务人员。[25] 虽然一些文献根据机构类型将这两种人区分开来，但通常情况下，侍者之间的实际界限更为模糊。这份工作需要有足够的互动来欢迎和满足顾客，但又无须让顾客觉得与陌生人打交道是一种负担。无论是高档餐馆，还是餐车式餐馆，经验丰富的侍者往往能够识别并正确地与特定顾客实现互动。纵观餐馆的发展史，（男女）侍者都能在这个位置上游刃有余——餐馆文化已经可以接受各种各样的行为，包括 20 世纪用餐者用自己的劳动取代了服务人员。这一点我们将在后面的章节中探讨。

"大选帝侯号"女宾舱，北德意志劳埃德航运公司，皇家蒸汽邮轮，约 1890—1900 年，照相制版印刷品。

6

路上的食物

虽然餐馆的历史多半发生在城市，但在城市的对立面——路上，餐馆也发生了许多改变。从朝圣之路的小旅馆，到在城市里蓬勃发展的寄宿公寓和酒店，餐馆的历史和旅行的历史从来都是紧密相连的。在 19 世纪和 20 世纪，不断变化的运输方式（远洋渡轮、火车、汽车、公路、高速公路）改变了餐饮的面貌。正如我们在前几章所讨论的，城市的密度推动了餐馆在全球的发展和扩张；然而，正是道路的稀疏性（人口和住所集中度较低）为其塑造餐馆的方方面面创造了条件。

旅行引发了一个问题，那就是如何在陌生的地方获得食物。公路、铁路和航道的创新很大程度上是为了创造熟悉且安全的饮食体验。从某种程度上说，在路上吃东西，就是遇到什么吃什么；然而，旅行路线上出现的餐馆变革却正是为了让人们对吃进嘴里的食物更加放心。

路边餐馆起源于古代的商贸路线和朝圣之路。这些路线是重要的空间，大量陌生人从此经过，因此必须在这里安排饮食。除了欧洲和中东的基督教长途朝圣路线，以及亚洲众多的商贸路线（来自马可·波罗对中国餐馆的描述），到公元第一个世纪中叶，像日本这样独立且孤立的国家也开始修建公路（包括铺砌和铺平道路）。随着时间的推移，在这些道路沿线，由当地经营和政府管理的饮食场所越来越多，菜单和私人餐桌等餐饮文化也逐渐涌现。然而，在 19 世纪的最初几十年里，曾经是充满生命力的生物（步行的人、骑马的人、驴拉的车、牛队的车）的领地的道路被旅行机器改变了，且这种地震式的改变一直持续到了 20 世纪。这些机器（火车及后来出现的汽车）对出行体验的改变又转而改变了餐馆。

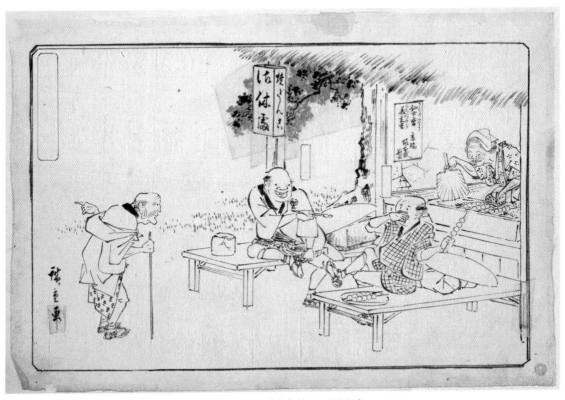

《著名笑匠弥次郎兵卫在路边餐馆》，约 1840 年，歌川广重，单色木版画，设色纸本。

蒸汽火车与难以下咽的三明治

19 世纪 20 年代，第一批蒸汽火车在英国建成。蒸汽火车的速度比马快，但路线只能固定，它们彻底改变了旅行的速度和路线：出行时间常常会被缩短一半。然而，人们在长途旅行中依然要吃饭，但以马车公路为中心发展起来的旅馆体系对铁路旅客来说并不方便，因为铁路线通常与现有的基础设施距离较远。相反，火车乘客经常会在出行前吃上一顿，在抵达目的地后再吃一顿，有的人则直接将可以打包的食物带到火车上吃。火

车和站台的食品销售就此形成一个完整的产业链，就连报童也会卖苹果和其他小食品。在美国，极具创业精神的非裔美国女性还自称"服务员搬运工"，她们会向途经本地的火车乘客出售炸鸡和其他食品。[1]

趁火车停靠补水（蒸汽动力的必要条件）的机会，乘客也会在车站或附近城镇的饮食场所用餐。但这样的停靠时间通常很短，车站上的用餐场所便应运而生。英国车站的茶室会提供简单的饭菜（汤、三明治、开胃小菜、甜馅饼和蛋糕）。当许多旅客在日记、专栏和其他文学作品中抱怨铁路食物时，小说

《国家火车站餐馆，维也纳 X，约瑟夫·波尔》，1911 年，古斯塔夫·卡尔汉默，彩色平版印刷。

《火车站餐馆》，约 1879 年，爱德华·马奈，布纹纸钢笔画。

家安东尼·特罗洛普在 1869 年对这些车站提供的糟糕食物进行了或许最富有诗意的描述，他把火车站三明治描述成一个"白色的坟墓，外表看起来不错，里面却如此贫乏、低劣和毫无生气"。[2]

在印度，铁路食物的名声会好一些。车站餐馆会提供印度和英国食品，而不是那些在英国和美国常见的无味、恶心的食物和糟糕的服务，人们常常对其交口称赞：细心周到的员工，"怡人的香气"，丰富的品种，这些特点后来都被美国哈维之家连锁餐馆大规模地加以复制。法国的情况也相当不错，车站餐馆凭借自身的优势成为人们竞相前往的美食胜地。随着越来越多的人开始乘火车出行，火车带动了旅游业的发展，铁路沿线的酒店也如雨后春笋般纷纷出现。

世界各地的目的地酒店都沿铁路线而建。在北美洲，由于人口密度低，面积大，这些度假胜地往往都以铁路线为卖点而修建。在美国，这类度假场所从佛罗里达海岸沿弗莱格勒铁路直通礁岛群，出现在亚利桑那州和新墨西哥州等西部州，推动了美国西南部的印第安人艺术热潮。然而，其中最令人惊叹的例子还是来自加拿大，几家气势恢宏的大酒店均沿铁路线而建。第一家是位于蒙特利尔的温莎酒店，于 1878 年开业。随后更多的酒店在 19 世纪 80 年代陆续开业，理念均是提供令人惊艳的环境和热情的服务，以打动外国游客乘坐加拿大的火车。这些酒店均可与欧洲的丽思酒店和汉堡的四季酒店等成功大酒店相媲美。

在火车上用餐

当目的地餐饮成为一项大业务，动态餐饮也紧随其后展开。1868 年，乔治·普尔曼首次推出餐车服务；联合太平洋铁路公司、巴尔的摩-俄亥俄铁路公司、芝加哥-伯灵顿-昆西铁路公司和宾夕法尼亚州铁路公司纷纷增配餐车车厢，并以著名的商业酒店品牌命名——德尔莫尼科餐车、南方餐车、特雷蒙餐车。长达 7 页的菜单同时配有法语和英语，以提供多道菜来强化好客的理念。食客可以先点一份清炖肉汤，然后是多宝鱼，再以烤鸭为主菜，配西红柿沙拉和煮芹菜，甜点是俄式奶油布丁。餐车被装饰得非常华丽，完全参考德尔莫尼科餐馆的设计：枝形吊灯，木制家具，长毛绒内饰，地毯，精美的瓷器，白色的亚麻布和银器。餐车有侍者提供服务，德尔莫尼科餐车上有 2 名厨师和 4 名侍者。

通常，餐车都有自己的品牌瓷器和银器。许多铁路公司的餐具都有简单的图案（白盘，边缘处有彩色图案和公司标志），也有一系列的花饰和图形，以强调特定铁路线上的风景。巴尔的摩-俄亥俄铁路公司设计了一种名为"百年纪念"的图案样式，将代表火车的白底蓝釉图案置于如画的风景中。圣太菲铁路公司的图案由铁路建筑师和设计师玛丽·科尔特构思设计，采用明布雷斯（新墨西哥州和亚利桑那州的印第安部落）图案为蓝本。餐车上的银器也通常刻有铁路线的名称。

餐车传遍了整个火车餐饮界。1870 年，印

背景为巴德鲁特皇宫酒店，
1938年，照片。

四季酒店，汉堡，2014年。

《蒙特利尔温莎酒店餐厅，加拿大》，1916年，威廉·诺特曼公司，照片。

度铁路运营体系的第一个餐车车厢投入使用。车上配备了可供点餐的菜单、储备充足的酒吧、训练有素的侍者和厨师，同时提供印度菜和英国菜，从烤鸡到马德拉斯羊肉咖喱到印度香饭。由于搭乘这条殖民地公司所有的铁路路线的多是英国人，所以印度菜的味道很淡；与此同时，许多英国菜也都是按印度菜的风格制作，并加入了印度香料。[3]火车在将乘客从一个地方运送到另一个地方的同时，也为他们提供自己选择的食物和服务。至此，火车用餐开始普遍流行，直到20世纪一直被吹捧为火车旅行的特色。[4]

火车上的厨房

如何在火车上做出精美的食物？答案是，在狭小的空间里工作。典型的餐车厨房面积为2.4平方米，相当于一个小型家庭厨房，最

《普尔曼车厢和直通车：辛辛那提、汉密尔顿和代顿铁路公司餐车内景》，1894 年，斯特罗布里奇图片公司，彩色平版印刷。

《新"芝加哥大西部铁路有限公司"，每日往返芝加哥 — 杜布克 — 圣保罗 — 明尼阿波利斯 — 得梅因 — 圣约瑟 — 堪萨斯城》，约1899年，乔治·H.米德，照片。

忙时要为48名在餐车上吃饭的顾客提供服务。厨房里有水槽、炉子、备餐台和食品储藏室，冷藏物品被放在相邻的冷藏装置里，可以在停车时取出。[5] 餐车的菜单基本是固定的；工作人员也在一定程度上可以掌控餐车。例如，根据1893年的一份操作手册记录，餐车的负责人可以在沿途根据需求订购物资，只要所购物资是用于餐车销售。

众所周知，普尔曼餐车上的服务人员都是非裔美国人，但厨师既有白人，也有黑人。这些岗位上的人有些会加入工会，有些则不会。普尔曼餐车上最著名的厨师之一詹姆斯·库珀是非裔美国人，在普尔曼铁路公司工作了超过25年，直到符合法定退休年龄。1925年，在他退休之际，《纽约时报》对其进行了采访报道，虽然这篇社论的主要关注点是他与波兰著名钢琴家（兼总理）伊格纳西·扬·帕德雷夫斯基的交往，但其很好地反映了库珀的日常工作。

《豪华欧弗兰高级
快车的餐车》，约
1910—1920年，底特
律出版公司，照片。

《餐车内部全景》，
约1905年，乔治·R.
劳伦斯图片公司，
照片。

普尔曼和铁路公司经常强调铁路员工在服务岗位上的"卑躬屈膝"，罔顾他们作为工人的权利；然而，普尔曼餐车服务人员的工作经历表明，这些岗位也可能会帮助他们跻身中产阶级，成为获得社会、政治和文化权利的途径。《纽约时报》的这篇文章提出了厨师通过自己的角色而掌握大权的几种方式；其中有一段帕德雷夫斯基与库珀之间的对话，生动描述了员工与顾客之间较为复杂的关系："请转告库珀先生，今天的肉很棒，沙拉也堪称一流，油酥面团比以往任何时候都好吃。"侍者送完口信回来了。"库珀先生说，"侍者说道，"请代我感谢帕德雷夫斯基先生，并告诉他汤也很美味。"

　　《纽约时报》的报道还提到了一种复杂的管理体系，声称库珀曾向普尔曼铁路公司推荐来自芝加哥的年轻非裔美国厨师詹姆斯·戴维斯接任他主厨的职位。[6] 在狭小的餐车厨房里，厨师们承担了订购补给、管理食材与食物的角色，并（在最好的情况下）与顾客拉上关系，为徒弟们铺路，以帮助他们在厨房范围内建立同样光明的职业生涯。

哈维之家的标准

　　普尔曼餐车在美国东海岸的铁路线很受欢迎，因为那里的各车站之间距离很近，列车经常停靠；但在人烟稀少的西部长途铁路线上，这种餐车并不实用，因为人们并不能在车厢之间移动（直到车厢连廊的发明）。[7] 火车一到站，人们就要很快吃到食物，因为火车通常只停30

宾夕法尼亚铁路公司的厨师在餐车厨房里工作，明信片，1907年以前。

分钟左右；这类食物也包含在站台上出售的预制食品。东部铁路线的食物更好一些，而西部则被嘲笑为难以下咽，这可能是因为人口更多的东部各州食品销售商之间的竞争更为激烈，以及他们更容易获取高质量的食材。美国西部火车站的餐馆则臭名远扬，以硬而油腻的肉、发臭的肥肉、发硬的面包和劣质的陈年咖啡闻名；服务水平也有很大的改进空间。人们经常会点一些从未见过的食物并匆匆付钱，因为他们不得不尽快返回到火车上。这种情况发生的频率之高，足以让人相信这是一种有意为之的提高利润的方式，尽管在很多时候，这可能只是效率低下的侍者和厨房员工的过错。[8]

弗莱德·哈维曾经吃过（且没有吃完）这种来自火车上的劣质食物。他的职业生涯始于在纽约一家新移民经常光顾的餐馆做杂工，后来进入火车公司，并一路西行。哈维看到了在火车站找到一家像样餐馆的必要性，于是他起初与贾斯珀·赖斯合伙，并与堪萨斯太平洋铁路公司合作经营了3家餐馆。但赖斯并不喜欢餐饮业，哈维也不喜欢堪萨斯太平洋铁路公司在运输补给上对他的压榨——通过积累隐性费用增加他的运营成本。于是两个人很快决定关闭餐馆。

1875年，哈维再次涉足餐饮业。他开辟了一条新路，即与新兴的艾奇逊-托皮卡-圣太菲铁路公司合作。这家蓬勃发展、干劲十足的铁路公司同意为哈维提供场地、公用设施和厨房设备，并免费运送物资和员工；哈维则负责提供食物和物料（如菜肴和家具），并从中获利。[9]虽然从铁路公司方面来说，这似乎是一笔荒唐的交易，但结果却证明它是一次成功的投资。随着生意越做越好，哈维之家融入了20世纪公路餐馆的许多特色，注重运营和服务的标准化，强调整洁和口味，并将餐馆业务视为一系列关于顾客的事务。

相比到处油烟缭绕、肮脏不堪的餐馆和酒吧，哈维之家的豪华内室装饰对其成功至关重要。1876年，《莱文沃斯时报》对哈维之家第一家店所做的评论就指出了这一点，并将它描述为"全美国最干净整洁的餐馆，一切都是崭新的。陶器、刀叉、银器均采用最好的图案，并选用风格最入时的餐桌。坐在这样一张餐桌旁用餐简直就是一种奢侈"。虽然这段评论似乎有点夸张，但哈维对餐桌布置的关注不容低估。他从英格兰谢菲尔德购入定制银器，采购特大号亚麻餐巾和220厘米桌布（而非当时常用的180厘米桌布），并从法国著名瓷器产地利摩日购入瓷器。[10]他为哈维之家设定的目标不仅仅是人们可以在出行途中吃饭的地方，还是可以正式用餐的高端场所。

毫无疑问，为美国西部铁路线上的乘客提供一处干净的用餐场所和优秀服务，注定是一种极受欢迎的举动，但这并不是哈维对餐馆历史所做的核心贡献。其最重要的贡献还在于运营模式。它建立了一种"连锁"形式——也就是由一个公司集中管理一系列地方分店。连锁店在19世纪晚期还是一种相对较新的现象，但并不是前所未有；在欧洲、亚洲和美国都有连锁店，那里的百货公司、银行和其他行业早已开创了许多基本的商业原则。哈维之家连锁餐馆的规模令人惊叹，但在随后几十年里，对当代餐饮领域产生影响的却是其运营这种大型连锁餐馆过程中的组织决策。

以哈维之家如何采购牛肉为例。在弗莱德·哈维将"牛排"加入菜单之前，火车和轮船早已改造了整个牛肉行业，而它们用以支持横贯大陆铁路的部分资金则来自英国（艾奇逊-托皮卡-圣太菲铁路公司），从而促进了牛肉运输（想想那些牛排协会）。英国人对牛肉的需求推动了制冷仓库的变革，起初是在货船上（运输活牛非常消耗资源），后来被应用到铁路运输。19 世纪 70 年代的冷藏火车车厢使得新鲜牛肉也成为美国饮食的重要组成部分。[11]

哈维之家开业时，尽管牛肉运输和加工都已成规模，但向餐馆出售的牛肉几乎是当地的，或者至少是零星转运的。餐馆经理或厨师会从特定的供货商那里为特定的餐馆订购牛肉。哈维改变了这一做法。鉴于对多地连锁店管理的了解，哈维意识到，与其让莱文沃斯的经理从甲处订购牛肉，让圣太菲的经理从乙处订购牛肉，还不如通过从单一供货商那里订购所有牛肉以降低成本和实现质量标准化。他与堪萨斯市的斯莱文斯 – 奥博恩肉类加工公司达成协议，每周以每磅 12.5 美分的价格购买至少 1,200 磅（540 千克）牛肉。他还授权各分店经理可以自主达成类似交易——如果有便宜的豆子或美味的果酱，他们不仅可以为当地分店订购，还可以为整个连锁系统订购。这种方法既能降低成本，也能保证质量的整齐划一。当然，快速的火车运输（对于哈维而言无须成本）使得该方法既能成功实施，又有利可图：食物被简单地从一站转移到另一站，每个厨房都能得到其所需要的东西（以及其他厨房的东西）。不过，哈维的牛肉交易却带来了一个副作用，那就是改变了许多人吃牛肉的体验。哈维之家的牛排被端上桌时仍然是粉红色的，对于习惯了熟肉（吃起来不容易致病）的顾客而言，这简直是一次全新而又令人惊恐的经历。[12]

食物标准化不仅仅关乎采购。哈维之家最终仅为整个连锁系统设定了一位厨师，他会设计一份新食谱，然后分送给各地分店，让他们完全照搬。哈维的规章制度十分繁复：从员工须何时返回哈维宿舍（晚 11 点）到面包片的厚度（小于 1 厘米）。[13]就连冲泡咖啡也有长达几页的规章制度。哈维各分店的记录可谓一丝不苟，且都会被提交总部，内容包括销售信息和库存信息（卖了多少鸡蛋，库存了多少黄油，使用了多少黄油），以及员工信息（谁工作表现良好，谁应该被提拔，谁容易出问题）。[14]

哈维之家的员工和管理人员还开发并记录了一些可复制的服务体系，其中最著名的例子就是杯子代码。女侍者无须记下顾客的点餐单，而是以一种特殊的方式摆放杯子，从而告诉她的同事（饮品服务员）该倒什么饮品：咖啡——杯子放在浅碟上；牛奶——杯子倒扣在桌子上；冰茶——杯子倒扣，靠在浅碟上；热茶——杯子倒扣在浅碟上，杯柄指向顾客想要的茶水类型。这样的体系十分重要，因为火车停靠的时间很短，每一分钟都要计算，好让顾客在火车再次出发前吃得开心。[15]

在 30 分钟内为一整列火车的乘客提供全套饭菜，这需要精心的筹划和极高的精准度。杯子代码就是其中一个例子，却只是冰山一角。比如，在火车到达前，餐馆会收到一封电报，告知预计将有多少乘客，将有多少人前往午餐室，多少人前往晚餐室。晚餐室提供价格稍高的精致菜肴，直到 20 世纪 20 年代，想在晚餐室坐下来吃饭还必须有一件夹克（可以从餐馆借用）。[16]

这种协调不仅仅是为了时机，也是改善顾客体验的一部分。比如，在同一条铁路沿线，不同站点的哈维菜单是不同的，这样食客就不会一遍遍地吃到同样的鸡肉。各分店每 4 天同时更换一次菜单，由公司主厨轮流提供经过核准的菜谱。[17]

虽然场景可能会从铁轨旁转移到柏油路，但哈维之家开创的规模化和一致性框架却在路边餐馆中盛行起来，其中一种做法后来还被定义为美国中部的餐饮特色：分量大。哈维之家的牛排分量十足，馅饼也会被切成 4 份，而不是 6 份或 8 份。对于弗莱德·哈维的所有精准管理，正如他临终时说的最后一句话（纯属虚构）一样形象：“不要把火腿切得太薄。”[18]

马车、汽车和“餐车式餐馆”

汽车推动了全球餐饮的另一个重大变革，即培育了一种餐馆食物——快餐，也代表了现代餐饮的今天。我们将在第 8 章专门探讨“快餐”，这里可以先说说路边饮食和公路饮食的兴起。

美国的路边餐馆起源于午餐车。第一批午餐车以沃尔特·斯科特的“先锋午餐”为代表，是 19 世纪 70 年代流动餐车的典范。它们来到大量换班工人同时离开工厂的必经之路，通过车窗向食客快速提供新鲜的食物（大部分是三明治）。到了 19 世纪 80 年代，午餐车的主人开始装饰并扩大他们的门面。塞缪尔·琼斯增加了一个可供站立的小柜台；查尔斯·帕尔默进

一步加了几条凳子。1897 年，托马斯·巴克利推出他的豪华午餐车：配有灯具、马赛克瓷砖和镀镍咖啡壶。这种餐车在许多方面都很像一个典型餐馆，只不过是人们买了一辆已经装配齐全的四轮马车，然后直接开到想要做生意的地方就可以。

事实上，午餐车的下一个创新是餐车式餐馆的诞生。20 世纪初，帕特里克·蒂尔尼开始制造并分销一种更为豪华的午餐车：可以在某个地点固定一段时间，并配有电灯、隔间和光滑的人造皮革面等现代设施，甚至还有室内卫生间。为了推广这种经自己调整和升级的午餐车，蒂尔尼给它起了一个新名字：餐车式餐馆。

对这些新“餐馆”来说，流动性和固定性之间的相互作用至关重要：它们要应对不断变化的商业模式，缴纳新的财产税，还要遵守新的分区法律，特别是在流动食品销售方面。这些“餐馆”是一种投资，但主人通常买得起，也足够支付维护费用。此外，蒂尔尼的公司还提供多样化的支付选项（一种相对新颖的金融实践）。到 20 世纪 30 年代初，这种餐车式餐馆的数量已达到至少 4,000 个。[19]

在路边吃饭，尤其是在高速公路旁吃饭，看起来往往像旅行者一样来得快、去得快。在 20 世纪 20 年代，路边摊十分盛行，它们大多是平房，有服务窗口和柜台；旅行旺季结束时，由于天气变冷，开着敞篷车到处跑已经变得不可能（这也解释了为何像加利福尼亚州、得克萨斯州和佛罗里达州这样的地方是汽车餐

《采豆工的午餐车，佛罗里达州贝尔格莱德》，亚瑟·罗斯坦，1937年，照片。

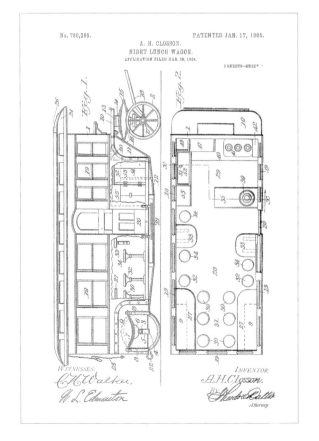

《夜间午餐车》，美国专利图纸，1905年1月17日获得专利，A.H.克洛松。

馆和快餐的胜地），于是它们就会关闭。路边摊通常由业主自建，不需要大量财务投资作为置办成本，因此，即便每年只营业一段时间，其在经济上也是可行的。许多摊位还会提供路边服务，这也是"得来速"的前身。1921 年，第一批汽车餐馆在得克萨斯州的达拉斯开业，这是以烧烤为主的汽车内快速用餐运动的一部分。汽车餐馆最初对美国西部产生了一定影响（那里广阔的地理环境与新型的交通方式极度匹配，因而催生了新的用餐方式）。万家餐馆（美国汽车午餐）为汽车餐馆设定了一种模式[20]——你开车过去，有服务人员帮你点餐，然后他们把食物送到你的车前，但你并不用把车开走，他们会把一个特制的餐盘夹在车门上，把你的汽车变成餐桌。

这些场所通常有很大的招牌，但几乎没有审美吸引力。对于以火车为导向的餐馆或早期朝圣路线上的餐馆，定期出现的顾客可能会随着时间的推移出现在相同的地方。由于驾驶改变了人们对周围环境的体验，因此吸引司机注意力的需求就变得至关重要。在某些情况下，这些场所的建筑本身就成了它们古怪的广告牌。其中最引人瞩目的例子出现在美国各地的高速公路上——形状像狗、猫头鹰、咖啡壶、冰激凌盒、橘子和大公鸡的餐馆。由于大多数路边餐馆的核心是吸引眼球且经济实惠，因此它们往往不配备停车场和有效的垃圾处理系统，也没有历史学家约翰·A.亚克尔和基思·A.斯卡尔所说的"对优秀设计的高雅追求"。[21]

针对路边餐馆的状况，一个名为"全国摊主协会"的组织诞生了，旨在"向丑陋的临时棚屋发起一场战争"。[22] 从美国各地的新闻报道来看，该组织似乎有一个三管齐下的办法。首先，它创建了一个认证系统。然而，这个系统在许多地方并没有完全按照协会所有者的意愿运行。来自中西部的文章报道称，许多摊主被骗去了 5 美元的手续费，因为他们并没有收到足以证明他们餐馆清洁的标志。在其他地区，该协会得到了稍好些的评价（也许这些人收到了他们的认证标志），报纸上刊登了该协会的一篇关于路边餐馆生意增长和行业变化的文章

《午餐车细节图，纽约》，1931 年，沃尔特·埃文斯，银盐感光照片。

《柯林斯餐车式餐馆，康涅狄格州迦南镇7号公路》，1977年，约翰·马戈利斯，照片。

（包括一篇关于热狗失宠和烧烤三明治崛起的热门报道，后者实际上是麦当劳推出的第一款产品）。虽然全国摊主协会可能并没有改变路边餐馆的状况，但它所倡导的期望确实改变了路边餐饮。随着时间的推移，小摊位逐渐退出了历史舞台，更符合咖啡馆或餐车式餐馆框架的干净卫生的服务型餐馆开始成为路边餐饮的主流。

家庭用餐

正如19世纪末和20世纪初餐馆餐饮的蓬勃发展得益于女性的加入，同样，女性也改变了路上用餐的方式。20世纪以来，特别是战后，美国汽车和中产阶级的兴起以及休闲消费和假期旅行的扩张，均导致了以家庭为单位的人类出行次数的增加。而吸引这些顾客（即家庭）就成为当时路边餐馆的广告宣传、菜单选择和装饰设计的驱动力，尤其是在不断增长的标准化高速公路体系沿线。也正是这一时期，儿童菜单、大号包间、空调设施和更为人性化的室内设计纷纷涌现。[23] 这种向家庭用餐服务的转变以霍华德·约翰逊的豪生餐馆尤为明显。

1935年，霍华德·约翰逊在通往热门度假

《西奥汽车餐馆外的霓虹招牌，得克萨斯州大草原城》，2014 年，卡罗尔·M.海史密斯，照片。

胜地科德角的一段高速公路上看到的并不只是空空荡荡，而是像白色城堡这样的连锁店正在美国各地错失良机。这些公路沿线存在着当年弗莱德·哈维在铁路沿线看到的许多问题：外出旅行的人们并不了解地形，美国又有那么多难以下咽的食物和不受欢迎的用餐场所，尤其是对大家庭来说。

同年，约翰逊在一家特许经销商的授权下，在通往科德角的热门路线开设了一家餐馆；到 1936 年旅游旺季到来之前，他又连开 4 家。它们都有相同的殖民地建筑风格：碧绿色的穹顶和橙色的屋顶。这些餐馆全部由霍华德·约翰逊中心办公室统一配送食物。由此，他们建立了弗莱德·哈维 50 年前就开始实施的连锁分销系统。到 1937 年，这套特许经营连锁体系共有 39 家分店，尽管它们最终出现在了包括纽约在内的城市，但豪生餐馆是为高速公路而存在的——约翰逊已经抢占先机。1940 年，宾夕法尼亚收费高速公路开通时，每隔 80 千米就会看到一家豪生餐馆。

无论是战前还是战后，豪生餐馆都并非餐饮行业的巅峰，但它辨认度高，且可以复制。美国高速公路特许经营的特点是食品分销体系和通用架构，是它们让约翰逊连锁餐馆取得了

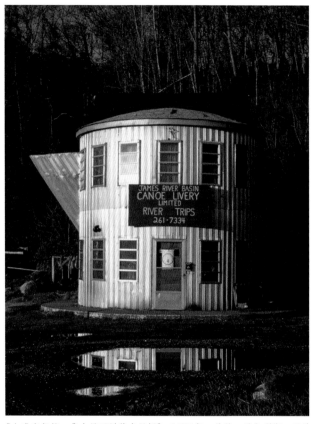

《咖啡壶餐馆，弗吉尼亚州莱克星顿》，1982 年，约翰·马戈利斯，照片。

成功。而集中式运营体系使得在扩张新店时无须过多的启动资金（比如不需要开发菜单、设计店面或寻找厨房供应商）。同时，霍华德·约翰逊还培养了顾客的忠诚度，不仅因为可以避免在一家陌生餐馆遭遇"味觉惊吓"（或许还会倒胃口），还因为人们知道，在某个特定区域内，无论把车开到哪里，熟悉的环境和便利的设施都会出现在那里。20 世纪 30 年代末和 40 年代初，在美国东北部的许多高速公路上，只要走进豪生餐馆 200 家分店的任意一家，你都一定会吃到炒蛤蜊、炸薯条、面包卷和黄油，或是加了奶油芝士、石榴酱、核桃、花生酱和脆莴苣的三明治——绝对一样的面包卷、绝对一样的花生酱。放眼望去，只要看到由碧绿色和橙色组成的调色板，你就会知道，豪生餐馆就在地平线上。

米其林星级和 Yelp 评论

评估厨师和餐馆的行为是一种消遣，与厨师和餐馆本身一样古老。为旅行者推荐餐馆可追溯至古代世界。从某些方面来看，评论家的

《豪生餐馆》，1930—1945 年，明信片。

传统似乎一成不变。格里莫的匿名评审团（一个为他的美食杂志进行美食测试并排名的团体），似乎与组成大来俱乐部世界 50 佳餐厅学院的烹饪精英没什么区别。然而，评论的历史与旅行的历史是紧密交织在一起的。随着越来越多的人有能力去旅行，旅游指南行业的生意也越做越容易。19 世纪时并不缺少餐馆点评，但我们今天使用的指南却是 20 世纪的发明。这个世纪见证了道路指南行业的崛起，而该行业（始于米其林）却在各个方向都取得了迅猛发展。

1900 年，法国米其林轮胎公司推出了《米其林指南》，以鼓励人们进行更多的自驾游。这本红皮书与传送带、有声电影、自动扶梯、X 光机和金宝汤一起在巴黎世博会上首次亮相。当时，法国的汽车保有量在世界上处于领先地位，但汽车仍然是一种相对较新的交通工具，也是一种更新颖的休闲场所。该指南旨在鼓励人们到全国各地旅游，并为他们提供食宿信息。米其林公司此举在当时是一个亏本的买卖，但在接下来的一个世纪里，它终于实现了自己的目标：鼓励旅游，并将"米其林"与"愉快的联想"连在一起。

《米其林指南》的编辑们总是致力于提供美餐。他们在第一版中说道："我们承诺将毫不留情地删除所有报告给我们的不合格旅馆，包

《米其林指南》信息册封
面，1900 年。

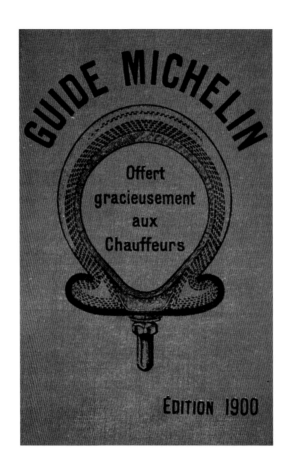

括食物差、服务差、房间或卫生间数量不足。"不过，直到 1926 年，他们才引入星级好评来确定好场所的标准。（1923 年至 1925 年间，米其林星级是被用来识别身份和价格的，而不是作为评价等级。）在 20 世纪 20 年代，获得米其林星级和今天一样困难。第二次世界大战之前，米其林三星餐馆大约有 12 家；但即使是今天，在全球米其林指南的制度下，也只有大约 120 家餐馆拥有米其林三星。这些星星既很难得到，同样也很难保持。[24]

《米其林指南》最初由米其林旅游代表团队与当地议会、朋友和企业家团体合作编写。最终，评估餐馆和编写指南的专业职位由此应运而生。这些"巡视员"（媒体经常这样称呼他们，但米其林公司从来不会）就像间谍一样秘密，就连他们的家人也不知道他们的职业。近些年来，米其林透露了更多关于这些人的个人信息和工作信息：通常是拥有（烹饪或酒店管理）学位的专业人士；一年要外出吃很多次饭（大约 200 ~ 300 次），品尝餐馆提供的每一道菜；工资和差旅费用均由米其林支付；会接受官方和学徒培训，以寻找并奖励有关食材、

搭配和服务的诸多方面。[25]

1936 年，美国出现了两本值得更为深入
探讨的旅游指南：邓肯·海因斯的《美食探
源》和维克多·H. 格林的《绿皮书》。

《美食探源》是美国最早的公路餐饮指南
之一，邓肯·海因斯（后成为一家盒装蛋糕帝
国的代言人）在 20 世纪 30 年代曾是一名旅行
推销员，也是狂热的休闲旅行者。虽然这本书
的出版常常被归功于邓肯，并以他为"作者"，
但它是邓肯与妻子佛洛伦斯共同完成的，两个
人经常一起出去旅行。他在 1955 年的回忆录
中写道："我们开始草草记下我们最喜欢的用餐
场所：食物的总体质量、卫生状况（这是最重
要的）、服务水平及餐馆的特色菜。"[26] 1935 年
圣诞节，海因斯夫妇整理了一份他们最喜欢的
用餐场所清单，其中包括 167 家餐馆以及每家
餐馆的信息，并把这份清单作为圣诞贺卡送给
了朋友。令人高兴和惊讶的是，朋友们都很喜
欢。其中有几个还询问他们是否能帮自己的朋
友再索要一份，然后通过口口相传，这份清单
及其重要注解得到了广泛流传。1936 年，海因
斯意识到人们对不受广告影响的旅行指南书的

维克多·H.格林的《绿皮书》(1937 年版)介绍页。

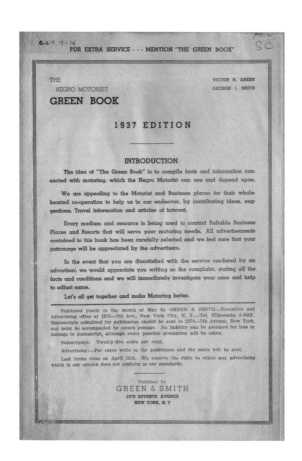

明确需求，于是决定出版纸质书并通过邮购方式售出。

　　《美食探源》只提供被推荐的用餐场所的名字，即那些符合海因斯夫妇标准的干净整洁、服务上乘、食物美味的餐馆，通常还会附上简短的说明。入选该指南的餐馆范围相当广泛，从正式餐馆到自助餐馆、连锁餐馆（包括哈维之家）和当地餐馆，还有一些专为游客设计的景点旅馆（亚利桑那州的北极主题圣诞树旅馆），还有就是沿途提供美食的路边摊。1938年，佛洛伦斯去世，邓肯则继续为这份指南添

加内容，使得这本书在声势逐渐壮大的"有车族"中越来越受欢迎。事实上，正是这本书为海因斯带来了声誉，才使得他成为蛋糕混合料（以及泡菜和其他许多食品）的代言人。《美食探源》在 1962 年之前一直定期出版，直到海因斯聘请了一位新编辑，并聘请了一些人去餐馆品菜，以确保它们仍符合邓肯·海因斯的标准。《美食探源》从来不需要广告，海因斯曾发誓，他不会接受他所推荐的餐馆经营者提供的任何食物、金钱或其他商品服务；然而，他确实卖掉了自己的"认可印章"（曾被允许印在

书里），并利用推荐的餐馆作为自己图书的分销商。他还与自己清单上的餐馆老板建立联系（有时被称为"邓肯·海因斯家族"），这可能导致他接受了这些人的礼物。他一直既是一名推销员，也是个商人，同时也是一个"评估"和"帮助他人（特别是白人家庭和妇女）找到好地方吃饭"的代名词。

就在美国白人纷纷推崇海因斯的推荐以及各种商务机构发布的指南、杂志评论和旅游宣传的同时，非裔美国人正在制造一种反公众情绪。当时，他们是无法进入白人出版物中盛赞的大多数餐馆的。事实上，如果他们不谨慎行事，不做好旅行准备，旅行就会充满危险。《黑人出行安全指南》（后被称为《绿皮书》）的出版就是为了让黑人出行更加安全、更受欢迎。与海因斯的《美食探源》一样，《绿皮书》也是一份推荐清单。同样，其中主要是餐馆的地址和名称（还有小旅馆、加油站和其他重要服务）；然而，被列入《绿皮书》的首要标准是黑人顾客要受到欢迎。《绿皮书》的出版

《棕榈酒馆的酒吧：第 47 大街的黑人餐馆，伊利诺伊州芝加哥，1941 年 4 月》，罗素·李，照片。

时间与海因斯的《美食探源》大致相同，都是1936年至1966年间。

《绿皮书》的作者兼编辑维克多·H.格林是一名邮递员。与海恩斯不同的是，格林不经常出门旅行；但他可以接触到很多邮递员，也相信读者的知识基础。为了这本书的情报搜集，他向其他邮递员、读者以及从事旅游业和商业的非裔美国人征求信息。他向投稿人支付稿费，包括推荐费，还在一定程度上为这本书提供广告费。当米其林在寻找精致美食、海因斯在寻找干净的环境和美味的食物时，正如民权活动家朱利安·邦德所说，《绿皮书》"却是一本指南，它告诉你的并不是哪里的餐馆最好，而是黑人能在哪里吃饭"。[27]《绿皮书》的作者和出版商都希望：随着民权运动的进步，《绿皮书》不再需要出版。1964年《民权法案》通过后不久，《绿皮书》就停止出版，因该法案使得美国餐馆在法律上取消了种族隔离；然而，事实上，种族隔离仍然是美国的现实。

在以"道路"为导向的指南蓬勃发展的同时，餐馆评级系统在20世纪下半叶出现了新的焦点。出行指南旨在使路上用餐成为一种愉悦的体验；然而，它们的评级系统却把餐馆变成了出行的目的地或理由。此外，专业评审员如今早已被问卷调查和业余评审员所取代。从博客到Yelp，随着在线评论的增长，这种众包性的"外行"评论（与《绿皮书》和《美食探源》没什么区别）均由查格调查（Zagat Survey）所创新。1979年，成立之初的查格公司与最初的米其林指南并无不同，最初的指南基于蒂姆·查格和妮娜·查格夫妇的朋友以及朋友的朋友的调查。他们希望为在纽约生活和旅行的人们找到纽约最好的餐馆，虽然此时米其林在制定指南的过程中开始采用匿名评审，但查格夫妇扩大了他们的调查范围，最终拥有了数十万名评审员。这是一种更为民主的指南，它"没有设置任何标准来评判所有餐馆"。[28]相反，查格十分依赖于大众评分，并注重评论者的个人观点。于是，Yelp评论网站应运而生（一系列在线评论论坛的典型代表）。

Yelp的评论以星级打分，但没有既定的评估标准。查格至少还有食物、服务和装饰三个分类，而在Yelp上，这些标准有时是由评论者在讨论某个场所时给出的，有时则完全没有标准。Yelp仅仅提供叙事：人们详细描述自己的经历，有时会配上照片，通常还会附上用餐概要，以及与服务人员的重要互动。通常来说，当人们有了不寻常的经历（特别好或特别坏）时，会更有可能去评论餐馆——而遭遇负面体验更有可能让他们去评价某个地方。这在某种程度上正是餐饮指南与Yelp评论体系之间真正的本质区别。餐饮指南会删除负面评论，其存在是为了引导人们寻找好的，而不是远离坏的。因此，Yelp是一种混合了记者评论家和指南评论家的结合体，前者以撰写负面评价和推荐而闻名，后者则像纸质礼宾员一样，只是为了推荐而存在。

虽然看起来可能风马牛不相及，但Yelp为读者所做的一切与一个世纪前哈维之家所做的并没有什么不同：让人们有能力知道他们将要去哪里吃饭，让他们确信这家餐馆是好的、干净的、安全的，并在未知的味觉中创造一种熟悉感。在 20 世纪，随着自动化的兴起，"熟悉感"和"便捷快速"仍然是餐馆进化的核心方面，这些我们将会在下一章进行讨论，而"快餐"则是我们在第 8 章讨论的重点。

7

餐馆里的机器

2009 年，可口可乐公司推出了"自由式"自助饮料机，这是一款触屏式饮料机，消费者通过一个水龙头就能创造出一百多种口味的饮料，但这只是餐馆悠久历史中最新推出的机器之一。17 世纪时，人类就有了关于供应食物和饮料的奇特而又真实的装置的历史记录。1633 年，亨利·范·埃顿曾详细描述了他精心设计的饮料分装机；17 世纪 90 年代，亨利·温斯坦利采纳并改进了这一设计，发明了一种叫作"魔桶"（Magic Barrel）的机器。除了采用喷水和喷火娱乐顾客外，顾客还可以像变魔术一样，从一个水龙头里流出的一系列不同饮料中进行选择——咖啡、葡萄酒、啤酒、牛奶、水。到 1710 年，伦敦的黑马酒馆推出了一款类似的机器，被称为"新数学喷泉"（new Mathematical Fountain）。[1]

在本章中，我们将会探讨烹饪方面的核心

技术突破以及食品的获取、储备和供应等相关工作对餐馆发展的影响，我们将会看到餐馆或来自餐馆的技术实例——从自动贩卖式餐馆到回转寿司到速冻和真空低温烹饪，从商务电脑到自助餐馆托盘。人们原本认为餐饮行业的转变始于煤气炉、冰箱和铜锅，但餐馆其实是伴随工业革命的发生在西方兴起的。餐馆的发展与更为广泛的文化与科学转变紧密相关，即人们如何使用机器（如机械织布机）来做事和理解事物（如人体运动）。这些创新随后使人类行为机械化（就像流水线上的工作一样）。因此，餐馆里许多重要的技术都与劳动力有关：谁来做什么，以及该如何做。

机器服务

"魔桶"和巴黎机械咖啡馆是人们喜欢用

机器提供食物的几个早期范例，也展示了"愉悦感"是可以用来赚钱的。直到 19 世纪末，这些机器服务员一直是新鲜事物，之后技术便以更大规模的方式改变了餐馆服务。

到 19 世纪 90 年代中期，世界各地的人们会经常去快餐连锁店用餐。这些餐馆的顾客范围很广，从廉租房里进进出出（有时无法支付房租）的客人，到小吃店里衣着光鲜的职业女性，再到哈维之家的旅行者。然而，所有这些场所都有工作人员提供食物。但后来两种技术（用于自助服务和更大规模的机器服务）的出现则改变了餐馆的实体布局和上菜形式。

自助餐馆（cafeteria，迫使顾客自己服务自己）开发了一系列新技术，从而重塑了这一时期的餐馆。大致上，自助餐馆基于一种相当古老的上菜技术：自助餐台。自助餐台是一种在全世界都得到广泛使用的工具，在 18 世纪（的派对和宴会上）是一种非常流行的娱乐方式，也是大多数欧洲酒吧、酒馆和其他饮酒场所提供食物的方式。在对"自助"理念进行更新的同时，自助餐馆将旧的技术应用到了新的问题上（从前，让人们快速地吃东西并不是自助餐台的功能），同时也催生了像自助餐馆托盘这样的新技术。（是的，自助托盘是一种特殊技术，由威廉·蔡尔兹和塞缪尔·蔡尔兹夫妇于 1898 年发明，当时他们正打造自己的自助餐馆帝国，并成为早期获得成功的连锁餐馆之一。）

虽然早期自助餐大多是便餐，但自助餐馆须对"各种各样的食物进行几何排列"，顾客

要么自己拿取食物，要么由服务人员上菜，然后再到饮品区，最后到付款柜台。[2] 1893 年，约翰·克鲁格在美国哥伦比亚博览会上展示了他的"自助餐馆"，其创意来自一种在芝加哥瑞典人社区极为流行的自助餐馆，即有许多小菜的自助餐（smörgåsbord）。克鲁格给这一发明取名时，结合了单词"café"和西班牙语后缀"-teria"（店），因此他的发明（甚至他的命名）其实并非独创。自助餐馆是一个瓜熟蒂落的产物。在 19 世纪末和 20 世纪初，自助服务成为一种新的经营方式，无论是餐馆还是商店。自助服务是高效的，反映了"降低劳动成本"和"为更多人次提供更快服务"的需要。

可口可乐的"自由式"自助饮料机，温蒂汉堡，得克萨斯州欧文市，2010 年。

《华盛顿特区的一家自助餐馆》，1943 年，埃丝特·布勃利，照片。

午餐柜台：一位女服务员在午餐时间站在纽约市交易所自助餐馆的柜台中间，约 1920 年，照片。

《费城的儿童游乐场，宾夕法尼亚州》，1908 年，铂铬图片公司，明信片。

1885 年，一家名为"交易所自助餐"的自助餐馆在纽约开业；到 1894 年，"自助餐馆"的概念已经深入人心，以至于《芝加哥论坛报》将其比喻为一个卖铅笔的街头小贩（只要付了钱就可以"自己拿"），另外还包括两篇关于人们如何从这类餐馆偷东西的文章。[3]

然而，自助式的用餐方式远非光鲜亮丽，它又回到了一个非餐馆的空间：公寓、酒吧，甚至是家庭餐桌。真正为自助服务带来兴奋的是"机器"。而最能证明这一点的就是自动贩卖式餐馆，这些餐馆会在玻璃柜里陈列各种食物，人们只要往所选的投币口里投一枚硬币，玻璃门就会打开，顾客就可以买到食物。

自动贩卖式餐馆成为餐馆史（不仅仅是技术史）的一部分，其诸多特征会让我们想起餐馆的本质，其展现了餐馆的各种演变方式。自动贩卖式餐馆不是外卖店——人们被期望在店里用餐。这些餐馆会摆放镜子和大理石餐桌，旨在将餐馆打造成一个能吸引人来吃饭的地方，无论是顾客自己，还是和朋友一起。顾客有很多种选择，自动贩卖式餐馆提供的食物就像从人类服务员那里点餐一样，食物被装在盘子里，可以看得一清二楚；自动贩卖式餐馆不仅仅是自动贩卖机的大集合。

自动贩卖式餐馆的发明

自动贩卖式餐馆是跨文化借鉴和交流的产

《自动贩卖式餐馆，曼哈顿第 8 大街 877 号》，1936 年，贝雷妮丝·阿博特，照片。

"自己动手！"斯德哥尔摩自动贩卖式餐馆，1905 年，照片。

物。第一台自动贩卖机（出售圣水）可能发明于公元 1 世纪的古希腊，几个世纪以来，人们偶尔会使用这种机器售卖从烟草到书籍的各种商品。然而，1867 年，当一个英国人为他的投币式自动贩卖机申请专利时，却引发了一场机械自动贩卖机革命。到 19 世纪 80 年代，投币式自动贩卖机被广泛应用——从巧克力到香水；而作为机械咖啡馆的故乡，巴黎甚至还出现了第一家自动贩卖式酒吧，于 1891 年开业。5 年后，这家酒吧的创始人菲利普·莱奥尼与德国工程师马克斯·谢拉夫合作（后者曾在一

家开发并销售自动贩卖机的公司工作），二人的想法是将酒吧的自动化提升到一个新水平，开发出一整套自动化餐馆，并在 1896 年的柏林贸易展上首次亮相。他们的设计一炮而红，不到 3 个月就向公众开放了第一家店面[4]，并将其命名为"自动贩卖式餐馆"。就像施乐打印机、邦迪创可贴和舒洁面巾纸一样，"自动贩卖式餐馆"从此成为此类发明的通用标识。

尽管在贸易展上大受欢迎，但第一家德国自动贩卖式餐馆并没有营业太久。莱奥尼和谢拉夫双双重返机器制造业（两人都是从那里开

一家肉店门前出售香肠和肉类的自动贩卖机，德国柏林，1935 年。

1969 年 3 月 5 日，当法国厨师皮埃尔·夏洛特在一台自动贩卖机前购买两个三明治和一块干乳酪时，一只手从机器里伸了出来，他吓了一跳。夏洛特当时正和 55 名法国厨师一起在纽约旅行，他来参观这家自动贩卖式餐馆时，餐馆经理通过投币窗口亲手将三明治递给了他。

始的），而没有继续经营餐饮事业。他们把自己的想法变成了一家"自动贩卖式餐馆有限责任公司"，与同时代开始出现的连锁餐馆不同，这家公司只出售制造自动贩卖机的设备。而新兴的欧洲自动贩卖式餐馆却是独立经营的，自动贩卖设备也是成套生产，包括自动售货柜、柜台、咖啡机，甚至是标识图案，它们的外观和工作方式通常十分相似，针对的也是相同的用餐群体。然而，它们供应的食物却并非标准化，而且除了外观，自动贩卖式餐馆并没有共享的广告策略。有些地方甚至还对机器进行了

更改和更新。比如荷兰的自动贩卖式餐馆开发了加热舱口，出售炸丸子、炸薯条和香肠等热食。这种加热舱口后来还变成了一种通用的自动装置。

自动贩卖式餐馆，无论对自动贩卖式餐馆有限责任公司，还是对欧洲各地的诸多企业家来说，都是一门成功的生意，包括伦敦、曼彻斯特、哥本哈根和巴黎。到 1913 年，美国出版的《欧洲经济指南》一书中就罗列了 30 家自动贩卖式餐馆的地址：

餐馆里的机器

在德国和瑞士，"自动贩卖式餐馆"（自助餐馆）很不错；几乎每个城市都有。在意大利，只有米兰开设了这种餐馆。各种各样的食物和饮料（啤酒、葡萄酒、咖啡等）……价格一般在 70 芬尼到 1 马克之间。所有自动贩卖式餐馆都设有女士和男士休息室，布置通常都很精美。奥地利的维也纳也有许多大型自动贩卖式餐馆。[5]

当这本指南的作者卡尔·威尔逊写下这些话的时候，美国也已经有了自己的自动贩卖式餐馆。

1902 年，美国第一家自动贩卖式餐馆正式开业。创始人约瑟夫·霍恩和同行约翰·哈达特之前在费城合伙开了一家自助餐馆，后来霍恩在德国看到了自动贩卖式餐馆。至于他是直接被马克斯·谢拉夫邀去参观的，还是回家乡时偶然看到的，这里还存在很多争议；但可以肯定的是，霍恩看到了自动贩卖式餐馆，并知道它很适合美国人。于是，他订购了一套适合大型自动贩卖式餐馆使用的设备，并运往费城。第一次运送的设备在海难中沉没；第二次货物成功抵达，并在谢拉夫的监督下组装完毕。霍恩和哈达特的尝试大获成功，随着时间的推移，他们在纽约创立了"霍恩－哈达特自动贩卖式餐馆"，并成为餐馆连锁行业的领头羊。到 1941 年，他们已在美国东北部总共拥有

霍恩－哈达特自动贩卖式餐馆，纽约时代广场，约 1930—1940 年，明信片。

《自动贩卖式餐馆》，1927 年，爱德华·霍普，布面油画。

147 家餐馆。

自动贩卖式餐馆的现代魅力

在欧洲和美洲，自动贩卖式餐馆的吸引力是多层次的，这在很大程度上与各地的独特之处有关，即机器如何在餐馆空间内重新定义人体。用自动贩卖机取代服务员，餐馆的效率无疑会更高。因其不依赖于一连串人际互动，相反，顾客可以自己掌控节奏。他们可以细挑慢选，也可以立刻购买；不需要等待厨房烹制食物，也不需要等待服务员送过来——一旦做出决定，投币进去，食物就会从柜子里溜出来。顾客可以边吃边走（已经付钱），或者"只花很少的钱坐一晚上"。[6]

对于在城市工作的不断扩大的都市男女群体而言，这种效率是有益的。他们可以快速吃上一顿像样的饭，再回去工作。此外，人体的位置也使付款过程更为迅捷（只需在投币口塞一枚硬币），从而降低了成本；同时也不会有服务员（或一群用餐者）跑来评判你的餐费，更无须支付小费。

这种与效率、节俭和平等相关的愿景，让自动贩卖式餐馆成为作家和艺术家反复挖掘的场所。美国作曲家欧文·柏林和著名戏剧家莫斯·哈特共同创作的大萧条时代音乐讽刺剧《面对现实》（1932）就包括两首关于自动贩卖式餐馆的歌曲：开场曲讽刺了美国贵族（洛克菲勒家族、阿斯特家族、赫斯特家族、范德比尔特家族和惠特尼家族）因大萧条被迫在自动贩卖式餐馆吃三明治和豆子；第二首《让我们再来一杯咖啡》则以一种更有希望、昂头向上的（或埋头苦干的）乐观情绪继续讲故事，并很快成为一首经典歌曲。1934 年，同样的大萧条时代场景在电影《莎蒂·麦基》中以更为冷酷的方式出现了，由琼·克劳馥扮演的不走运的莎蒂·麦基点了一杯咖啡，然后眼巴巴地看着另一位顾客的馅饼。1937 年的电影《轻松生活》也利用自动贩卖式餐馆达到了同样的戏剧效果：一个贫穷的女人意外发现一件裘皮大衣，最后她得到了一个自动贩卖式餐馆员工的酬谢（这个员工其实是一个富人）。这种发生在自动贩卖式餐馆里的"不知谁穷谁富"的并列感和模糊感，实际上正是其魅力所在。

自动贩卖式餐馆还在一定程度上改变了餐馆的社会行为，对其最引人注目的描绘就是爱德华·霍普的画作《自动贩卖式餐馆》（1927）。就像他的名作《夜鹰》，其场景将餐馆明亮的内部与夜晚城市黑暗的外部惊人地并置。然而，《自动贩卖式餐馆》将观众放置在餐馆内，顾客也只有一个。正如餐馆意图宣传的那样，画里的女性孤独，穿着考究，她坐在一个干净、明亮的地方（借用了海明威的风格）。这些餐馆适合各行各业的女性，这是它的另一个重要特征。

在瑞典，自动贩卖式餐馆是最早为女性提供服务的餐馆之一。到 1912 年，在斯德哥尔摩，自动贩卖式餐馆的主要顾客是"来自纺织业"和"收入微薄、买不起奢侈品，但又不愿迁就旅馆里的脏盘子"的女性。虽然这些餐馆最终会与穷困潦倒的人联系在一起，但就像美国的自动贩卖式餐馆一样，它们开始于城市的时尚商业区，最终却进入了工薪阶层区。当所有其他瑞典餐馆都遭到严格的阶级隔离时，一家自动贩卖式餐馆就可以做到同时为上流社会和下层社会的人提供服务。[7]

从一开始，自动贩卖式餐馆就是一个允许人们隐匿身份的地方，其外观模式也允许这种顾客阶级的交叉。巴黎的第一批餐馆就是这样，在那里，人们可以独自在公共场合吃饭。餐馆是一种文化形式，允许更多的人作为顾客，呈现更广泛的社会地位。自动贩卖机淘汰了服务人员，更加强化了这种用餐体验。因此，它创造了一个可以让帕蒂·史密斯遇见艾伦·金斯伯格的世界。在史密斯的回忆录中，她这样写道：

> 一个下着毛毛雨的下午，我很想吃那种芝士生菜三明治。我拿起托盘，塞进几枚硬币，可窗口就是打不开。我又试了一次，还是不行，然后我注意到原来价格已经涨到65美分。失望是肯定的，这时，我听到一个声音说："需要帮忙吗？"我转身过，看到了艾伦·金斯伯格……艾伦给了我10美分，还帮我加了一杯咖啡。我默默地跟着他走到他的桌前，大口地吃起三明治。艾伦做了自我介绍，还聊起了沃尔特·惠特曼，我说自己是在卡姆登附近长大的，也就是惠特曼被

> 埋葬的地方。他俯过身，凝视着我。
>
> "你是个女孩？"他问道。
>
> "是的，"我说，"有问题吗？"
>
> 他哈哈大笑。"很抱歉，我还以为你是一个帅哥。"
>
> 我立刻明白了他的意思。[8]

由于没有服务人员，而且物美价廉，自动贩卖式餐馆使得人们可以互相帮助，这也是我们经常在电影里看到的。这是一个让陌生人见面的地方，为不同年龄、性别、阶层和性取向的人创造了交流和制造意外惊喜的空间。

未被动过的食物与自动贩卖式餐馆的假想

自动贩卖式餐馆的美学标榜其现代化，最初它们采用当时盛行的新艺术风格打造——精心制作的玻璃、木制家具和海豚形状的咖啡壶嘴。到了20世纪20年代，自动贩卖式餐馆开始呈现出更现代的装饰艺术风格：线条流畅，表面更加光亮。而这些餐馆最显著且统一的美学特征却是一排排对称摆放、有玻璃面板的柜子，里面放着没被人动过的完美食物。

食物都被放在这些玻璃柜子里，柜子周围看不到工作人员（除了擦桌子的人），自动贩卖机给人一种极其干净整洁的感觉。在19世纪的最后几十年里，人们开始追求更安全的食品。1896年，德国推出一项食品化学家培训计划，以执行其1879年颁布的《食品和日用品法》（简称《食品法》）；1906年，美国通过了

《纯净食品和药品法》。[9] 像霍恩－哈达特自动贩卖式餐馆这样的连锁餐饮机构都会提供统一、受管制的食品，从而增加其"可信赖度"。（这个时期的名牌食品也因同样理由变得更受欢迎。）自动贩卖式餐馆的形象是干净得恰到好处。食物被摆放在玻璃后面，既没有被碰过，也没有暴露在外面。基于食品安全的理念，自动贩卖式餐馆还经常宣传其食品的新鲜度。霍恩－哈达特就曾宣称：他们不会出售任何非当天制作的食物（低收入地区的独立餐馆会明确出售隔夜食物）。现代化的美感、对新鲜食物的吹捧、无须人工服务、独立的食品柜，所有这些都增强了霍恩－哈达特安全、干净的理念。

尽管如此，霍恩－哈达特公司在食品安全史上的一个关键角色却是作为一起案件的被告。这起案件开创了一个思考的先例，即我们的食品会在多大程度上被触碰和掺假。1926年5月12日，一名来自宾夕法尼亚州的原告在霍恩－哈达特餐馆吃草莓时，被一枚附着在草莓上的大头钉刺穿了牙龈，随后她向这家餐馆提起过失诉讼，然而其诉求最终被全部驳回。在某种程度上，这个结果基于霍恩－哈达特连锁店强制要求的草莓制备方法："（草莓）被放进一个漏勺，在高压自来水下冲洗，单独去蒂，用毛巾轻轻擦干，然后放在单独的盘子里供食用。"所以，从理论上来讲，这家餐馆的操作并不存在任何问题。法官的裁决反映了20世纪早期对食品来源和消费者风险的管理和经验都已发生了变化：

有时食物中会偶尔出现一些异物，以及有毒的、不洁净的食物和带有疾病传染性的肉类、饮料；但正如我们所知道的，这些物质都是在家庭和公共用餐场所经常见到的。食物在遥远的地方被制备，经过不同的环节和处理，所有这些因素在本质上都可能导致食物或饮料不是绝对的纯净或安全。因此，在我们看来，原告在吃草莓时被大头钉刺伤嘴巴，说明在五月，草莓一定是远地而来的，这本身并不能成为被告疏忽大意的证据。[10]

这一裁决意味着在当今世界，我们有时不得不做好吃到大头钉的准备。在自动贩卖式餐馆处理草莓的过程中（干净且合理），是允许一枚大头钉的合理存在的。此外，餐馆将草莓置于玻璃后面，让它们看起来原封不动、完美无缺，这种行为本身就无须承担任何义务。根据这项裁决（在美国案件中一直被反复引用），正是消费者对食品安全体系的错误信任才导致吃草莓变得危险。[11] 现在，我们还是远离玻璃后面的馅饼以及咖啡和巧克力牛奶喷泉，回到对食物的愿景上——刚才只是说说与之相关的题外话。

自动贩卖式餐馆的员工

自动贩卖机不需要工人，这种幻想在一位顾客对斯德哥尔摩第一家自动贩卖式餐馆开业时的描述中得到了阐释：

> 服务是自动的，没有人在你旁边，几乎就像每一道菜都是自己走到你桌上……这台机器试图成为通往快乐时光的一个驿站，当机器自己工作时，你无须付出任何努力就能得到服务。它没有服务人员和碗盘碟子，只有3个装有闪亮镜面玻璃的大柜子，以及其他一些精致的细节。

> 我认为自动贩卖式餐馆是技术上的奇迹……很长一段时间，我都不肯相信机器里面还有人类在操作。我只想相信它们是完全"自动"的。我想象着，在那面有嵌板的镀镍墙后面，一切作品都是自然完成的。直到有一天，一张红扑扑、汗津津的脸从墙上的半月形舱口探出来，问我支付的40便士是选择"香肠"还是"大米布丁"……我惊呆了。这台机器并不能完全理解我，人类还是不得不介入。[12]

隐形劳动是自动贩卖式餐馆魔幻体验的一部分。当然，和大多数魔术一样，问题的关键在于我们会在哪里看到魔术是如何完成的。自动贩卖式餐馆的错觉往往是通过让顾客（以及随后的文化观察者）盯着柜子里的食物而产生。在这样的餐馆里，劳动被分为两个层面进行着，而这两个层面各有其重要意义。

劳动力在自动贩卖式餐馆中最明显的表现就是依赖于顾客：我们经常会用"自助服务"来形容这种行为。自助食物——"外卖"的近亲——已经存在了几千年，庞贝的小酒馆里就发生过这种行为。然而，从某种程度上来说，享用自提供的食物和饮料是一种新奇的想法。酒吧、沙龙、小酒馆、咖啡馆和茶室等场所可能长期以来都需要有人上菜，但酒水一般由酒保提供。甚至就连餐车式餐馆和廉价小吃店也有人专门端盘子。与前面引用的那段话恰恰相反，自动贩卖式餐馆的自助服务与"人们单纯接受服务"的结构相去甚远。在自动贩卖式餐馆和自助餐馆里，这种"顾客即工人"的劳动结构被重新命名为"自助服务"，也使得后来快餐店的崛起成为可能。

自动贩卖式餐馆不仅将劳动力转移给顾客，从而降低了公司雇用员工的成本，还将自助服务的体验本身视为一件好事。餐馆周围的告示牌上写着"请自己动手"之类的话，既是一种指导，也是一种广告宣传：它们会同时出现在报纸、杂志和明信片上。无论是口头，还是含蓄，这种概念即是——作为一个没有服务员的顾客，你可以高效率地用餐，可以保有私密性，可以避免他人触碰食物，可以不用支付小费。权力的转移被认为是值得自己动手完成餐桌服务的价值——也许在体验上确实如此。

然而，自动贩卖式餐馆的确是有员工的。自动贩卖机的柜子后面有人，有时餐馆里也有人——准备食物、打扫卫生。霍恩-哈达特餐馆的经理手册就说明了这一点，其详细列出了这些"隐形人"所做的工作。对餐馆来说，隐形的厨房劳动力并不新鲜，后台工作人员的目的通常就是待在后台。在 20 世纪，当厨房开始走向开放（我们将在后面的章节中讨论），这种"透明的姿态"是极具革命意义的。尽管如此，自动贩卖式餐馆突出了"工人的缺席"，就像为谷歌图书数字化的女工一样，自动贩卖式餐馆的员工形象就是一只无形的手。

通过咖啡的制作流程，我们可以看到这些隐藏在视线之外的巨大劳动。在诸如霍恩－哈达特这样受欢迎的餐馆，咖啡几乎是必需品，这不仅仅是因为咖啡便宜。霍恩－哈达特改变了美国咖啡，他们从欧洲引进咖啡机，同时又将挂耳咖啡引入了美国。咖啡通常是餐馆的卖点，因为那里经常有劣质咖啡，而 20 世纪早期是一个重要的分水岭，标志着从今天被描述为"几乎难以下咽的咖啡"到"可以喝的咖啡"的转变。（好咖啡仍然是餐馆的一个重要方面：麦当劳和唐恩都乐快餐店都在 21 世纪的头 10 年里决定投资咖啡。）在铁路沿线，哈维之家连锁餐馆大肆宣传现磨咖啡；霍恩－哈达特的自动贩卖式餐馆也打出同样的招牌。为了做到这一点，这两家连锁店都制定了严格的规章制度，对咖啡制作和煮泡时间均做了精确描述，后者甚至还自己烘焙咖啡豆。在 1942 年霍恩－哈达特的《管理者指导书》中就描述了对自动贩卖式餐馆员工的期望：

我店最为注重咖啡的正确制作和合理爱护。为确保咖啡质量统一，须严格遵守以下规则：

每磅咖啡加入 2 加仑沸水。

在加入咖啡粉之前，水须煮沸，咖啡壶外套里的水也须是沸水（即用来保持咖啡壶本身热度的热水）。

1. 将 1 磅干咖啡粉放入新的阿勒格尼桶中。

2. 加入 1 加仑沸水，倒在干咖啡粉上。

3. 再加入 1 加仑沸水，倒入咖啡中。

4. 拿起咖啡搅板，从一边到另一边移动，以打碎咖啡块。不要搅拌。

5. 通过咖啡袋将咖啡倒入加热的壶中。（咖啡壶须敞口放置。）

6. 倒出 1 加仑煮好的咖啡。这一过程，一旦由 1 名咖啡工人开始操作，须由同一个人按照其适当顺序从头到尾完成，不得中断或拖延。

完成后的咖啡及咖啡袋须在咖啡壶内静置 10 分钟，然后转移至分装壶中，或出售。咖啡煮好后，须立即将热水壶续满。

清晨制作咖啡时须尤其谨慎无误。

咖啡壶每次使用后须用清水冲洗，用粗棉布擦干，棉布与咖啡袋须一起放入水中保存。

霍恩－哈达特依靠的不仅仅是自动贩卖式餐馆的技术创新本身，还有其不断上升的管理模式。作为一家大型连锁店，其提倡一种"科学的饮食体验"，其中的"标准化"至关重要。霍恩－哈达特餐馆的目标（及其表现形式）即为每家分店都用相同的方式提供同样的食物：一盘烤豆子上面要放一片约 6.5 平方厘米大的培根。在欧洲，人们可以通过玻璃看到各种各样的食物，然而，制作具有视觉吸引力的食物所涉及的劳动力是相同的。自助餐馆的厨师准备饭菜时，要比普通咖啡馆的厨师更关注食物的呈现，因为人们会根据食物的外观做出选择。吸引眼球而不仅仅关注口味，是餐饮商业模式的一个重要方面。作为广告和宣传的主要模式，向"食物视觉体验"的转变已经在很多形式的快餐店里发生了。

这种高度规范化的体系既塑造了食物，也塑造了劳动力。在这个体系中，自动贩卖式餐馆的员工可以互相替换。在美国，自动贩卖式餐馆的工人很可能是新移民或有色人种，尤其是女性。而对于自动贩卖式餐馆的所有者和管理者来说，低薪劳工群体要"经济实惠"得多，因为他们不为人所见所闻，其身份也不会影响顾客对餐馆的看法。[13] 在欧洲，大多数自动贩卖式餐馆的员工都是薪酬极低的女性，她们每周通常要工作 92 个小时。[14] 而令人惊讶的是，自动贩卖式餐馆的厨房并不是"自动"的。

20 世纪 20 年代中期，霍恩－哈达特开始引入自助餐馆的用餐方式，但直到 90 年代，顾客们仍会从玻璃柜里购买通心粉和奶酪。那些在自动贩卖式餐馆吃过饭的人，或者只是听说过自动贩卖式餐馆的人，拿走的不仅是食物，而是一种纯粹的享受——一盒馅饼，用一枚硬币开启，只为你所有。然而，餐饮业"拿"走的却是日益机械化的生产体验（由人类在自动贩卖式餐馆及其后继者中进行）和低人际互动式的用餐经历。莱奥尼和谢拉夫的自助餐馆以及霍恩－哈达特的自动贩卖式餐馆，它们都迎来了一种新的餐饮形式。虽然全自动化餐馆仍然是一种新奇的事物，但自动贩卖式餐馆的许多部件和做法在那里留存了下来，而且是以一种如此聪明又如此平凡的方式——平凡得很容易被人们所忽视。

自动贩卖式餐馆的后继者

在日本，一家几乎完全自动化的自动贩卖式餐馆至今仍在运营。自贩机餐馆是位于东京西北面伊势崎市的自动化面条和三明治餐馆，采用老式食品自动贩卖机，提供价格低廉的拉面、咖喱汉堡、天妇罗乌冬面和意大利烤三明治。除了店主，店里没有其他员工，店主每天的工作就是备货和清理几次垃圾。顾客除了自取食物外，还要清理桌面。这是一种令人愉快的新鲜事物，旨在创造一种独特的体验，就像一顿饭一样。[15] 在最后一家霍恩－哈达特餐馆关门的前几年，这种餐馆基本上都算是一种新奇事物，2012年，纽约公共图书馆将其改造成了展览馆并重新启用（分发菜谱，而不是分发食物）。人们甚至可以从网络供应商那里买到老式自动贩卖机。然而，自动贩卖式餐馆留下来的记忆，可要比怀旧所意味的"停止"更有活力。

伊莎餐馆是美国一家正蓬勃发展的自动化连锁餐馆。走进伊莎，你会发现这里服务快捷、食物新鲜，以"碗"为基本单位，且可以在平板电脑上点餐。顾客可以在一个正面是玻璃板的小储餐柜前等候，食物到时会出现在里面。与自动贩卖式餐馆一样，顾客可以在看不

到人的情况下拿取食物，在时尚的现代餐桌或站立吧台旁找到座位。餐馆氛围混合着休闲感（木制家具、金属摆件）和未来感（霓虹灯，一整面内嵌储餐柜的墙壁，食物备好后，柜子上会显示出点餐者的名字）。值得注意的是，与以前的自动贩卖式餐馆一样，这家餐馆似乎没有工作人员，但墙后其实应该会有5~6人在准备食物，只是顾客看不见罢了。[16]

这项技术起源于日本，目前正风靡全球，最新的表现形式是电子菜单（这只是伊莎餐馆的一个方面）。与自动贩卖式餐馆一样，顾客可以通过电子菜单查看可选菜品，并从中做出

伊莎餐馆的数字化餐柜，旧金山，2018年。

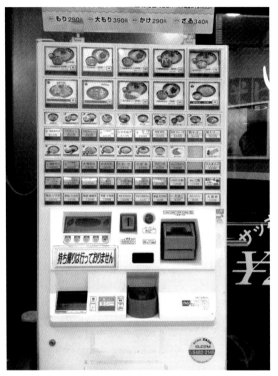

自贩机餐馆：在餐馆外购买餐券，然后在餐馆内的柜台取餐，日本东京，2014 年。

选择，有些还具备支付功能。电子菜单通常以触屏平板电脑为载体，还会有菜品的图片展示。食物也可以由服务人员送过来，这里的服务人员只为那些不愿使用电子菜单的顾客提供服务。与自动贩卖式餐馆一样，这些使用电子菜单的餐馆，其主要目的并不是为了营造服务至上的氛围，而是旨在打造一个快捷、方便和价格实惠的用餐场所。[17]

餐馆里的传送带

餐馆里的某些技术，比如食物自动贩卖

机，只是为了食物而发明，但人类的很多食品技术其实是从其他经济行业迁移过来的，比如工厂。工厂以多种方式改变了餐馆，通过标准化的大规模生产改变了食品供应——从面粉到维也纳香肠，从而创造了另一个能够光顾餐馆的阶层，并将他们引入餐车式餐馆这样的地方；这一点我们在第 3 章和第 6 章提到过。然而，餐馆从工厂那里继承来的最重要的变化之一，也许并不是食物和人，而是理念和配置。我们可以在 20 世纪早期的自动贩卖式餐馆、莱昂斯茶馆（本章稍后会讲到）、哈维之家以及后来的快餐连锁店的管理系统中看到这一点，而从餐馆将工厂的机器带入用餐空间的许多方式中也同样可以看到这一点。传送带就是其中一个典型的例子。

传送带始于与食品工业八竿子打不着的场所，由托马斯·罗宾斯于 19 世纪末发明，最初主要用于矿业开采，比如煤炭。1913 年，亨利·福特将传送带改造成汽车装配生产线的关键部件。到 20 世纪中叶，传送带已经应用于全球各地的工业场景，包括日益繁荣的工业化食品生产行业。传送带可以将啤酒瓶、蛋糕卷，甚至鸡蛋送往工厂的各个角落，为进入市场和餐馆做好准备。然而，在 20 世纪 50 年代，日本和美国的餐馆老板却将这种工具引入餐馆本身。

1954 年，速食汉堡王的特许经营者詹姆士·麦克拉摩和大卫·R. 艾杰顿对现有利用速食烧烤炉制作汉堡的方法很不满意。他们认为这种机器工序混乱、效率极低且充满危险，于

YO！寿司店，布卢沃特，2007 年。

是向通用餐饮设备公司寻求更好的解决办法。后者生产的萨尼萨威（Sani-Serv）和萨尼冷冻（Sani-Freeze）冰激凌–奶昔机在当时非常热销。作为回应，通用餐饮设备的经营者弗兰克·托马斯和唐纳德·托马斯兄弟设计出了一种火焰烤肉机：利用传送带让汉堡肉饼在天然气火焰之间移动，另一端专门用于传送烤熟的肉饼。这款新机器极大地改变了速食汉堡王的汉堡制作方式，麦克拉摩和艾杰顿最终在 4 年内买下了速食汉堡王余下的特许经营权，并将其更名为"汉堡王"，即"火焰烤汉堡之家"。托马斯兄弟也同样意识到他们的技术和不断扩大的特许快餐市场大有可为，于是决定加入这个行业，创建了"汉堡大厨"连锁餐馆，在 20 世纪 70 年代已有 1,000 家分店（现已不存在）。这种火焰烤肉机使汉堡制作变得更加快速、安全，并减少了对熟练技工的依赖（即便这种技能意味着何时给汉堡翻面）。操作者只需把生肉饼放进去，从另一端取出熟肉饼，加上偶尔清理积油槽（专为减少火灾而设计）就可以了。[18]

与此同时，在全球重要工业中心城市大阪，寿司店老板白石义明也遇到了麻烦：寿司是这家餐馆的特色菜，必须保证新鲜送餐；然而苦于劳动力成本太高，增加更多等待提供服务的员工意味着必须提高售价。寿司本身就是一种价格高昂的食物，大部分在工厂做工的市民根本负担不起。白石义明的生意岌岌可危，降低成本迫在眉睫，同时又必须保证食物新鲜上桌。

1954 年，白石义明去参观一家啤酒厂，看到了啤酒瓶是如何在传送带上被四处移动的，他突然意识到这种技术同样也可以应用在自己的餐馆里。虽然火焰烤肉机是一项了不起的发明，但让传送带传递食物也并非闻所未闻——不过是让传送带代替服务人员而已。白石义明认为这值得一试，于是自己设计出一种不锈钢传送带，这样就可以定期加以清洗。4 年后，他以传送带的方式正式创立自己的小餐馆。

顾客先站在环绕厨师备餐位的餐台前点餐，厨师备餐完毕，会把食物放在传送带上，顾客只要拿起他们的寿司就行了。由于劳动力成本的降低，白石义明可以提供原售价 2/3 的寿司。这条传送带大获成功，并自此催生了240 家分店，同时也把寿司变成了一种常见的全球性食品。[19]

就像许多改变餐饮业（包括自动贩卖式餐馆）面貌的技术创新一样，回转寿司也得以在一次国际博览会上亮相。1970 年日本世界博览会之后，更多的日本和其他国家企业关注并采用了这种专利传送带系统。随着时间的推移，这种系统在许多方面都发生了改变——安装可以坐下来的餐台；厨师不需要制作特定菜品，而是简单地制作一系列寿司；顾客可以从移动的传送带上按照自己的喜好取食；餐盘也被标上了颜色，方便在用餐结束后计算出相应的费用（一些西班牙小酒馆也会这样做）；传送带从一个位于中央的吧台蜿蜒而出，将食物送往所有餐台。所有这些功能都推动了成本节约，使寿司被重新设想为一种全球性的日常食物。

材料科学与餐馆

加热和冷却技术一直对餐馆有着长远的影响：人们如何烹饪并保持食物低温从根本上改变了烹饪方法，而厨房技术的重大发展（煤气炉、铜锅、冰箱）也改变了整个餐饮行业。19 世纪 80 年代，人们发明了人工制冷和冷冻技术，却破坏了肉的质地和味道。这些新技术使得欧洲可以从阿根廷和澳大利亚进口更多牛肉。然而，这种牛肉并不会出现在高档餐馆，其中大部分进入普通家庭和公共机构（学校、军队、医院），也有一些流入了普通餐馆，变成不那么美味的一道菜。罐装蔬菜也是同样的命运。自 19 世纪初以来，蔬菜罐头已经十分普及，但通常都是糊状的，味道也极差。

然而，所幸的是科学家们一直在不断完善保存方法。1929 年，克拉伦斯·伯宰发明了速冻法，得以固定速冻食品的质地和口味，改变了餐馆的餐饮方式。20 世纪 40 年代对流烤箱

《豪生餐馆》，康涅狄格州奈安蒂克，1978 年，约翰·马戈利斯，照片。

的发明，让加热冷冻食品变得更加容易，对食物的损害也更小。1947 年，第一台微波炉进入市场（和冰箱一样大、和汽车一样贵），在进入普通家庭之前，它们在商业厨房中被使用了几十年（始于 20 世纪 70 年代，80 年代爆发）。而在食品保鲜技术的发展轨迹中，一种最新的发明——"大气包装"，利用特定的空气组合（比如改变不同成分气体的含量）以保证食材更加新鲜，且无须冷冻或脱水。[20]

有关这些技术如何影响了餐馆行业的发展，其中最著名的例子就是雅克·佩潘与豪生连锁餐馆的合作。离开著名的法国圣廷苑餐馆后，佩潘来到了豪生，起初在纽约皇后区的一家分店上班，但他真正的工作是制作一种"美食"（gourmet food）——即可供大规模分销的工业级食品。为此，他需要先为 12 个人做饭，然后再想办法为 2,500 个人做饭。对于那些可以按比例缩放的标准化菜品，最关键问题是确保这些菜可以被美国各地豪生餐馆的厨师适当地加以处理（有时甚至是预制品）、冷藏和重新加热。作为一名受过经典训练的顶级法国厨师，佩潘还学会了如何成为一名食品科学家，他曾写道："随着我对细菌、大肠杆菌群数、酱汁比重、乳剂、固体总量等术语的理解，我的词汇量也在不断增加。我学会了什么可以冷冻，什么不可以，以及如何正确冷冻和解冻食物，以最大限度地保持食物的风味和质地。"他志在改变大众餐饮，事实上他也做到了，并为红龙虾连锁餐馆和星期五连锁餐馆开辟了道路，由此提高了美国中产阶级餐馆食物的期望值。[21]

有时新的烹饪技术并非来自科学家或食品公司，而是来自独立餐馆。真空低温烹饪就是这样一个例子。为了保持食物的水分并防腐，人们已经用树叶、果壳和膀胱烹煮了几个世纪，甚至可能几千年。袋装烹饪的概念由来已久；然而，利用塑料袋的真空低温烹饪法却有一个明确的出生日期，而且并不久远：1974年。有关餐馆如何以及为何会采用和改变传统烹饪技术（它们似乎通常都会回归家庭厨房），真空低温烹饪法是一个典型范例。1973年，位于法国罗阿讷的米其林三星餐馆特鲁瓦格罗正面临产品和利润失衡的麻烦，而真空低温烹饪法彻底解决了这一切。当时特鲁瓦格罗餐馆正为其闻名遐迩的鹅肝酱而苦恼不已：顾客们趋之若鹜，但满足这种需求意味着餐馆注定亏损——鹅肝在烹饪过程中重量会下降30%～50%。于是，主厨皮埃尔·特鲁瓦格罗向在附近酒店担任主厨的乔治·普洛斯求助。

普洛斯一向喜欢修修补补，也乐于接受挑战。按照他的思路，如果在将鹅肝放入低温水浴中烹饪之前，将其包裹起来，就能保持其水分和味道。为此，他摒弃了传统形式的肠衣，

如猪膀胱或羊皮纸，选用了塑料。或许，他预先看到了食品保存与塑料之间的关系——20世纪60年代快尔卫包装的最初发展。第一次试验时，他只用了一层塑料，结果制造了一堆昂贵的垃圾。然而，在用三层塑料包裹住鹅肝后，排出所有空气后的鹅肝重量仅损失了5%，而且更重要的是，鹅肝的味道也变得浓郁可口。这种方法不仅是特鲁瓦格罗的胜利（至今仍然营业并拥有米其林三星），也是乔治·普洛斯的胜利——后来在世界各地的餐馆厨房教授并推广真空低温烹饪法。[22]

餐饮记录

在斗牛犬餐馆（一家由主厨费兰·阿德里亚领导的先锋派高端餐馆），员工会采用一套数据系统追踪每位顾客的饮食。通过这份记录，顾客每次都能看到一份全新的菜单；其中还包含顾客的需求和喜好信息。这套系统将诸如博维利耶尔和奇尔基这样伟大的餐馆老板和酒店主管的工作加以数据化，在21世纪，这样一家使用各种机器制造先锋派用餐体验的斗牛犬餐馆，坦率地说，这并不令人惊讶。大多数餐馆都会使用电脑跟踪订单、计算账单、订购食材和发放工资，这也不足为奇；但令人惊讶的是，发明这种电子计算机的却是一家餐馆。

1894年，莱昂斯茶馆在英国成立，成为首批成功的连锁企业之一，也是以女性为主要顾客的餐馆崛起的一部分（其员工和管理人员

也往往是女性）。莱昂斯是一家跨国企业的成员，最初是茶叶进口商，后来开始经营供应茶水和便餐的店铺，第一家店于 1894 年开业，到 1910 年时已有 37 家店。[23] 后来渐渐成为工人阶级女性午餐和休闲购物的一部分。莱昂斯以上餐速度快、设备齐全和价格公道而闻名，既不是优雅的酒店茶室，也不是工人阶级的小茶馆，却足以填补随着女性进入英国中产阶级劳动力市场而不断扩大的空间。（女性几乎一直是劳动阶级的一部分。）虽然有独立经营的茶馆，但莱昂斯是一家连锁店，旗下店铺的宣传卖点是烘焙食品新鲜可口、员工手脚勤快并衣着整洁。莱昂斯内部拥有一套强大的中央管理系统，流程包括集中烘烤、物流配送、员工招募、培训方案。莱昂斯的经理们通常来自基层，从服务员或看门人等职位一路晋升（也正因为如此，这家公司才会有许多女性在管理层）。

1923 年，剑桥大学数学家约翰·西蒙斯加入莱昂斯茶馆，表面上主要负责会计部门。不过，西蒙斯思维超前，常把自己的工作理解为信息管理和物流。他投入大量精力，以确保员工在整个组织中获得需要的信息，从而做出决策甚至更改，达到改善业务的目的。地理位置的分散和管理流程的集中，让西蒙斯对莱昂斯的物流问题十分头疼：第一，需要配送面包房

莱昂斯街角啤酒屋的热闹景象，伦敦考文垂大街，1942 年。

莱昂斯茶馆外景，伦敦皮卡迪利大街，1953 年 7 月 2 日。

的烘焙食品；第二，各分店的订单必须根据其需求来安排；第三，面包房需要生产适量的产品。此外，公司还需要从销售烘焙食品的业务中获利，各店经理需要被授权并投入足够的精力来做好各自的工作。

第二次世界大战之后，供应链问题开始变得特别紧迫和棘手。销售额下降的部分原因是战时对超过 250 家莱昂斯门店的轰炸，以及蛋糕原料的短缺和文化思维的普遍转变。无奈之下，公司放弃了一直深受顾客喜爱的"妮皮士"（莱昂斯茶馆女服务员的昵称），以自助服务取而代之。[24]

当时，莱昂斯的经理们（在内部文字资料和关于公司的文章中通常被称为"女经理们"）每天早上都要填写关于各店出售及需要订购的烘焙食品的表格。当顾客消耗完当天的蛋糕和冰激凌时，这些表格就会在莱昂斯的系统中逐层移动（从总部库管员到面包房，再到送货员），第二天早上，所需的新鲜烘焙食品就会被送到店里，填写表格的工作又开始了。[25]

对于茶馆经理而言，鉴于微薄的利润空间，其中可能发生的最糟糕的事就是库存积压，即蛋糕卖不出去；因此大多数经理都会宁可少订购一些。如此一来，许多分店可能在一天还未结束营业时就已经无商品可供销售，从而丧失了一小部分可能的利润。

蛋糕和电子计算机

西蒙斯对供应链物流问题的解决方案很感兴趣，也很乐于使用新技术来解决这一问题。莱昂斯是一家鼓励采用系统和技术的公司。1935 年，《制冷工程》（一本引人入胜的期刊）上发表了一篇文章，名为《一种新的冰激凌装置：英国顶级餐馆老板发现制冷技术的诸多用途》，其中写道："看来，这位餐馆老板是当今使用冷冻设备最多的人之一，而莱昂斯多年来一直都是制冷领域的领头羊。在英国，有关冰激凌、饮料冷藏、牛奶保鲜以及葡萄酒、饮用水、卡车制冷和烘焙及糖果保存等诸多问题，促使冷藏技术得到了普及。"

除了用于食物，这篇文章还提到了一家拥有中央空调系统的莱昂斯新门店。[26] 1947 年，西蒙斯团队的几名员工前往美国，在那里见识了 ENIAC——第一代电子计算机（第二次世界大战期间为军事计算而建）。虽然这台计算机的运算类型并非莱昂斯所需，但这个团队仍然看到了另一种计算方式的可能性。很明显，餐馆烘焙食品的订单和供应链是一个可能会让数字计算机大显身手的领域——不专注于单一

复杂的问题，而只专注于无数简单的问题，这也成为他们提出建造另一种计算机的基础。于是，这家专门生产茶水和蛋糕的公司聘请了一组工程师和数学家，这些人要根据需求和规格将这种机器建造出来。

然而，使用计算机给原本复杂的物流难题又增加了一个麻烦：数据输入。莱昂斯电子办公室（简称 LEO）的工作人员知道，这些数据可以在蛋糕和面包制作的每个阶段被重复使用——用于订购、制作、交货和计算费用，但订购数据的数量仍然惊人。最终他们通过计算各分店的基线简化了它。比如皮卡迪利大街的顾客通常每天消耗相同数量的瑞士卷，公司指示经理们改变订单信息，一旦顾客的饮食习惯发生变化，就把电话打到莱昂斯数据输入中心。[27] 如此一来，顾客就有了早餐和下午的小面包，茶馆经理有了更多时间管理员工和店铺，利润也随之上涨（虽然我们不得不承认，那时茶馆时代已经过去，莱昂斯已经把大多数分店换成温比汉堡店）。而对于整个餐饮业而言，一套计算机化的工资、订货、库存控制和销售分析系统也就应运而生了。

我们在餐馆历史上的这段旅程始于指出我们如今相信，让我们进化成人类的是一种技术的突破，使得我们可以比其他古人类花更少的时间去咀嚼。我们学会了捣碎、切割根菜和生肉，这才让我们进化成了今天的人类。在人类数千年的烹饪历史中，技术在不断地取得突破：烧、烤、煮、蒸、熏、腌制、冷冻。技术变革仍是餐饮业变革的动力，而其驱动因素

即是成本和新的需求形式，加上人类的想象力本能。这些变革常常使工具和机器取代了劳动力，机器反过来又推动了社会关系、餐馆构造和用餐体验的转变。在下一章里，我们将会把目光转向快餐，看看它在全球范围内是如何运作的。

8

连锁餐馆与地方特色

如今餐馆的经营规模很广泛，从老板一人身兼厨师、服务员和收银员，到像百胜餐饮集团这样的巨头公司（遍布 135 个国家的 43,617 家餐馆）。跨国大型企业似乎都建立在超越时间和地点的前提下，而独具特色的企业——从美国的"夫妻店"，到只提供试味菜单的餐馆——则似乎都是在与之紧密相连的特定文化和地理背景下蓬勃发展的。然而，有关"人们在哪里吃饭"（连锁餐馆或独立餐馆）的故事通常更为复杂，在某种程度上，这是因为所有餐馆都要在追求效率（即节约成本）和满足顾客特定需求之间取得平衡。在这一章中，我们将从数百万家企业中挑选出几家加以特别研究，它们分别是这一光谱中的一个极端——麦当劳，以及另一个极端——斯科特烧烤店和精进料理月心居。

时间与餐馆

从自动化设备到自动贩卖式餐馆，机器的创新是餐馆历史的重要组成部分，时间和空间管理的变化是一种更大的驱动力。19 世纪的生产管理技术改变了时间管理——通过加快厨房的工作流程，减少顾客等待食物的时间，好让人们可以腾出时间去做其他事。虽然这一趋势始于欧洲和美国的哈维之家、莱昂斯茶馆和自动贩卖式餐馆，但真正推动其发展的却是快餐店。

在某种程度上，21 世纪的所有餐馆都依赖于快餐经济的创新，这是因为这些节省时间的发明足以让餐馆更容易获利。然而，作为一种精神承诺，餐馆与快餐是不同的。虽然规模是建立等式的一个方面，但另一个方面是时间。麦当劳已经磨炼、扩散并输出了一种"快"的精神；而我们要研究的另外两家餐馆却是通过有条不紊的"慢"来赚钱，尽管在这两家餐馆吃顿饭的时间可能不会比在麦当劳更长。对快餐文化的抵制包括"慢食"的理念，主要集中在小规模食品生产和当地的配料及烹饪。20世纪末至21世纪初，许多"慢食组织"是对大规模工业化食品生产的饮食文化进行早期批判的强有力参与者，这也是一段生动的"反麦当劳史"：1986年，它首次发起了反对在罗马的西班牙台阶开设麦当劳分店的运动。不过，本章所考察的"慢"，既是"慢食运动"的"慢"，也并非"慢食运动"的"慢"。罗德尼·斯科特和棚桥俊夫都是独立商人，致力于发扬当地的美食传统；然而，他们的承诺与其说是一种改变农业体系和消费者习惯的愿景，不如说是提倡一种终生致力于食物和辛苦准备食物的精神——斯科特的烧烤精神、棚桥俊夫的蔬菜精神。

麦当劳的"麦当劳化"

全球有无数家连锁餐馆，各连锁餐馆的规模也不尽相同。2016年，美国500家连锁餐馆的销售额共占美国所有餐馆销售额的一半（4,910亿美元）；过去20年间，全球其他地区的连锁餐馆也在快速增长。世界上最著名的连锁餐馆之一麦当劳，拥有将近37,000家分店，每天接待6,800万顾客。截至2017年，麦当劳开始面临多年利润下滑；但在这之前的50年里，它一直都是一个商业帝国。

麦当劳的故事常常被当作一段特殊的历史来讲，它始于1955年，当时雷·克罗克在伊利诺伊州开了一家麦当劳兄弟的特许经营汉堡店，店名也以加利福尼亚州的帕萨迪纳市命名。不过，让我们还是从一些如今广为人知的掌故说起吧。1993年，社会学家乔治·瑞泽尔出版了一本探讨资本全球化的书，其中提到了一种现象，他称之为"麦当劳化"。在瑞泽尔看来，麦当劳是一个完美的例子，这不仅是因为人们开始将"Mc"（麦氏）前缀应用到从医生到豪宅等一切事物上，还因为麦当劳本身多年的实践和经验。他对"麦当劳化"这样定义："它是一种进程，即快餐店的原则正在越来越多地主宰美国社会和世界其他地区。"瑞泽尔认为，麦当劳模式基于四大原则：效率、可预测性、易于量化的食物和服务，以及可控性。[1]

如果说这些概念似乎与哈维之家和霍恩-哈达特有相似之处，那也是有原因的。麦当劳只是餐馆合理化和标准化的进一步发展，索耶和埃斯科菲耶都曾为此做出过贡献。这是在世纪之交（19世纪到20世纪）流行起来的一种运动，即对"科学管理"的投资，有时也被称作"泰勒主义"（以弗雷德里克·泰勒的名字命名）。作为福特汽车生产线的先驱，泰勒主义是一种管理技术，其相信人们可以通过打磨流程中的每一个元素来获取更好的利润（尽管关键词是"效率"和"精确"）。泰勒的管理体系旨在通过将计时技术、环境控制技术和机械化技术结合起来，以达到减少变量的目的。

1945 年英国南部小镇上的战时生活照片：男男女女正在莱昂斯咖啡馆享用自助午餐，伯克郡雷丁市。

从某些方面来看，科学管理产生了可喜的结果。与竞争对手相比，哈维之家和自动贩卖式餐馆的食物、咖啡都深受顾客称赞；快餐也被设计得"味道好、口感佳"。然而，这些结果的实现不仅仅依赖于食品科学，还要依赖于一种商业实践，为了简便起见，我们将其称为"快餐"，其建立在特定的用人、设计、管理和所有权体系之上。

打造麦当劳

最初的麦当劳并不是如今的麦当劳。现在回到我们的故事里：第一批麦当劳连锁店主要是卖烤肉——或是打算主要卖烤肉。1937年，麦克·麦当劳和迪克·麦当劳兄弟加入了在加利福尼亚州开设"汽车餐馆"的创业大潮。在20世纪30年代的美国，这种新型餐馆，即"有侍者服务的汽车餐馆"开始流行起来，尤其在青少年当中。这些餐馆用汽车代替用餐区（通常还有一些户外餐桌）；作为一种餐饮类型，其以服务员在汽车之间穿梭提供服务而闻名。它通过一系列的创新迅速发展，使服务的速度越来越快：把服务员的鞋子换成溜冰鞋；在每个停车位增设扩音喇叭，以便人们下单。[2]麦当劳兄弟还打算从另一个流行趋势中获利：烧烤三明治。"热狗"曾经是美国最流行的快

最初的麦当劳，以15美分汉堡为主打、10种菜品菜单为特色，加利福尼亚州圣贝纳迪诺，约1955年，照片。

为停在普林斯汽车餐馆停车场的驾车者提供服务，得克萨斯州休斯敦市，1945年，贝蒂·惠廷顿。

餐食物，但此时却被热三明治迅速取代。麦当劳兄弟确实提供汉堡，但他们致力于烧烤，并大力宣传他们的猪肉，还从阿肯色州引进山核桃用于其烟熏室。

然而，到了1948年，他们从汉堡中的获利远远超过了烧烤三明治：占据销售额的80%。于是有点无聊的他们，且已经创造了足够多的财富，足以舒服地度过余年，便决定重新经营他们的汉堡——大汉堡："我们的整体理念即是基于速度、低价和（汉堡的）体积。"麦当劳对餐馆历史的贡献在于其摒弃了许多餐馆的标志性特征。他们解雇了服务员（20家汽车餐馆），用纸杯和包装纸取代了瓷杯和餐具，菜单上的菜品从25种减少到9种；甚至还对索要特定调料的人另外收费：每个人的汉堡都包含两种腌菜、番茄酱、芥末和洋葱，如果不这样做，就意味着需要等待更长的时间。[3] 既然兄弟两个对麦当劳做出了如此巨大的改变，为什么不直接说"麦当劳"变成了一个外卖品牌呢？它们和庞贝城的"热食贩卖处"有什么不同呢？古老的庞贝城有专门场所提供一些做熟的热食，以满足人们的用餐选择。

听起来或许让人难以置信，但答案可能是"儿童"。第一批汽车餐馆是青少年的圣地，它们因此不被认为是家庭餐馆。除了第二次世界大战之后有少数餐车式餐馆提供儿童菜单之外，餐馆一般不为儿童服务。[4] 当麦当劳逐渐摆脱伴随汽车餐馆而来的汽车和停车场"闲逛文化"，他们的餐馆对家庭有了更大的吸引力。

麦当劳初期实体店的其他设计元素也增强了这种吸引力。第一家麦当劳设置了一个开放式厨房（这是巧合，不是设计），顾客可以透过大面积的外墙玻璃窗看到食物的制作过程。[5]（开放式厨房在当时并不常见，尽管如此，战后的一些餐馆还是采用了这种结构，并将其作为一种让顾客知道食物制作过程干净卫生的宣传。）巨大的玻璃窗起到了两个作用，从而诱使顾客一头冲进这家餐馆：首先，它会让家长觉得食物的制作过程安全、仔细；麦当劳一向以厨房干净整洁为傲，尤其是两排长 2 米的烤架。其次，事实证明，孩子们喜欢观看食物被制作出来的过程。正是因为这些大玻璃窗（且店里很少有十几岁的青少年），家长们会心甘情愿让孩子进店买餐。孩子们享受着独立，观察着厨师，享用着以糖和脂肪为基础的简单食物（薯条、奶昔、汉堡）。值得赞扬的是，麦当劳认识到了这一人群的重要性，并致力于不断培养与儿童顾客的关系。[6]

厨房和用餐体验的变化还揭示了麦当劳在保持餐馆血统的同时，也开始了一场革命。麦当劳兄弟创造了一种改良版的"美食军旅制度"，包括汉堡、奶昔和薯条，就像埃斯科菲耶拥有自己的烤炸厨师一样，麦当劳也有他们的烧烤师。不仅如此，他们还有奶昔师、油炸师和调料台（用于放置各种调料）。[7]由于每个人各司其职，且非常了解自己的具体工作，厨房可以运转得飞快。

麦当劳兄弟配备了各种新型机器和工具，从而进一步改变了厨房。他们与小制造商艾德·托曼合作（双方的关系有点像索耶及其制造商伙伴），麦当劳兄弟先提出想法或需求，托曼负责开发新的厨房工具——从大型煎锅到更结实的锅铲，再到汉堡酱转盘。托曼最重要的发明如今已为许多人熟知：番茄酱分配器。轻轻按下一个泵，预先设定足量的番茄酱就会被挤出来。[8]这样的机器（使单一动作的任务和精确数量的配料成为可能）是快餐店的核心。随着时间的推移，"番茄酱分配器"也加入到了预制食品、专用煎锅、票务格式和专有冰激凌机器系统组成的麦当劳大军。

关于麦当劳如何致力于简化食物的准备工作，其中一个小而有力的例子是汉堡包。在 20世纪 50 年代，汉堡面包被分发到麦当劳店时，两个面饼通常是部分相连的，只有一小部分被切开（现在很多地方仍以这种方式出售）。这些面包通常被装在纸板箱里运送。这就要求麦当劳员工须打开包装箱，将面包从箱中取出，再将面包切片，然后将包装箱作为垃圾扔掉。这听来似乎毫不费劲，但正如所有最大程度标准化的体系都基于简化甚至最细枝末节的东西，麦当劳因此改变了面包进入餐馆的方式：须把它们完全分开，独立成片，并放在可回收的箱子里（起初成本很高，但久而久之成本效益却显著提高）。[9]

打造特许经营：标准、效率和增长

1952 年，麦当劳兄弟与商人尼尔·福克斯在亚利桑那州凤凰城开设了第一家特许经营店，生意火爆且有利可图。对于这家店，他们从零开始，设计了整栋建筑，并将其作为更多分店的原型。设计中包含许多现在人们所熟悉的元素：大量的玻璃，低矮的红色斜屋顶和金色的拱门。具有讽刺意味的是，负责麦当劳大部分外观设计的第一位建筑师非常讨厌这些拱门，以至于无法完成设计；但另一位标牌制作者兼建筑师却非常喜欢，他不仅完成了建筑主体，还为拱门装上了照明设备。

餐馆的建筑向来是其功能性和吸引力的重要组成部分：中国和法国的第一批餐馆通过提供单人餐桌改变了人们的饮食习惯。自助餐馆和自动贩卖式餐馆改变了顾客在餐馆的活动方式：可以自己取用食物，自己选择座位。餐车式餐馆和其他快餐店则把厨房置于用餐空间。餐车和汽车餐馆将菜单和食物提供给奔波的人们。因此，毋庸置疑，快餐店带来的主要改变在于餐馆的布局，它们以连贯且相当简单的方式让顾客在一个空间内穿梭：排队点餐，在自助柜台拿到餐巾纸和装在小纸杯里的番茄酱，

《麦当劳餐馆标志，艾尔弗兰大街，威斯康星州格林湾》，1992 年，约翰·马戈利斯，照片。

麦当劳公司的决策者弗莱德·特纳与雷·克罗克正在研究未来餐馆的设计图，约 1975 年。

拿自己的饮料，坐在固定的餐桌旁，把垃圾扔进门口的垃圾箱。这些空间为顾客行为提供了明显的视觉线索（餐巾纸和垃圾箱的可用性、点餐队伍的绳索或栏杆），而且就像自动贩卖机一样，这种布局正是要培训顾客如何成为自己的服务员和勤杂工。

尽管麦当劳兄弟投资并设计了第一家特许经营店，但他们的重点并不在于特许经营（特许加盟费很低），也没有期望麦当劳会成为一个有凝聚力的商业帝国。事实上，他们原本想把凤凰城的分店开成"福克斯汉堡店"，而他们的当地合伙人尼尔·福克斯却想让它成为

"麦当劳"。兄弟两个对建立连锁店不感兴趣，即使如康乃馨食品公司这样的合作伙伴表示可以提供扩张资金。他们定期为人们讲授生意经，甚至是那些没有支付特许加盟费的人，包括后来创立塔可贝尔餐饮公司的格伦·贝尔。[10]

正是一套冰激凌机器系统让麦当劳遇到了将麦当劳打造成国际知名餐饮品牌的贵人。1954 年，一个名叫雷·克罗克的奶昔搅拌器销售员（也是杰出的钢琴家）来到麦当劳门店，看到了他推销的 10 台搅拌器被改造成了在纸杯（而非当初的不锈钢杯）里搅拌。（直接在纸杯里搅拌可以加快制作速度，从而更及时

地完成订单。）他还看到人们排着长长的队伍，以及其他餐馆争相模仿麦当劳模式。克罗克的第一反应就是开一家自己的麦当劳特许经营店。当时麦当劳兄弟正在寻找新的特许经营代理商，于是克罗克告诉他们，如果找到了就通知他，这样他就可以入股了。然而，一周后，克罗克改变了主意，他打电话给麦当劳兄弟，询问是否能雇用他作为新的特许经营代理商。[11] 克罗克的麦当劳特许经营方式，比世界上任何旨在提高生产力和推广低成本汉堡的经营方式都更重要，是这种方式让麦当劳成为一个商业帝国，使餐馆特许经营成为一种成功的商业理念，导致我们今天见到的连锁企业爆炸式增长。

连锁餐馆自 19 世纪就已经存在，但特许经营餐馆却是 20 世纪的产物。特许经营与连锁经营的区别在于，特许经营店没有单一的集中经营者；相反，多家业主运营商都会购买这家大公司的股份，然后公司收取加盟费用，之后分成利润。作为回报，特许经营商会获得公司的经营体系。这种"秘密配方"销售与 17 世纪日本烹饪学校的教育与知识传播体系并没有什么不同。世界上第一家特许经营餐馆可能是 20 世纪 30 年代的艾德熊乐啤露，尽管当时也有几家特许经营餐馆出现，但发明（就像煤气灯和自动贩卖机）往往是社会和技术条件达到顶峰的即时表现。在美国战后的繁荣期，特许经营出现了爆炸式增长，到了 20 世纪 50 年代，特许经营已经成为一种普遍现象。大多数连锁加盟都会有两个独立的收入来源：第一，

餐馆老板从其管理和经营业务中获取利润；第二，受广告和管理文化兴起的影响，这些所有者将拥有第二家企业，以一种可消化、可重复的形式，用相当高的价格出售他们的创意、实践、设计和供应链。[12] 这些特许经营企业的成功或失败往往不是特许经销商成功的核心。

克罗克看到了另一条路的可能性。他改变了一种模式——即"从签订特许经营协议的那一刻起，公司就开始盈利"转变成"从签订特许经营协议的那一刻起，是一种关系的开始，也是公司持续盈利的开始"。他开创了不同于其他模式的麦当劳专营权。虽然加盟费很低，但公司会从每家分店的销售额中抽取一定的比例（1.9%）。如果加盟店生意好，公司就会赚钱。麦当劳公司不仅致力于建立更多的加盟店，也致力于建立更成功的加盟店。

与弗莱德·哈维一样，克罗克创建了一个系统，使得公司拥有许多具体的操作和程序——包括如何煮咖啡和倒可乐的说明书。每家麦当劳分店都要严格遵守麦当劳的规定。然而，与哈维之家一样，麦当劳也吸收了个别餐馆老板的创新。1972 年的一天，麦当劳的一家分店早早就开了门，开始卖早餐，这引起了麦当劳公司高层们的注意，该店老板赫布·彼得森也因此受到了斥责。（当时其他加盟店也在尝试出售早餐，但都没有得到麦当劳总部的认可。）然而，彼得森非但没有顺从，反而坚信早餐和他发明的一种特殊早餐食品拥有很大的潜力。他获准向克罗克展示自己的早餐三明治（麦满分），虽然他早已为讨论利润和边际成

本做好了准备，但据麦当劳内部的传说，克罗克在尝了一口三明治后就当即拍板。同年，麦当劳成为第一个供应早餐菜单的大型快餐连锁店，其中就包括麦满分。[13] 作为一家特许经营公司，麦当劳长期以来一直在业主和经营者之间的紧张关系中谋求发展：一方面了解它们的顾客基础，另一方面了解标准、产品和实践的需要，而所有这些都可以在麦当劳的每一家分店实现绝对的标准化。

体验麦当劳

随着时间的推移，餐馆在提供食物和服务的对象方面变得越来越民主。国际快餐连锁企业开辟了另一个群体：儿童。虽然单一面向儿童的餐馆依然鲜见（如美国的查克芝士和现已不存在的娱乐圈比萨），但许多快餐店仍然把儿童视为其重要客户群。

自 1948 年改造以来，麦当劳已不仅仅是一家餐馆，同时也是一家食品供应商。在某种程度上，这正是一家快餐店的特征：具有特殊氛围的场所。这种氛围是为儿童消费者和照顾儿童的人创造的，而不仅仅是成年消费者。家具是塑料的，被固定在地面上，有室内游乐场。顾客不期待合情理的交流，也没有必须等待的焦虑。

因此，自 20 世纪 40 年代以来，麦当劳对家庭和儿童有着内在的吸引力，但其也致力于培养这类顾客。从 1969 年开始，麦当劳的广告理念开始围绕"乐趣和体验"，而不仅仅是

食物（随处都能买到）。在当年发布的一系列广告中：一名男管家开着一辆劳斯莱斯去麦当劳购买食物，并将食物和零钱一并拿给他的主人；麦当劳的员工在打扫卫生时又唱又跳，唱着公司的广告歌；在等火车通过时，爸爸会从车里飞快地跑出去给家人买麦当劳。所有这些广告都将麦当劳框定成了一个好去处——也是一个有价值感、速度感和干净卫生的地方。

20 世纪 60 年代，麦当劳推出了一款针对儿童群体的吉祥物——麦当劳叔叔（本名罗纳德·麦当劳）。1963 年，威拉德·斯科特（后成为美国电视偶像，在国家早间电视台担任天气预报节目主持人）扮演的麦当劳叔叔首次在地方电视台亮相；1969 年又与新近推出的麦当劳乐园角色——汉堡神偷、芝士汉堡市长和奶昔大哥，一同在全国登场。此后不久，这些角色又出现在了麦当劳的室内游乐场，同时还增加了令人难忘的巨无霸警官的监狱、奶昔大哥像笼子一样的蹦床。[14]1977 年，堪萨斯城的一家特许经销商推出了另一项以儿童为中心的促销活动——开心乐园餐，套餐是一个马戏团火车形状的盒子，里面装着汉堡包、薯条和碳酸饮料。这种套餐十分受欢迎，1979 年被推往全国。

走向全球但并未全球化的麦当劳

有时"全球化"可以被描述为"同质化"，麦当劳似乎就是这样的——建筑、装饰和口味，如今已实现在全球的标准化。然而，这远非故事的全部。走向全球实际上需要的是对当

中国北京第一家麦当劳开业，1992 年 4 月 23 日。

挫折。1970 年，麦当劳尝试叩响荷兰的国门，并针对菜单做出相当大的改造——加入鸡肉丸和苹果酱。可惜，他们再次失败。虽然这些地区的麦当劳没有直接倒闭，但多年来一直亏损。最后，麦当劳于 1971 年决定在加拿大大幅度降价，至此终于招来了顾客，并在几年内实现扭亏（然后即刻恢复正常定价）。

1971 年，麦当劳在日本的首次成功使其成功化身为一家国际化企业。这次，它将加盟权授予了一个卓有成就的日本零售商，此人熟知日本市场及其参与的营销策略，并没有改变麦当劳的菜单，而只是改变了品牌基调——将汉堡描述为一种创新食品，并将"麦当劳"的英式发音改为"Ma-ku-do-na-ru-do"，这种广告投放方式尤其吸引日本的年轻人。在全球范围内，麦当劳市场的扩张仍然严重依赖于儿童和他们的父母。[15]

麦当劳在进军其他国家市场时，做到了适当调整却又不做太大改变；毕竟其声望仍取决于麦当劳本身。不过，麦当劳还是会修改菜单，以适应当地饮食风俗的限制：以色列的巨无霸没有奶酪；专门供应印度的蔬菜麦乐块和羊肉王公巨无霸；偶尔迎合当地口味的德国啤酒，菲律宾的麦意大利面。

麦当劳的建筑也极具标志性，因其布局与其功能相匹配（快餐依赖于特定的空间关系来点餐、选座位、卫生清洁等），因此实体建筑很少会因不同的地理环境而有所改变。然而，即使有了这样的标准化，文化仍会以不同的方式影响空间布局。排队是麦当劳和大多数

地顾客需求的认知，并对理论上统一的餐馆体系做出（正确部分的）调整。

麦当劳于 1970 年决定走向全球。当时还没有普遍适用全球的低成本餐馆，诸如丽思这样的酒店在世界各地都有分店，但其目标客户是高端游客，而且大多数国家当时已经有了各种快餐场所——面馆、比萨店、咖啡馆。因此，麦当劳的尝试新颖却困难重重。20 世纪 60 年代末，麦当劳试图通过波多黎各打入加勒比海地区市场，却惨遭滑铁卢，第一次尝到失败的滋味。然后他们又去了加拿大，起初也遭遇

自助服务餐馆运行模式的一部分。在 20 世纪 70 年代的中国香港，引入麦当劳意味着排队时须投入一定数量的人为指导（顾客确实会照做）。相反，在荷兰的莱顿，人们通常不会排队——当地人总喜欢扎堆，一到店里就直奔柜台点餐。而在法国和俄罗斯则是排队和不排队都有。[16]

麦当劳也会适当调整广告宣传和审美策略来针对不同的文化需求。当"麦当劳化"和"麦当劳"经常因世界同质化遭到谴责时，人类学家们反驳了这一观点，其中一个清晰而优雅的例子来自印度尼西亚。1991 年，麦当劳开始在印尼营业，而"麦当劳叔叔"在印尼各地的使用则打破了关于麦当劳作为全球性企业的单向化或同质化的刻板印象。在雅加达，最大的一家麦当劳门店里有一尊罗纳德（麦当劳叔叔）雕像；从俄克拉荷马州的塔尔萨到中国的上海，这是麦当劳的常见做法。然而，雅加达的罗纳德雕像既没有站着挥手，也没有坐在长凳上（这是麦当劳叔叔雕像最常见的两种姿势），而是以伊斯兰教冥想的姿势坐在那里，故而有时也被称为"罗纳德·伯塔帕"。"塔帕"是爪哇人的一种冥想练习，被当作获取力量的传统方式。另一尊罗纳德雕像在巴厘岛，以巴厘岛寺庙塑像的外形建造。这两尊雕像都以印尼宗教的肖像形式重新塑造了罗纳德。有人会说，这些调整与麦意大利面和王公汉堡并没有什么不同；然而，罗纳德雕像的印尼形象却有着非同一般的含义。人类学家 A. 卢肯斯 - 布尔称其为"自由斗士罗纳德"。它出现在印尼的麦当劳店里，用以庆祝印尼脱离荷兰独立 50 周年，而麦当劳叔叔、汉堡神偷、奶昔大哥和大鸟姐姐纷纷开着坦克向铁丝网冲去，以庆祝胜利，在悬挂庆祝横幅的同时，麦当劳的店员还会戴上红色贝雷帽。上述的每一个设计特色，以及印尼麦当劳店某些菜单上的变化，都是由麦当劳在印尼特许经营店的最初所有者班邦·拉赫曼主导的。他的目的就是创立一家带有美国和印尼特色的麦当劳店，借以向那些寻求全球体验又注重地方特色的顾客传递一种信息。他实现了自己的目标。这种本土化框架与"麦当劳是一家纯粹的美国餐馆"这一说法大相径庭，正如人类学家詹姆斯·L. 沃森所说："麦当劳已经成为一个饱和的符号，它承载了如此多互相矛盾的联想和含义，以至于这家公司所代表的东西远远超过了其他各分支的总和。"[17] 在下一章中，我们将会看到全球食品市场向来都是多层次的，且从来都是在顾客需求、成本利润率、厨师体验、文化定位和当地习俗的交叉点上运行。

地方特色餐馆

尽管有着不同的表现形式，但成功连锁的核心是食物、建筑和用餐体验的同质性。而作为连锁餐馆的对立面，地方特色餐馆因其独特性而变得尤其重要。那么，它们在餐馆的历史上占据着什么样的位置呢？在 20 世纪末和 21 世纪初，这样的餐馆以及与之相关的讨论变得越来越重要，它们通常被认为是"正宗"的。

在一个天生商业化的行业里，我们有必要探讨一下用餐者和评论家所谓的"正宗"是什么含义，以及是什么让赢得这个标签的餐馆拥有了其价值。

地方特色餐馆最初通常是被住在附近的人"加冕"的。在某些地方，热情服务是当地餐馆的瑰宝；而在其他地方，这种特色可能就变成了"急躁或令人不满的服务"。在马德里的一家玻利维亚餐馆里，员工和顾客会在相互了解并尊重隐私的基础上建立起联系；与此同时，"称职"的女服务员则是以粗鲁的态度使马里兰州巴尔的摩的小餐馆成为当地的"瑰宝"。不过这种"瑰宝"也可以是地方特色菜，比如密西西比的三角洲玉米粉蒸肉；有时也可以是普通食物，比如日本枚方的炸猪排。这些地方的共同点就是为当地顾客提供满足他们特定需求和愿望的服务：合理的价格、合适的氛围、合意的菜肴。正因为如此，某些地方特色餐馆会以便宜和快速（工薪阶层午餐）而著称，而另一些却是高端且令人印象深刻的（特殊场合餐饮）。对于这些餐馆和光顾它们的顾客来说，其与竞争对手的区别往往是一种独特的身份认同感，就像麦当劳一样，它们已经成为社区内乃至社区外的一个餐饮品牌。

在当地餐馆用餐是一种深度旅行的标志。这其实是一个悖论：当地餐馆之所以是当地的，是因为它充满那个地方的气息，它的顾客来自当地，食物在当地的烹饪体系中发挥作用（通常依赖于受地理限制的食材和做法，即下一章我们要谈到的民族特色饮食）；然而，也

正是这些品质使它们成为游客向往的所在。为了解这些餐馆的运作模式，我们先忽略那些自己最喜欢的地方"瑰宝"，而是去看看另外两个地方：东京的月心居和南卡罗来纳州海明威镇的斯科特烧烤店。

斯科特烧烤店的背景

斯科特烧烤店是美国东南部众多烧烤餐馆之一。烧烤餐馆很少是高档餐馆（尽管21世纪几乎所有食物都可以作为低档或高档餐馆的菜品），通常包含柜台服务和自助餐形式，有可以用餐的餐桌，并提供熏肉（大多是猪肉，有时是鸡肉、牛肉或羊肉）和一系列南方配菜（羽衣甘蓝、烤豆、凉拌卷心菜、通心粉和奶酪、四季豆、油炸秋葵、山药或杂烩菜）。这样的烧烤店通常会创造出极高的顾客忠诚度。

斯科特烧烤店位于南卡罗来纳州的海明威镇，小镇人口573人，是一个处于农业区的乡村小镇，但从这里诞生了两种截然不同的地方餐馆现象。斯科特家族于1972年在海明威镇开设了斯科特烧烤店。而这里也是西尔维娅·伍兹的故乡，她后来从南卡罗来纳州搬到纽约，并在那里经营着纽约市最著名的灵魂快餐店。斯科特家族与伍兹家族没有什么交集，后者于1962年在哈莱姆区开设了一家以自己名字命名的餐馆。然而，这两家餐馆在当地文化理解、身份认同和正宗性等方面却有着显著的相似之处。

西尔维娅餐馆的成功，部分原因是基于伍

兹的能力，她建立了一个诱人的空间，让人宾至如归。她接待着一群常客，这些人很高兴既能吃到熟悉的家乡食物，又能感受到在家里的感觉。伍兹还擅长招揽其他类型的顾客，尤其是名流和游客，他们来这里都是为了"正宗"的灵魂食物。因此，与斯科特烧烤店一样，西尔维娅的作品也具有双重构建的"正宗性"。它提供食物，并培养一种被社会学家称为"内群体"的人所认可和欣赏的氛围，这些人在西尔维娅的餐馆里有着共同的身份认同，即来自美国南方的非裔美国人；与此同时，它也逐渐被"外群体"认可为灵魂饮食文化的赞美标志。

西尔维娅餐馆，哈莱姆区，2008 年 11 月。

与西尔维娅餐馆一样，斯科特烧烤店的顾客群也十分广泛；然而，它不在哈莱姆区，而在海明威小镇。就竞争而言，海明威小镇上有一家中餐馆、一家墨西哥餐馆、几家南方餐馆和几家快餐店。斯科特烧烤店不在大中小城市附近，但自 1972 年以来，其业务却一直在稳步增长，总有人在那里排队等候点餐，而且经常蜿蜒到餐馆门外。斯科特庞大的客户群主要源于两个方面：美味妙不可言的烧烤，以及从 21 世纪初开始就一直持续至今的宣传浪潮。

斯科特烧烤店并不是一个正式的餐馆，最初只是一家食品杂货店，当时的店主罗斯福·斯科特开始烹饪烤肉，并在店里出售。杂货店餐馆在 20 世纪的美国南部十分常见，就像药店里无处不在的冷饮柜。多样化的商业模式对店主来说是一件好事，顾客喜欢顺便买点食物和饮料，并在店里逗留一会儿。这类场所通常承担着社区核心的角色，在那里，人们可以交换新闻、商品和服务。斯科特烧烤店如今仍然出售食品杂货，包括零食和主食，但主要业务是烧烤。后院摆放着冷藏柜，里面有碳酸饮料和果汁，点餐台和收银台旁放有主食和零食。店里还有大约 8 张餐桌，并配有塑料凳。人们可以在店里堂食，也可以外带，或者在店外的几张餐桌上用餐。餐馆的墙上贴满各种荣誉证书和前来参观过的名人照片，就像一个留言墙，挂满各种镶框的照片、裱好的牌匾，以及剪报和张贴的文章。蓝白相间的煤渣砖砌建筑，锡屋顶，铁栅窗和标准纱门，这是南方乡土建筑的典范。

斯科特的乡村美学并非来自有意识的品牌设计，而是植根于其特定的地理和文化背景。正因为这样，其低调的风格成为一种资产，强化了"正宗"的地位，使其成为当地的瑰宝。然而，其最令人神往的并不在于视觉，而是它的气味：烟火味。正是这股烟火味（它是如何生成的？对接触到的肉类有什么影响？）使斯科特成为所有年龄、种族和收入水平的人群的一座灯塔，无论他们是来自南卡罗来纳州还是其他地方。

从木材到餐桌

斯科特烧烤店的服务依赖于快餐店的人工，包括柜台服务、找座位服务和一次性包装袋打包服务；然而，采购和烹饪法绝不是快速的。所有的一切都始于伐木和砍柴。斯科特家族与拥有阔叶木林及 60 亩土地的人保持着密切的关系。当一棵树长到可以被砍伐时，斯科特家族的人就会去森林里砍树并收集木材，用于烧烤。他们不会使用单一类型的硬木，但会严格使用当地树木，种类因此会受到限制。橡树是比较常见的选择，偶尔也会发现胡桃树。

接下来是木炭。这涉及将硬木放在由斯科特家族与当地焊工共同设计的木桶里燃烧（就像麦当劳与厨房工具制造商之间的关系）。然后，他们开始熏制整头猪。由于使用木炭熏烤，极有可能发生火灾（2013 年斯科特烧烤店的烟熏室曾被烧毁），所以他们会使用瘦肉型猪，这就意味着要与当地的肉类供应商搞好关系。这些猪都是整只被烤熟，从下午 4 点开始，最早也要到第二天凌晨 4 点才能完成。猪肉在烧烤过程中要被涂上一层油，然后刷上斯科特酸味烧烤酱，香味浓郁，辣味十足，还带着一丝微微的甜味。

引起轰动的斯科特烧烤店

2009 年，在斯科特烧烤店经历了 30 年成功且稳妥的发展后，美食作家约翰·T. 埃奇在《纽约时报》上发表了一篇关于斯科特烧烤店的文章。这篇文章并不属于食物评论，而是一篇人物概评。斯科特成了一种激发文化兴趣的对象——餐馆和餐馆老板是和烹饪一样有趣的文化话题。通过采访和观察，埃奇描述了斯科特烧烤店的经营方法。针对对慢食和食物来源感兴趣的烹饪世界，这篇文章聚焦于斯科特的实践及其与时间的关系，结果不仅引起了文化界的关注，也引起了饮食界的关注。

关于斯科特的大部分讨论都围绕烧烤师罗德尼·斯科特展开，他是罗斯福·斯科特的儿子，父亲即是 1972 年创立烧烤店的老板。罗德尼·斯科特 11 岁时第一次烤全猪，这在家族生意中不足为奇。他一直坚持一种费时费力的烹饪方法。自从埃奇报道了斯科特烧烤店之后，又有几家报纸刊登了关于这家餐馆的文章，甚至还拍摄了一部和烧烤店有关的电影，罗德尼·斯科特也多次在媒体上露面。他因此收到了大量邀请，希望他能出售特许经营权，或出售秘制酱汁配方，并打造一个商业帝国。他拒绝了这些邀请，但仍然设法吸引全国各地的关注，力求将业务带到当地，并参加了一系列以食物为主题的活动。当斯科特的烟熏室在 2013 年被烧毁（这对于烧烤餐馆很常见），斯科特开始了一次巡游，古法烧烤协会（由多家餐馆的烧烤师组成的团体）还为斯科特烧烤店举办了一次筹款活动，美国各地热爱烧烤的人们都捐钱帮助他重建烟熏室。

2016 年，罗德尼在距离海明威镇 2 小时车程的查尔斯顿增开了一家新餐馆，继续遵循与原餐馆类似的运作模式，只是木材不再是手工砍伐，菜品价格也略微调高，内部装饰更加豪华。最初的斯科特烧烤店仍然生意兴隆，并一直由斯科特家族打理。海明威镇上的老店仍然是一个独特的地方，与快餐店的包装、点餐和丰富多样的菜单相比，这里的烹饪方法耗时过长，但它服务于当地和全国的顾客，既是文化想象力的载体，也是社区参与的场所。

月心居：尊重蔬菜和时间

1992 年至 2007 年，棚桥俊夫一直在东京的高档生活区经营着一家可容纳 20 人的餐馆，其在大多数方面与斯科特烧烤店毫无共同之处。这家名为"月心居"的餐馆专营精进料理，作为一种禅宗素食，这种料理在全球各地有不同的名称，但却是共同哲学信条的具体体现：不得伤害活物，故没有肉类或鱼类；不得打断冥想，故没有辛辣味道（比如大蒜）；不得铺张浪费，故蔬菜从根到叶都要入菜；其制

作是为了表达对食材及其生长环境的尊重，在它们成熟或新鲜时发挥特性并加以利用。

长久以来，亚洲各地的禅宗寺庙和寺院一直都为朝圣者和信徒提供食物，这一传统催生了寺庙餐馆的出现。20 世纪 80 年代，棚桥俊夫在月心寺师从尼姑庵住持村濑明道。村濑明道是一个尼姑，已年过耄耋，深谙禅修和厨师之道，三十多岁时身体部分瘫痪，于是每天都会早起 2 个小时，坚持用一只胳膊磨芝麻酱。棚桥俊夫遵从要求，每天凌晨 3 点起床观察，1 年之后才能自己动手制作。这种精确的时间把控在其他学徒事务中也得到了呼应：1 年内不得用刀，2 年内不得为蔬菜调味。专心和自律是他为期 3 年训练期的核心。也许更贴切地讲，村濑明道的奉献和实践并不是个例：整个东亚的尼姑庵住持都以她们的烹饪而闻名世界，寺庙的烹饪传统也已经存在数百年。在东京西部小金井的三光院，她们将自己的传统从一个尼姑传递给另一个尼姑，教授如何从自己使用的蔬菜中提取出最好的风味，并且做到毫不浪费。住持米田祖荣曾说："做茄子时，茄柄通常因不能吃而被丢弃，但我们会把它们切成小片，放在汤里做装饰。当然，它们也是可以食用的。"[18]

就在棚桥俊夫师从村濑明道学习禅宗烹饪的 10 年前，韩国和美国的女性也制作出了同样令人惊叹的素食和佛教菜肴。在首尔城外的津宽寺和白羊寺，尼姑们正在制作同样的食物，并将其作为寺庙餐食提供给虔诚的信徒和好奇的人们。在白羊寺，静观师太是掌管厨

房的尼姑之一，她 17 岁出家，如今已届花甲。与村瀬明道一样，她在烹饪上花费了大量时间，所有食材均来自她照料的土地和在寺庙建筑周围采集的土壤，包括她出生前就已经种植的肉豆蔻树和柑橘树。她和另外两名尼姑也会自己制作食材，发酵各种腌菜和酱汁，调制混合物，有时还会花上好几年的时间。

在美国，类似集体所有的素食餐馆传统源自更广泛的哲学流派，曾在 20 世纪 70 年代经历过一次复兴。大多数素食主义者并不是来自太平洋沿岸的宗教实践，而是来自新英格兰的素食主义传统，可追溯至启蒙运动。他们的血统大多来自先验论者拉尔夫·瓦尔多·爱默生、浪漫主义作家玛丽·雪莱、政治活动家和记者玛格丽特·富勒、神学家和改革者西尔维斯特·格雷厄姆，以及内科医生威廉·奥尔科特。这些人成为素食主义者有着各种各样的原因，从女权主义的政治意识形态到反对肉类工厂加工，从宗教上的圣洁愿望到减少疾病的流行病学目标。1850 年，奥尔科特决定在费城"召集这些分散的素食主义者举行一次大会"。19 世纪 50 年代和 60 年代，欧洲和美国兴起了两种主要的素食期刊和其他素食文学。到 19 世纪 80 年代末，纯素食餐馆已开遍美国、英国和欧洲大陆，包括瑞士的希尔特尔餐馆——原名"素食之家和节食餐馆"，其也是亚洲之外历史最为悠久的素食餐馆。从那一刻起，素食餐馆有了一席之地，经常与道德、政治和健康问题等正统文化市场发生抵触。这段历史中包含一些出乎意料的故事，比如 20 世纪 20 年代孟菲斯的一家素食连锁餐馆；也发生过一些意料之中的故事，比如在 1906 年颁布《纯净食品和药物法案》前后的几年里，美国各地兴起了素食餐馆，而该法案的通过正是源于人们对大规模肉类生产造成健康危害的担忧。随着 20 世纪 60 年代反正统文化运动的崛起，新一代素食餐馆应运而生，其中包括英国一家成功的素食连锁餐馆"异人"。异人餐馆的生意十分兴隆，不像 20 世纪 20 年代时的蔡尔兹连锁店，在老板威廉·蔡尔兹的领导下将连锁店菜单里的肉类完全剔除，造成财务上的损失。然而，素食餐馆的历史中有一个共同的主线，那就是它们通常都是本地的，甚至是社区所有的。

其中有两家这样的素食餐馆始于 20 世纪 70 年代，分别是穆斯伍德餐馆和布拉鲁特餐馆，均位于美国东北部（纽约州伊萨卡和康涅狄格州布里奇波特），直到 21 世纪仍在继续为食客和社区提供服务。穆斯伍德是由 19 个人组成的团体，他们追求简朴，倡导返土归田运动，自创办以来，一直在制作类似禅寺烹饪的美食：美味的素食菜肴，注重食材，并以符合伦理的方式制作，极具当地特色。穆斯伍德餐馆的领头人是一位名叫特雷瑟·蒂施勒的女性，她邀请朋友们（其中很多人也都是女性）开创一家致力于健康和生态可持续发展的餐馆。如今，作为美国最著名的素食餐馆之一，穆斯伍德继续塑造着人们对素食餐馆的想象，其中包含家庭美学，以及对农业的政治和哲学立场，甚至还有为可持续发展服务的平等主义经济模式。布拉鲁特也是一个小团体，但有着不同的

穆斯伍德餐馆
外景，纽约州
伊萨卡，1992
年9月。

政治动机：倡导女权主义素食运动。该餐馆于1977年由5名在一次旨在提高女性意识的座谈会上相识的女性共同创立。在这些会议上，她们会谈论和倾听彼此作为女性抚养孩子、操持家务和生活在父权社会的经历。对于这5位女性来说，这些讨论鼓舞了她们改变未来的勇气。她们希望为其他女性提供一个空间以及一个可以养活自己的途径，于是创立了布拉鲁特餐馆和书店，以滋养她们的政治理念：拒绝父权食物体系，用当地素食来表达对地球和动物的尊重。她们拥护一种集体的、共识驱动的管理和工作架构，以及一种女权主义社区建设的精神——所有顾客都是安全且受到鼓励的，但她们也会自己洗盘子。

同样在美国，20世纪70年代的旧金山，禅宗佛教在美国年轻人当中已占据一席之地，

他们当中许多人在加利福尼亚州的伯克利开始了反正统文化运动之旅。其中一个年轻人名叫德博拉·麦迪逊，她在潘尼斯之家咖啡馆和艾丽斯·沃特斯一起开启了自己的职业生涯。就像其他许多初在那里打工的人一样，麦迪逊一直致力于季节性食品；然而，她对蔬菜和素食的热爱也源于其在旧金山禅修中心的经历。她曾用蔬菜和素食塑造了一个由食客和厨师组成的"国家"。与津宽寺和白羊寺的尼姑不同，麦迪逊并没有继续她的佛教修行，但选择了继续致力于持续且专注的素食修行。

1979年，当时还是旧金山禅修中心（这里有一段令人担忧的历史）一名学生的麦迪逊开设了一家绿色餐馆，所用食材均来自该中心的禅修农场——绿色峡谷，麦迪逊也曾在农场工作过。绿色餐馆并不在禅修中心里，也不接

待禅修者和游客，它只是一门生意，用以支持禅修中心并吸引学生人才和劳动力。正如绿色峡谷农场和寺庙餐馆一样，绿色餐馆也由虔诚的信徒经营，他们挣的钱足以支付自己的食宿费用。

绿色餐馆可以俯瞰海湾大桥，就像伯克利的潘尼斯之家咖啡馆一样，它改变了人们对美食的理解。早午餐的菜单包括尼索瓦兹比萨，配上酸豆、橄榄和新鲜香草，同时"把腌豆腐、蘑菇、西红柿、辣椒和其他时令蔬菜串在一起，放在豆科灌木炭上烤"。（这是"时令蔬菜"一词的早期应用。）绿色餐馆是一种新型的美国素食餐馆，以其受众和形式（高端而不止关注素食者）而闻名。然而，虽然绿色餐馆起源于不同的海岸和素食传统，但它仍是美国集体素食餐馆（如穆斯伍德和布拉鲁特）悠久历史的一部分，有着同样的反正统文化渊源，以及一些相同的集体性、当地性和环保主义目标。它依赖于经由日本传播的佛教传统，改变了食物和菜肴美学。绿色餐馆的食物与后来成为加州美食的风格截然不同：新鲜、鲜亮，多以蔬菜为主，而不是美国东北地区朴实且经常带有品牌色彩的饮食传统——受美国著名素食倡导者约翰·哈维·凯洛格和西尔维斯特·格雷厄姆的影响。

当素食女性改变着世界各地的食材和食物场景的同时，棚桥俊夫的职业生涯正开始于一名心怀怨怼的办公室职员。到 20 世纪 80 年代末，素食菜肴和禅宗佛教在美国从反正统文化转变为主流（1987 年《纽约时报》的一篇文章指出，"素食主义者无须在宴会上捍卫自己的饮食"[19]）。在日本，棚桥俊夫离开了他的办公室，开启了跟随村濑明道的学艺生涯。经过 3 年的努力，他学会了发酵自己的调味品，学会了让莲藕闪闪发光，学会了持续数小时磨芝麻酱，学会了只需把花泡在水里几秒钟。

1992 年，棚桥俊夫开了一家小餐馆。月心居是他一个人表演的舞台。他亲自做饭、上菜，还亲自打扫餐馆的"每一个角落和缝隙"。[20] 在那里，他为一小群用餐者提供 10 道菜的美食。虽然菜单总是在变，但每一顿饭都会以芝麻豆腐开始——每天的制作都始于冥想和长时间不间断的碾磨。顾客会先品尝味噌汤，再享用一长串应季美食：百合米饭、完美的松茸、芋头配松露和菊花、沙拉中的野生水豆、用作佐料的茄子，以及炖菜和腌菜。与绿色餐馆一样，月心居并不是寺院餐馆，相反，它建立的是一种"寺庙与现代世界相结合的美食"。[21]

慢食

作为名流，罗德尼·斯科特和棚桥俊夫受到了公众的大规模关注，但他们的食物并没有引起大规模的消费，这是因为他们并没有随着需求的增加而提高"产量"。事实上，他们的优点之一就是拒绝做更多的食物，拒绝把顾客而非食物本身作为驱动力。这不是他们选择的菜系所固有的。某些烤肉和素食是可以大批量生产的，以满足许多人的需要。随着电子烧烤设备的兴起，烧烤连锁店如今已随处可见。

相反，月心居和斯科特烧烤店专注的是"故意放慢速度的"烹饪方法。经营这种餐馆的棚桥俊夫和斯科特家族都致力于完善他们的行业，在创新技术的同时保持对传统方法的信仰：比如用木材制作木炭，坚持用自己设计的烧炭桶；或者每天早上磨芝麻，白天会在烹饪坊传授经验，以作为高端餐馆基础设施的补充；或者尝试新的蔬菜制备方法。正如棚桥俊夫自己所说："我总是在尝试新事物，尽管这种风格的食物已经在日本寺庙中存在了几个世纪，但传统并不意味着古老。我们是新人，需要给自己的感官以新的体验。"[22]

在描述这些餐馆时，人们往往会关注烹饪过程中涉及的劳动力，以及劳动力如何带来更美味的食物。与此同时，有助于我们理解其价值的框架往往围绕着文化资本，而不仅仅是食物制作和服务。说到棚桥俊夫，话题总会回归到佛教的宗教传统和实践，即使是在他创作焦糖布丁的时候。在斯科特烧烤店，其文化遗产的一部分正是西尔维娅·伍兹所利用的同样艰难的文化遗产——美国黑人特色和南方特色。"人们一直在说我们的工作很过时，就是那种小时候在农田里耕作的守旧派。我也讨厌长时间的工作，讨厌被太阳晒得流油。但与这种说法相对的是，这是一种缓慢的滚动。"[23]罗斯福·斯科特说起家族烧烤法时这样说道。斯科特的评论挑战了关于"什么是过时"的时间主张。像斯科特烧烤店和月心居这样的用餐场所展示了一种长久以来的传统，这是二者被浪漫化的一个重要方面；他们的不谋而合也是其区别于快餐店的一个特征，尽管快餐是上个世纪的一种运动，但仍然经常代表着一种当代思维。斯科特还对比了在农场的"长时间工作"和经营烧烤店的"慢节奏"，这种对比反映了地方特色餐馆为何如此重要的原因：它们通常会由关心它们的人经营和光顾，这些人将其看作独立实体，看作受某个特定地方规则和愿景或实践约束的地方——这与诸如麦当劳这样成功的快餐场所的标准化管理和标准化经验形成了直接对比。在最后一章，我们会将目光转向餐饮全球化，继续考察餐馆的一个核心方面——场所。

9

餐饮全球化

长久以来，国际餐饮早已成为一种世界现象。在 19 世纪 50 年代的旧金山，人们可以吃到一顿美味的中餐；19 世纪 90 年代，日本京都曾经是一家法国餐馆的所在地；20 世纪 50 年代，波利尼西亚食物在墨西哥很受欢迎；20 世纪 80 年代，内罗毕有一家特别美味的巴西牛排餐馆。在他乡以特定的地理和文化根源为出发点选择就餐，这是一种现象，在这种现象中，餐馆扮演了重要角色。"远道而来"的美食所具有的吸引力，在中国餐馆诞生之初就已经有了。旅行的商人会去那些提供家乡食物的场所用餐，还会把同事和商业伙伴也带到那里，与北方同行一起分享中国南方的美食。

无论在印度的孟买，还是在挪威的奥斯陆，提供外地食物的餐馆通常起源于移民文化。从 1827 年德尔－莫尼科家族创立德尔莫尼科餐馆到今天，移民开餐馆可谓屡见不鲜。根据美国人口普查记录，1860 年，大约 60% 的餐馆员工均出生在国外，1900 年、1950 年和 2000 年也是如此。这些员工的来源国家随着时间的推移渐渐发生变化，从苏格兰、爱尔兰、德国到意大利、中国、希腊，再到中美洲和南美洲国家及苏联。[1]

人类学家克里希南都·雷解释了造成这种模式（全球普遍存在）的社会和经济原因。移民最终往往会进入食品行业，其主要原因是管理成本低，且容易通过自我剥削（长时间工作、雇用家人和朋友）加以支撑。此外，由于移民还掌握着雷所说的"关于神秘食物的文化知识"，他们既能满足来自自己文化根源的顾客（渴望家乡食物），也能满足来自其他主流文化的顾客（渴望新奇）的需求。这种模式当中的一部分即是用崭新的食物体验吸引顾客。用雷的话来说，移民来的餐馆老板在与主流文化的"审美交易"中培养了这些新的食物体验。虽然在很多情况下，新食物会变成老食物（如墨西哥的调味汁），但其与其他文化关联的新奇性却是全球和当地饮食历史的核心部分。[2]

美食作家和学者似乎经常关注"文化动态挪用"或"如何辨别'正宗'饮食"，但关于"餐馆如何调整口味"最有趣的研究却落在这两个哲学极点之间。这些研究描绘了现实、爱和权力的差异，这些差异标志着文化交流如何在固有的多元化和不平等的社会和经济中发生。在本章中，我们将探讨跨文化就餐的多重价值体验，以及移民在培养这种用餐体验和改变餐馆景观方面所起到的作用。为此，我们将考察两个世纪以来中国餐馆的全球影响力，以及 1928 年至 1943 年间在一家著名德国餐馆里发生的宴请和对国际化饮食的盲目崇拜，最后是关于北欧餐饮在全球取得的商业成功。

旅居美洲的华人餐馆

20 世纪，美国快餐餐饮在全球范围内的扩张有目共睹，但其他菜系显然也在全球范围内得到了传播，并且速度往往会更快。法国菜在"高级料理"（20 世纪创造的新词）出现之前就已经是"国际高级料理"，而意大利和中国餐馆的数量可能要更多，部分原因是它们跨越国界，成为所有人的食物（始于工薪阶层、而非高级料理）。

和所有以国家名称命名的菜系一样，"中国菜"是一个错误叫法。饮食文化很少产生于一个民族国家，而是产生于不同地区，就像中国这个国家，其地区之间有很大的差异，地理位置也截然不同。只有当我们从全球化和民族主义的角度来看时，才会发展出"中国菜""英国菜""法国菜""伯利兹菜"这样的叫法。移民食物通常与国家（中国菜），而不是与地区（四川菜）联系在一起，因为在迁入和迁出的过程中，国家身份才是最关键的因素（法律地位问题往往与移民条件联系在一起）。

审视中国餐馆如何在 19 世纪 40 年代到 20 世纪 70 年代成为美洲餐馆的核心部分，便可以看到餐馆老板、员工和用餐者是如何在其中各自发挥其民族特色的。我们可以看到这种情况发生在美洲的三个国家：秘鲁、古巴和美国（以英国的一个故事收尾）。中国餐馆的每一种表现都有细微差别，反映了中国移民的文化和所在国家的主流文化。由于人类迁徙、殖民主义和贸易的作用，中餐成为全球的美食。在西半球，中国餐馆的兴起可以被描述为一部民族国家的历史、移民的历史和食客的历史；然而，在 19 世纪，最有趣的历史也许发生在广东。

广东省的中心是广州，它位于珠江三角洲的顶端，是包括澳门和香港在内的中国南部的一个主要港口区。葡萄牙人于 1557 年定居澳门（1517 年第一次到达广州），在 19 世纪的整个进程中，许多欧洲国家（通过条约和武力）纷纷在澳门建立前哨。1840 年至 1900 年间，政治力量（来自国外觊觎和国内动荡）推动了该

《在一家外国餐馆》，
1860 年，一川芳员，
多色木版画。

地区的大规模移民，而这种移民导致了中国餐馆开始涌入美洲，并形成了延续至今的餐馆饮食的特定模式。这里我们会讲到 4 个与广东人有关的故事，用以描绘这种餐饮全球化的面貌，而他们的目的地分别是秘鲁、古巴、加利福尼亚和纽约。

秘鲁式中餐的诞生

"秘鲁式中餐"（Chifa）既指一种菜肴，也特指提供这种菜肴的餐馆，在秘鲁十分受欢迎，已成为秘鲁民族美食不可或缺的一部分（就像美国的比萨）。秘鲁特色美食炒牛柳就是一道"秘鲁式中餐"：用醋、酱油和香料煸炒牛肉，加上洋葱、西红柿、香菜和土豆，与米饭一同食用。其他"秘鲁式中餐"还包括美洲

中国劳工在安第斯山脉脚下的灌溉田上采摘棉花，秘鲁维塔尔特，1900年，立体照片。

其他地区的部分中国菜：馄饨、鸡肉炒饭、炒面（类似捞面）。那么这些中国菜是如何演变成秘鲁菜的呢？

19世纪时，成千上万的广东人来到秘鲁，在甘蔗种植园做契约劳工，而构成这一移民人口的劳动力是被迫移民与自愿移民的混合体。造成这种现象的部分原因是鸦片战争和跨大西洋奴隶贸易的终结，从而改变了美洲种植园主的劳动力来源。几乎所有来到秘鲁的移民都会在压迫下工作。1877年，这些广东人所经历的承包劳动形式被取缔（迫于来自中国政府的压力，因种植园主对这些移民劳工进行饥饿、奴役和其他形式的暴力剥削）；然而，之后的30年里，中国人继续迁移至秘鲁，原因也是多种

多样：为躲避中国境内的战乱，为寻找更好的致富机会，或者为逃离饥荒。[3]

秘鲁雇主和中国移民（1874年前后）之间的雇用契约中有一个关键部分，那就是保证米饭的供应。这些契约通常由驻澳门的葡萄牙人拟定和执行，他们同时还监管从广东来的劳工过境。为了履行契约，或者主要是为了维持和平（米饭停止供应后会发生暴动），秘鲁雇主开始进口大米，并在当地种植水稻作物。广东裔秘鲁人因此能够自己烹饪食物——通常是中国南方下层阶级的食物：米饭配蔬菜和肉类。这些可不是19世纪在中国国内外激起人们想象力的高端中国菜——海参、鱼翅和燕窝，而是以米饭为中心的简单饭食。这些移民人口大

多是男性，即来自男人掌厨的文化。

他们当中许多人后来娶了秘鲁妇女（土著秘鲁人、西班牙裔秘鲁人和非裔秘鲁人）为妻，这些女人在"秘鲁式中餐"的兴起过程中起到了核心作用，因此，这些中餐大多来自女性烹饪文化，这意味着这些家庭的食物通常保留了广东菜的特色，同时也吸纳了秘鲁的本地元素。1850 年至 1900 年间，许多广东移民开始进入秘鲁国内的服务行业，把中国的南方烹饪延伸到这里。"秘鲁式中餐"在秘鲁崛起的另一个重要原因是旅馆（fonda）的兴起。它们通常是一种小餐馆，在 19 世纪的秘鲁非常繁荣，提供各种各样与秘鲁菜相融合的中国菜，基于可用的食材，也基于不同起源的人们（来自秘鲁、非洲和中国）对烹饪方法的交流。这种扩散之所以成为可能，是因为最终嫁给广东裔秘鲁男人的女性原本就是小餐馆的老板。她们自己在当地经营着小商店或餐饮生意。[4]一项针对世界各地移民餐馆企业家的研究表明，当地人脉筹资是这种经济模式的关键部分。与移民结婚的女性拥有一定的资本、商业头脑和独立性，这意味着她们已经准备好与丈夫一起在自己的社区内创建新餐馆，然后向外扩张。

不出所料，"秘鲁式中餐旅馆"最初的服务对象是在利马等主要城市以及全国各小城市建立起来的华人和华裔秘鲁人社区。随着华裔秘鲁人开始从事更广泛、更有利可图的行业（如出售家具和其他进口商品），一种更精致的"秘鲁式中餐馆"开始大量涌现，非华裔的秘鲁人也常常会光顾这些地方。此外，随着华裔秘鲁人开始在更广泛的地方开设餐馆，而不仅仅是他们居住的社区，客户群也随之打开。我们也将在旧金山和纽约看到类似的模式。

古巴华人和古巴中餐馆

虽然秘鲁和古巴都曾有过 19 世纪 40 年代至 70 年代西班牙立法的甘蔗种植园契约华工的历史，但这些移民社区所产生的餐馆场景却不一样。尽管劳工生活条件和文化交叉点（非洲、西班牙、美洲土著、中国）看似相似，但这些地方的饮食文化与餐馆场景的演变却不尽相同。古巴华人无法像秘鲁华人一样获得大米，相反，他们以种植、销售和烹饪蔬菜闻名。到 1858 年，哈瓦那唐人街在黑人和白人社区之间初建完成，以一家中餐馆为核心，专为两个社区和华人社区提供服务。在接下来的一个世纪里，唐人街继续发展。然而与唐人街的位置所暗示的象征意义不同，古巴人的中餐馆（以及后来的古巴中餐馆）并没有像秘鲁式中餐馆那样推出融合式菜系。当然，这两种菜系一定会有所不同，即使是由相同的人群（中国人）在相同的厨房里做菜，但古巴中餐馆通常会把古巴菜和中国菜放在一起：大蕉配捞面，既有胡椒牛排，也有摩洛牛排。如此一来，古巴中餐馆作为一种国际现象展示出了餐馆用餐的标志之一——多样化的菜单选择。

随着时间的推移，第二波中国移民来了，他们是经由加利福尼亚而来的国际商人。与第一波穷苦的契约华工不同，这些富有的中国人

陶锦荣，古巴最受欢迎的中餐馆之———天坛饭店创始人，2007 年。

带来了大型、正规的中餐馆的口味和结构，就像 19 世纪旧金山的中餐馆一样。这种混合显然十分成功。到了 20 世纪，古巴有了大量中国人，他们在哈瓦那构成了生机勃勃的唐人街。然而，在古巴革命后的 10 年里，许多华裔古巴人逃到美国，尤其是纽约。这些人最初往往在餐馆和其他服务行业打拼，后来不断积累资金，开设了自己的餐馆，这些餐馆的发源地并不在纽约的拉丁裔和华裔社区，相反，他们反映的是自己已经与众不同的身份群体。

20 世纪七八十年代，古巴中餐馆蓬勃发展，甚至出现了类似古亚餐馆这样的场所，它是费城人杰弗里·乔多罗经营的高端连锁餐馆（非古巴华人）。出于各种原因，美国的古巴中餐馆吸引了广泛的顾客群体：寻找家乡味道的古巴侨民，华裔古巴人，寻找能让他们想起家乡味道的拉丁移民（那里可能有一家拉丁中餐馆），以及其他对新食物混搭感兴趣的北美种族（尤其是那些把受人喜爱且熟悉的传统食物混搭起来的食物）。[5] 因此，作为一种餐馆形式，古巴中餐馆不仅形成于中国人移民古巴的模式，还受到了迁入和迁出美国的运动的影响。当地居民的需求、为非华裔提供服务的需求，以及利用人们的选择来制作菜单的做法，所有这些都共同塑造了古巴中餐馆的今天。

传遍整个加州和东海岸的贸易、名流和杂烩菜餐馆

就像秘鲁和古巴的饮食文化来自移民独特的阶级和地理条件一样，随着移民大量涌入美国，餐馆的结构也是如此。从 19 世纪初开始，人们开始从中国向西班牙殖民地加利福尼亚州迁徙；然而，随着 19 世纪 40 年代早期的第一次鸦片战争、淘金热和铁路对劳动力的需求，更多的移民来到美国，特别是加利福尼亚州。从 19 世纪 40 年代开始，大批广东移民来到加利福尼亚州，同时也带来了家乡的餐饮传统。由于这里的移民历史比较悠久，再加上淘金经济的兴衰起伏，加利福尼亚州的中餐在阶级和扩张史上与中美洲和南美洲并不相同。

在中国的清代（1644—1912），餐馆通常是不同层次的单一建筑。这些餐馆既有精致的宴会餐饮（延续了早期开封餐馆的传统），也有在同一个繁华城市里发展起来的快速廉价的面馆，它们规模很大，在中国各地都很常见。英国人约翰·亨利·格雷在他的《中国：法律、风貌及习惯之历史》（1878）一书中这样描述它们：

餐馆通常是非常大的场所，包括一个公共用餐区和若干个包间。与其他大多数建筑不同的是，餐馆有三至四层，仅厨房就占据了第一层；公共用餐区位于二层，是下层人士的休闲场所；而一些精选的包间则位于三层或四层。当然，富裕的人会选择上等包间，但其也对社会各阶层的人开放，在这些房间看到生活拮据的人也并不罕见。入口处有一张桌子或柜台，店老板坐在那里，每个顾客要在那里支付餐费。公共用餐区就在第一个楼梯的最上面，凡是想吃便宜饭菜的人都会去那里。这里的装饰有点像咖啡馆，有桌椅，但私人包间就只有一张桌子和几把椅子。

在广东的点心铺和茶馆用餐时，有时会按男女分开。账单根据空盘子的数量计算，顾客们可以听曲儿、说书、闲聊，甚至还能看鸟儿斗唱。[6]

格雷描述的餐馆体验及菜肴都是随着移民一起引进的。19 世纪旧金山的大型中餐馆以其公道的价格和装饰风格而闻名。1865 年，兴隆餐馆的食客可以穿过一层的厨房，上楼进入摆满中式餐桌、灯具和屏风的房间，用中国餐具和筷子吃中国菜（这对中国移民来说是标准化的，但对于其他人来说却相当困难）。他们还经常能听到现场唱曲儿，有时甚至是吟诗作对。[7]

一家中餐馆的内景，加利福尼亚州旧金山杜邦街，唐人街，1895 年，立体照片。

《一家中餐馆，加利福尼亚州旧金山》，1898 年，底特律出版公司，明信片。

据《纽约论坛报》报道，旧金山中餐馆的食物通常不贵，但味道"很棒"。只需花 1 美元就可以买到一份包括中式食品和欧式食品的大餐，通常被称为碎菜和咖喱，后来演变为杂烩菜或炒杂烩。[8]廉价的食物很吸引人，因为旧金山的繁荣期推高了许多东西的价格，包括食物。那些经常光顾加州中餐馆的人，无论是华裔还是非华裔，大多是淘金矿工。旧金山的富庶帮助中国商人获得了巨大的成功，而加州土壤中的黄金也使得一些中国矿工发家致富。这也就意味着在加利福尼亚州，高档中餐也有强劲的市场，包括鱼翅和燕窝等进口产品。[9]

在美国东海岸，中餐馆同样繁盛，但大多远离白人顾客的视线。这些餐馆几乎只接待华人顾客，从富裕的进口商、洗衣店老板和商人，到 19 世纪中后期从广东珠江三角洲移民而来的工人阶级。虽然非华裔美国人主要点昂贵的饭菜，但华裔顾客一旦有钱，也会在本国昂贵的进口美食上挥霍。从 19 世纪 70 年代开始就有报道称，出于好奇或通过关系，有些非华裔人士也会在这些餐馆用餐——比如一位"思想开放的律师"曾带某人去纽约的孟盛华（音译）餐馆用餐，还极力夸赞这家餐馆的老板是"中国的德尔莫尼科"。[10]到 1902 年，《纽约先驱报》刊登了一篇描述这些思想开放、追求异国情调的顾客的文章，这在当时似乎非常流行："当他选择一家中餐馆的时候，他必定会选择一家白人从未涉足过的场所——如果他能找到的话。一旦其他人开始频繁出现在那里，他就立刻另寻他处。"

1896 年，大多数纽约人并不想在晚餐中吃到中国菜。然而，后来一篇并不真实的报道却引发了一场之后被称为"炒杂烩"的中国美食热潮。中国外交大臣李鸿章曾出访美国，据说在华尔道夫酒店举办的一场国宴上，他很少吃欧洲菜，只是后来吃了一点米饭、鸡丁和蔬菜。虽然这一切是否真的发生过尚且存疑，但全美国大大小小的报纸立刻纷纷重新报道了这一事件；在随后的几周里，有关此次宴席和据说专为李鸿章烹饪菜肴的报道不断见报。而处在暴风中心的正是一道被称为"炒杂烩"的中国菜，这其实是一种已经美国化的中国炒菜，基于珠江三角洲的台山菜，包含动物内脏和小块蔬菜。

《纽约一家中餐馆——用餐愉快》，选自《美国杂志》第 17 卷（1884），插图。

唐人街的新年，亚瑟港中餐馆，纽约，日期不详，照片。

中国菜一夜之间轰动全国，从一种专为冒险人士准备的食物，变成了一种吸引成群美国年轻男女的美食。中餐的流行也改变了食物本身及提供中餐的餐馆类型。中餐馆开始在唐人街之外的热门娱乐区涌现。"杂烩"对于那些新食客来说变得更加熟悉，没有神秘的味道和配料（不再有生姜和干蘑菇），采用更西式的烹饪方法，炖成软糯，而不是翻炒后仍然保持酥脆。[11]利用这一繁荣获利的餐馆通常都由中国人经营和提供服务，并继续采用中国艺术品、灯笼和家具加以装饰；但它们通常会营业到很晚，用以迎合所在地区

的食客——戏剧爱好者、潜在的思想开放者、非裔美国人、爱冒险的年轻姑娘、端庄的淑女和夜猫子，还有那些囊中羞涩的人。总体而言，这些中餐馆以服务各种各样的人而闻名，他们通常夜不归宿，不停地寻找低成本、低压力的娱乐方式。[12]

就像在秘鲁一样，随着20世纪60年代中国移民大量涌入美国，以及对地方美食兴趣的扩大，人们越来越多地从当地视角而非国家视角来看待美食，从而推动了不同类型中餐馆的出现。这些餐馆的主要宣传卖点是四川菜馆或

湖南菜馆，而不仅仅是中国菜馆。[13] 尽管这些食物仍在接受当地人的改造（比如少辣多甜），但它反映出了越来越多的人对了解新型中国食物的兴趣。这种本地化和区域化与对不断更新的食物体验的推动相结合，一同创造了今天包罗万象的餐馆景观：从同质化的快餐购物中心或美食广场的中式餐馆，到正式的中式宴会厅，以及专门的手工面馆（源自中国西北菜）和提供中餐试菜单的高档餐馆。这一路，在美国经营中餐馆和在中餐馆打工的人们也开始从中国移民向多种族转变，尤其是亚裔，其餐馆的菜单和经济模式已经取得了超过 150 年的成功。

中餐馆在英国

中餐馆在英国的发展走的是一条与众不同的路。与西半球的其他国家一样，英国的第一批中餐馆也是由中国移民为招待中国移民而创办。其中以利物浦尤为明显。那里的华人最初以水手身份移民到英国，后来陆续进入洗衣等服务行业。这些餐馆就像中国北方最早的餐馆一样，主要是为那些寻找家乡风味的人提供服务。在美国、古巴和秘鲁，主流文化成员会因成本、地理位置和对中餐的熟悉程度而选择去中餐馆就餐；但在英国，中餐馆则是通过精心策划的餐馆活动和新闻宣传而受到白人的欢迎。就像自助餐馆、自动贩卖式餐馆、米其林指南和回转寿司一样，英国第一家为白人设计的中餐馆应运而生，并在一次国际博览会上首次亮相。

1884 年，中国清政府海关总署总税务司罗伯特·赫德为世界卫生博览会主持中国餐馆的筹备工作。他找来了中国厨师，依照中国餐馆的样式设计了展览餐馆，目的是向人们介绍中国和中国文化，而不是推广美食，因而菜品全部是中式的，也没有经过简化或调整以适应当地人的口味。尽管如此，这家"餐馆"的菜单却在中国菜和欧洲菜之间摇摆，主要由法语写成，法语是高级料理的代表，菜单的设计者也是一位在中国生活和工作了 15 年的法国厨师，之后才来这个短期"餐馆"工作。其中典型的中国菜包括油炸毛球（一种油炸昆虫）、燕窝汤、中国水手式海参（中国酒酱海参）；典型的欧洲菜包括香草苏菲甜甜圈、开心果酿鸽肉卷、橄榄；有趣的开创性混搭菜包括巴格拉西翁鱼翅、米兰米粉。

这家"餐馆"极受欢迎，新闻界也给予很大关注；然而尽管如此，媒体报道的语气却多是嘲讽。[14] 其中一篇来自《蓓尔美尔报》的文章最具代表性：

> **与神仙们共进午餐。** 如果把中国餐馆老板最近在卫生博览会上推出的试菜单上的众多菜肴摆在英国公众面前，很容易预见，英国公众将手足无措、无从选择。鉴于此，有必要给诸位提一点点小小的建议。饥肠辘辘的观光客可以放心地点一份燕窝汤。这种汤用极小的汤碟盛着，味道鲜美；

它将在伦敦取得巨大成功，并很可能在 1884 年之后被纳入英国菜系。绍兴酒来一份就够了，它像汤一样热，也被盛在一个极小的汤碟里。但对每一位顾客来说，尝一尝就足矣。这种酒是用大米发酵而成，味道难以形容。除了燕窝，中国人吃的很多东西都是我们不吃的。从以下两种菜的一种当中——用法语和汉语的行话分别称其为"Timbale Biche de-Mer au Madere"和"巴格拉西翁鱼翅"——会让任何好奇的野蛮人知道他们有多么擅长利用被我们浪费掉的深海宝藏。所谓的"海参"是一种 5 厘米长、2.5 厘米厚的海洋软体动物，它们躺在中国沿海的深海海底，晒干后看上去就像一块橡胶，上面露出一排排短尖刺。切开后，你会看到里面有一根消化道，四周是一种坚硬的胶状物质，质地和颜色很像印度橡胶。这种不起眼的小动物能在干燥状态下保存很长时间，食用时被切成小块，放进小馅饼里即可。其味道并不像英国公众想象的那么糟糕，吃起来和海龟差不多。然而，鱼翅则是有胆量的人才敢去尝试的东西。它是一种软骨组织，和米饭一同食用。[15]

虽然这家展览餐馆激起了英国白人对中国食物的兴趣，但移民潮和海外体验的扩张再次永久性地改变了他们的饮食模式，建立了无处不在的中餐馆和外卖店。第二次世界大战之后至 20 世纪 50 年代，来自中国香港的移民人数不断增加，同时在太平洋战场上接触过中国菜的英国人也增强了对中餐馆的供应和需求。[16]

无论是利物浦、利马、哈瓦那还是旧金山，中国国境之外的中餐馆的崛起都遵循着人类学家克里希南都·雷提出的移民餐馆模式：移民来的餐馆老板往往依赖于资本网络和低管理成本，通常辅以家庭劳动力或他们自己获得的低成本新移民劳动力。移民美食通常始于为移民同胞服务，人们寻找他们了解并喜爱的食物，或只是寻找他们可以得到的食物。然而，由于餐馆是一种公共空间，来自其他群体和地方的人，以及来自主流或其他边缘文化的人，最终都会来到移民餐馆。低成本和新奇往往是推动这些顾客群的驱动力，反过来，新的顾客群往往又推动烹饪方法的变化，其结果就是创造不断变化和激增的餐馆场景，反映了文化权力动态的现实，并在应对市场压力的同时重视审美差异。正因为如此，世界上才有了各种类型的餐馆，以满足顾客的需求和愿望；而遵循传统既能催生同质化的美式中餐菜单，也催生了口味和口感的创新组合。在谈到 2017 年亚裔美国人餐饮业的崛起时，利加亚·密山将后者描述为"一种极具启发性和推动性的发展态度，反映出这个在历史上一直保持沉默且（被鼓励）保持低调的群体中出现的一种新的自大。他们的食物以酥脆的软骨、渗出的胶状物和直冲脑门的怪味为卖点，并告诉我们：这就

柏林波茨坦广场：豪斯－沃特兰特的勒文布劳餐厅，1920 年。

是我喜欢吃的东西。你呢？"。[17]

三层楼吃遍全球盛宴

作为一个繁华的商业城市和政治权力中心，柏林长期以来一直是外来食客的温柔乡。然而，1928 年，在柏林市中心，一家仙境般的新餐馆开张了。这是一个家族餐馆帝国的延续，也是一种全新的用餐体验。豪斯－沃特兰特也是大型娱乐中心，包含一家电影院、一家可容纳 2,500 人的咖啡厅和 12 家地区及国际性餐厅。这里每年接待超过 100 万名顾客，利用康尼岛等游乐园蔚为壮观的娱乐文化设施，配

以富有异国情调的装饰、盛装的工作人员和现场娱乐节目，将这个以食物为主题的娱乐公园打造成了餐馆文化表演的典范。

豪斯－沃特兰特是一种风格餐馆，在德国被称作"表演美食"。在这里，每个空间都可以为顾客提供一次独特的美食之旅。餐馆开业时共有 7 家主题餐厅：来自德国的巴伐利亚勒文布劳餐厅、莱茵特拉斯餐厅；来自奥地利的新酿酒庄餐厅；土耳其咖啡厅；来自西班牙的柏德佳酒厅；来自匈牙利的平原之舞餐厅，以及来自美国的狂野西部酒吧。在随后的 10 年里（随着第三帝国的崛起），豪斯－沃特兰特又增加了两个德国景点——北海的不来梅海上餐

厅和柏林的泰尔托萝卜餐厅，以及一个意大利餐厅和一个日本茶室，后两个很可能是为了向新成立的轴心国集团的另两个成员致敬。1929年，当一位顾客走进豪斯－沃特兰特时，他可以决定自己去往世界的任何一个地方。这里代表了一种视觉乐趣，也代表着与文化差异打交道的乐趣。豪斯－沃特兰特的规模令人惊叹，不仅欢庆形式多样化，其表现方法也可圈可点。从许多方面来看，这里都是一个完美的范例，其会引发人们的思考——即饮食文化理论家常说的"吃别人家饭菜"的问题。

祖国①、故土②和其他乡土

豪斯－沃特兰特开业时的广告宣传册曾谈到这家餐馆对"沃特兰特"（祖国）一词的理解，以及德国与国际互动和愉悦之间的关系，并宣称会同时利用本地特色和异国情调。

祖国：

一个会触动所有人心灵的词汇，一个众所皆知的词汇，无论来自霍斯坦海岸，还是来自巴伐利亚。它代表着"家"，能唤起每个人内心的美好。

在首都柏林最繁华的地方，壮丽的豪斯－沃特兰特以无比的热情和特色服务迎接八方来客。无论日夜，它在时刻变幻但又充满魅力的气氛中提供丰富多彩的现代城市奇景。世界的浪漫之美在其实体形式中找到完美的镜像。人人都会体验到享受和幸福。

大批游客来到今天的柏林，穿越韦斯特和锡蒂（柏林部分），将在波茨坦广场的豪斯－沃特兰特体验到一种汹涌澎湃的快乐。这座大城市的商业世界已经找到了新的核心，这会使柏林的国际化达到一个新的高度。[18]

从这段文字中，我们看到了一种关系，即对当地的渴望、对家园的思考与充满兴奋的国际化视野之间的紧张关系，或者说是结合关系。实际上，这看起来就像主题、娱乐和美食的三者结合。与早期的餐馆设计相比，豪斯－沃特兰特精心布置的用餐区更多借鉴了同时代的舞台和电影设计，使用了来自其想要呼应的地方的绘画场景。美国著名俱乐部老板巴尼·约瑟夫森曾这样描述道：

我参观了波茨坦广场上最著名的娱乐宫殿——豪斯－沃特兰特，那里有点像电影制片人德·米尔的奢华表演。房间的数量我不清楚。每个房间都有代表不同国家的独特布置，并配有相应的娱乐项目。比如在一家美国夜总会，会为顾客提供正宗爵士乐和舞蹈表演，也可以看到美国的滑稽剧；在一家土耳其咖啡厅，会供应香甜的浓咖啡，还有肚皮舞；在狂野西部酒吧，会有一支装扮成牛仔的黑人乐队演奏；在西班牙房间，则会有弗拉明戈舞者和歌手；这样的房间数不胜数。[19]

除了装饰，这些餐厅的建筑都是对起源地的反映：从西班牙小酒馆庄严肃穆的哥特式内饰，到土耳其咖啡厅轻盈精美的柱子和屏风。每家餐厅都有表演者，表演着各自代表的国家或地区的音乐和舞蹈。最后才是餐厅提供的具有文化特色的餐饮。

在描绘一个熟知的德国场景时，比如圣戈尔镇和罗蕾莱镇之间的莱茵河，莱茵特拉斯餐厅会提供一种戏剧性的沉浸式文化用餐体验。这家两层楼的餐厅布置得仿佛低头就可以俯瞰莱茵河：墙壁和天花板均用壁画装饰，利用仿真模型描绘楼下莱茵河的景象，妇女们装扮成当地的少女，戴着葡萄藤花环翩翩起舞。然而，莱茵特拉斯餐厅真正的亮点是天气。暴风雨会定期爆发，还有雨水（用高玻璃板遮挡住顾客）、模拟闪电和雷声。最后，一道彩虹出现了。

第三层是勒文布劳餐厅、西班牙小酒馆和土耳其咖啡厅。在勒文布劳餐厅，女侍者会在

在豪斯－沃特兰特享用土耳其咖啡，内景图，1938 年。

巴伐利亚啤酒庄园的气氛中为顾客端上啤酒。西班牙小酒馆里则有酒桶桌椅和西班牙式娱乐项目：弗拉明戈舞蹈、西班牙吉他曲和其他西班牙音乐表演。土耳其咖啡厅空间较小，但装饰得十分华丽，有铺着毛绒垫子的矮凳、水烟筒和身穿奥斯曼式服装（包括毡帽）的侍者。

新酿酒庄餐厅也经过了装饰，人们可以在星空下看到风景如画的圣史蒂芬大教堂（全墙和天花板壁画）。狂野西部酒吧是美国文化的奇异仙境，它不只是一个牛仔酒吧，还是一个非裔美国人牛仔酒吧。这里所有的服务人员都是黑人；甚至有小道消息称他们以前都是美国牛仔。然而，美国黑人牛仔的历史和经历似乎是一种延伸，因此他们更有可能是非裔德国人，其中就包括一位来自非洲的黑人，我们稍后还会回到他的身边。

豪斯－沃特兰特的由来

豪斯－沃特兰特完全是莱奥·克罗瑙的创意，他是一位跨媒介艺术总监，1905 年，与合伙人在伦敦跑马场推出一个名为"穿蓝色衣服的美国大兵"的节目，由 6 名演员和 40 名美国军人共同表演了一场"军事演习"。"单就步兵演习而言，这场奇观确实值得一看。"一位观众写道。但好戏不止这些。这场表演还包括一场沿海战争（完成对一艘军舰的轰炸）、无鞍骑马、动物表演，以及德国杂技演员的盘子、雨伞和圆球，并将一名助手顶在椅子上保持平衡。显然，克罗瑙是个戏剧迷，并愿意广泛地

解释"娱乐可以是什么"——从军事演习到经典马戏团表演。[20]

在 20 世纪早期（确切日期不详），克罗瑙曾访问美国的康尼岛。果不其然，他很喜欢这里，并开始着手设计将康尼岛的变体（万国公馆）带回柏林。计划完成后，他将这个构思卖给了凯宾斯基家族名下波茨坦大酒店的餐饮和娱乐中心。早在 1872 年，伯托·凯宾斯基和海琳娜·凯宾斯基从波森迁至柏林，重新开始销售三明治、煮蛋和匈牙利葡萄酒。到 1915 年，凯宾斯基家族公司已在全城拥有多家大型餐馆。1911 年，波茨坦大酒店紧邻波茨坦火车站建成，除了一些办公空间，酒店还包括一座大型 UFA 电影院，以及可容纳 2,500 人的皮卡迪利咖啡馆。第一次世界大战期间，皮卡迪利咖啡馆毫无意外地被更名为"德国沃特兰特咖啡馆"。1929 年，在克罗瑙的参与下，凯宾斯基家族开始将位于波茨坦大酒店的大型咖啡馆和电影院改造成集味觉、听觉和视觉享受为一体的国际主题公园，也就是后来的豪斯－沃特兰特。克罗瑙可谓豪斯－沃特兰特的第一个艺术总监，但并不是最后一个。

20 世纪 30 年代，随着德国纳粹党的崛起及其随后足以导致种族灭绝的相关立法，豪斯－沃特兰特于 1937 年 5 月 1 日被收归国有。过去六十多年来，拥有犹太裔的凯宾斯基家族一直经营着豪斯－沃特兰特，并出资将其改造成了大型国际餐饮和娱乐场所，它们一直都是柏林经济的重要组成部分。最后，凯宾斯基家族被迫以低价将豪斯－沃特兰特出售给一个雅

利安家族，而凯宾斯基家族的许多成员死于大屠杀，女婿兼公司老板理查德·翁格尔带着直系亲属在战争期间设法逃到了美国。被收归国有之后，除了轴心国房间之外，豪斯－沃特兰特大楼的标志也发生了变化：原来标志中的字母 K 下悬挂着一颗六芒星；1935 年，这颗星星被换成了葡萄；1943 年，字母 K 被改成了字母 B。尽管遭到了扣押，但豪斯－沃特兰特依然大受欢迎，直至 1943 年被炸成废墟。餐馆没了，但这座建筑仍然是一个复杂的文化交汇点：战争结束后，苏联占领其所在的柏林区，但一扇通往英美占领区的大门依然保留，最终使它成为东西柏林的边界。

创造奇观

豪斯－沃特兰特的视觉幻想有点像自动贩卖式餐馆里可爱的玻璃橱窗：醒目、天衣无缝，会让人忘记这些东西是怎么来的。厨房系统故意设计得复杂而隐蔽，每家餐厅都有自己的小厨房，并通过专用电梯连接到主厨房，电梯也通向每层楼的其他小厨房。除了众多表演人员（包括身穿戏服的服务人员）之外，豪斯－沃特兰特还有许多厨师、清洁工，甚至女裁缝，用以维护这座巨大的建筑中会使用到的海量戏服、枕头、窗帘和桌布。

豪斯－沃特兰特的员工巴尤姆·穆罕默德·胡森就是一个很好的例子，展现了豪斯－沃特兰特为迎合顾客对异国情调的渴望，如何对真实性和现实性置若罔闻。胡森原本来自坦

桑尼亚。第一次世界大战期间，坦桑尼亚被德国军队占领，胡森进入德国军队服役，之后来到柏林。在柏林，他在豪斯－沃特兰特找到一份工作，有时在狂野西部酒吧穿格子衬衫、戴牛仔帽，有时在土耳其咖啡厅戴毡帽。他的角色无非是娱乐，装扮成别人，满足食客的兴趣、幻想和点餐需求。

这些食客通常来自新兴的白领阶层，拥有更多可支配收入，但并非来自富裕家庭。豪斯－沃特兰特的目的就是消灭工作和正常的日常生活。社会学家齐格弗里德·克拉考尔在他的社会学研究著作《受薪大众：魏玛德国的责任与娱乐》（1930）中写道：

> 事实上，19 世纪的社会全景在所有这些娱乐机构中重新获得如此高的评价，这与工作领域的单调脱不开关系。工作日越单调，一旦工作结束，

巴尤姆·默罕默德·胡森死于集中营，1944 年，这块绊脚石（用以纪念大屠杀死难者）位于其柏林的居所前，2010 年。

人就越需要被运送到更远的地方……然而，真正对抗办公机器的是充满活力的色彩世界，这个世界不是它本来的样子，而是它在流行事物中展现出来的样子。这个世界的每一个角落，就像用一台真空吸尘器，将日常生活的灰尘清理得一干二净。[21]

在豪斯-沃特兰特，一个人可以在一个单独的美国城市街区或几条街道上体验世界性的美食（和壮观）。然而，这种诠释无疑是德国式的，其框架必然只是一种世界性的冒险（旅行者的旅行），而不是深入接触各种不同的文化。豪斯-沃特兰特没有任何伪装——它是一种沉浸式的娱乐体验，我们今天在迪士尼的未来世界也同样可以看到这种表现，包括红花餐馆这样的日式铁板烧店。

火遍全球的北欧食物

以文化为基础的全球餐饮，追随的是移民的创业精神和食客长期而复杂的新奇追求；然而，通往全球的美食仍然存在其他发展途径，其中最有趣的版本出现在 21 世纪——北欧食物。这个案例同时说明了餐馆自身的两个矛盾特征："因循守旧"和"前沿时尚"。北欧美食的兴起并非起源于移民，而是起源于工业，确切地说，是两个行业，即低成本的家具业和超本土化的高端美食业。

尽管冷菜自助餐对于自助餐馆的发展影响重大，但北欧菜并没有像意大利菜或法国菜那样成为用餐场景的核心。这可能是由于大多数北欧国家的历史中没有强大的餐饮文化。[22] 直到 21 世纪初，北欧餐馆才成为流行用语的一部分。当时，高端和低端餐馆的交叉正风靡全球。2003 年，诺玛餐馆正式营业，是哥本哈根新北欧美食的典范。而那时英国沃灵顿的人们已经在宜家吃了 16 年的瑞典肉丸。

20 世纪 90 年代，瑞典家具公司宜家决定调整面向国际市场的策略。在接下来的 20 年里，宜家在全球各地开设了大量门店。这些店铺不仅是人们购买家居用品的地方——它们本身就是目的地，因为它们有自己的餐厅。宜家一直致力于让斯堪的纳维亚设计风格适应全球市场，但它们的食品却极力突出自己的北欧特色。在孟买或费城，大多数吃过北欧食物的人并不是从高档餐馆或芬兰"夫妻店"购买，而是在宜家吃到的。

过渡到一个新市场并不总是一帆风顺（正如上一章提到的麦当劳）。在早期尝试进入国际市场失败后，宜家致力于凭借对顾客喜好的了解重新进入市场。他们为特定国家的顾客创造菜肴：马来西亚的宜家提供咖喱豆腐；约旦的宜家提供由家禽肉、脱乳清酸奶、鸡蛋和马纳伊什①组成的早餐；加拿大的宜家提供黑线鳕和薯条。不过，在所有宜家餐厅，你都可以吃到瑞典肉丸和三文鱼配莳萝。

作为一家公司，宜家利用具有文化标志性的食品来强化其品牌，将简约的概念

————————
① 一种圆形面饼，上面涂抹香料和橄榄油。——译注

作为北欧审美和气质的一部分。从品牌推广的角度看，这在很大程度上是成功的；然而，经营一家出口本国美食的国际餐馆，其所面临的复杂情况与提供国际美食的本地餐馆不同。与华裔美国餐馆的老板一样，宜家可能会仔细考虑顾客的口味，并像豪斯－沃特兰特的老板那样创造一次独特的用餐之旅；但作为一个跨国公司，它必须处理针对每个新市场上与食品分配相关的法律法规问题。在马来西亚，宜家就曾遇到过麻烦。它并没有误读马来西亚市场，足以容纳 1,600 人的宜家餐厅里挤满了对瑞典肉丸感兴趣的马来西亚顾客；然而，它却没有继续与当地清真食品供应商履行合约。2005 年，马来西亚宜家遭遇政府的突击检查，最终被迫放弃 60 箱肉丸，并面临高额罚款，原因是宜家工厂未达到清真食品的生产条件。与其他大型公司在食品制造方面的失误一样（如麦当劳 2001 年的牛油风波 [23]），宜家事件虽然引起巨大轰动，但并未对其肉丸的销售造成永久性影响。工厂生产的肉丸、果酱和糕饼似乎不太符合瑞典食品的形象，但它们却成为数百万人了解北欧美食的入门菜。

与宜家大规模预包装肉丸制作截然相反的是新北欧料理。21 世纪初，随着哥本哈根先锋派诺玛餐馆的兴起，主打手工制作的高端新北欧美食在全球范围迅猛发展。

2003 年，诺玛餐馆秉持朴素的经营理念正式开门营业：提供的所有食物必须取自本地食材。正因为如此，这家餐馆最终只提供青草、海菜、从叶到尖的块茎、昆虫和藓类植物。诺玛餐馆还会采用某些特殊方法保存和养护这些食材，这对于一个一年中大部分时间处于寒冷和黑暗的地区至关重要。在形式和烹饪方面，这家餐馆既是民族餐饮的中心，也是民族餐饮的对立面。其本质根源于北欧文化和地理要素，但这种文化和地理也植根于餐馆所在的地区。当你在诺玛餐馆或其他接受所谓新北欧美食的餐馆用餐时，就一定要遵循 2004 年《新北欧宣言》倡导的原则：

1）为表达纯净、新鲜、简单和伦理，我们希望你能与我们的地区联系在一起。

2）通过我们的饮食反映季节的变化。

3）以适合我们的气候、地貌和水域的食材和产品为基础进行烹饪。

4）将对良好品味的需求与现代健康幸福的知识相结合。

5）推广北欧产品和北欧生产者的多样性，并传播他们的潜在文化。

6）在我们的海洋、农田和野外促进动物福利和健全的生产过程。

7）开发传统北欧食品潜在的新应用。

8）将北欧烹饪和烹饪传统精华与国外最新理念相结合。

9）将地方自给自足与区域优质产品共享相结合。

10）与本项目相关的消费者代表、其他烹饪从业人员及农业、渔业、食品、零售和批发行业，以及研

当地导游克利福德·库尔撒德与丹麦诺玛餐馆顶级大厨雷纳·雷哲皮在土地上搜寻食物，澳大利亚弗林德斯岭尼帕布纳，2010 年 10 月 3 日。

究人员、教师、政治家和政党均须联合起来，为北欧国家的每一个人共谋福利。[24]

几年来，诺玛餐馆的主厨兼共同创始人雷纳·雷哲皮一直在哥本哈根经营着他精致、昂贵的餐馆，严格遵守《新北欧宣言》原则，接待稳定的客户流。2007 年，诺玛餐馆荣登世界最佳餐馆榜单，第二年成为米其林星级餐馆（只有 2 家），2010 年登上世界最佳餐馆榜首，并随后登上全球各地的杂志封面。

在这一点上，北欧美食经历的一切反映了

《新北欧宣言》与 21 世纪初高端餐馆两个自相矛盾的方面。从纽约到上海，世界各地主要城市均开设了供应北欧料理的餐馆（这种现象被一些人称为"斯堪的纳维亚风"）。这些餐馆是《新北欧宣言》的化身：经常强调"纯净、新鲜、简单和伦理"，而这些正是雷哲皮等最初的餐馆老板所推崇的。国际上的北欧餐馆使用"北欧产品"，并尝试"将北欧烹饪和烹饪传统与国外最新理念相结合"。[25] 它们提供熏鲑鱼、蘑菇和香料酱汁，甚至还有驯鹿肉；装盘通常也是令人惊叹的简单的几何造型，灵感均来自大自然（用叶子、花朵和看起来像是泥土的配料），放在质朴的餐具上。尽管如此，这些餐馆的北欧美食在很大程度上与诺玛餐馆体现的精神却恰恰相反。这些高档餐馆的食材均来自进口——如果你是北欧国家以外的人，《新北欧宣言》似乎会鼓励你这样做；然而宣言也完全致力于支持当地和文化背景的产物。这份宣言强调了季节性、当地生产商的核心地位、动物福利和环保主义，这些特征并不是 21 世纪初的北欧料理所独具的；在那时，这些原则已经成为世界各地餐馆的核心。

在某种程度上，新北欧美食是 21 世纪精致餐饮潮流的巅峰：相当晦涩的菜肴，口感和口味均发挥了预期作用，取材于可识别的当地食材。新北欧美食遵循了与农民合作的潮流，这是由德博拉·麦迪逊等人发起的运动，后来演变成必须在菜单上明确写出农民的名字，这既是对采购中心的认可，也是对改变客户期望的认可。这些潮流既尊崇世界性的口味（菜单不一定由单一的历史文化饮食传统构成），也致力于当地的食物来源。这种对食物来源的关注源于对食品生产全球化、货币化和同质化的关注，以及对当地食物的味道和文化价值的信仰。在这些运动中，餐馆文化试图在生态和经济问题上发挥作用，然而结果却带来了讽刺，比如墨西哥契普多烤肉或其他菜品的食物来源清单，会导致顾客询问他们订购的鸡肉的名字；还有报道说某些餐馆并没有与所列的农民和生产商签订合同；甚至还有新一代年轻（城市）农民，将其部分商业模式建立在这些餐馆的持续需求上。

那么，国际性的北欧美食该何去何从呢？在北欧国家，拥有极具本土特色和文化特色的北欧食物仍然是有意义的；然而，当这样的北欧餐馆开在上海时，当地的实际条件就与其文化特有的全球美食形成了一种张力。于是，诺玛采取了一条与其他国际化分店都不同的路线。

诺玛本身也在北欧地区之外扩张，比如在日本（2015）、澳大利亚（2016）和墨西哥（2017）分别开设了快节奏的短期餐馆。然而，在这种情况下，墨西哥的新北欧美食也就意味着必须使用在墨西哥当地可用且可持续的食材。正如《巴黎和约》和德国历史学派一样，"新北欧"可以成为一种烹饪方法的名字，而非代表国家或地理起源，这就意味着墨西哥、澳大利亚和日本的诺玛也要努力建立一种联系，不仅要从新北欧的农民、采集者和工匠那里采购食材，还要从他们那里采购餐具和碗碟。墨西哥的菜单上有蜜蜂幼虫，澳大利亚的菜单上有绿蚂蚁。雷哲皮继续把《新北欧宣言》的地方性和可持续性原则放在首位，而世界各地的其他餐馆只好选择驯鹿肉和莳萝土豆。

自中国第一批餐馆出现以来，享用其他文化的食物一直是餐馆用餐的主要特点。在这个空间里，一份固定的菜单和一个厨师专门制作菜单上的食物，顾客才得以有机会探索烹饪文化或品尝自己祖国的文化。经营这些餐馆的人将"熟悉的菜品"和"新奇的菜品"融合在一起，随着时间的推移，许多民族菜也渐渐变成了其他国家最受欢迎的菜肴。

后　记

通过讲述餐馆的历史，我们得以思考未来外出就餐的种种可能性。长久以来，这一直是商界人士、文化评论家和各类食客感兴趣的话题。比如20世纪80年代，人们对未来食品的兴趣激增，迪士尼未来世界餐馆的服务员通过手持电脑点餐；孩子们为恶心的太空冰激凌而疯狂（连宇航员都不想吃），而美国航空航天局正致力于开发一系列更像地球食物的太空美食，其灵感直接来自康奈尔大学收藏的穆斯伍德餐馆菜单。而从这里再往前40年，也就是1939年，著名的奥斯卡·奇尔基已经直率地叫板"太空冰激凌"："有些人预测未来人类会有一种由药丸和压缩食物组成的奇妙饮食，对于这些人我没有丝毫的好感；食物的整体进化与这种思想是完全相悖的。这样的做法只会说明一个问题，那就是人类要退回到'吃是为了活着'的旧观念。"[1]

奇尔基正确地指出了为何餐馆有着重大意义：在这里，吃饭不仅仅关乎生物科学。就像中国的第一批餐馆一样，19世纪的巴黎餐馆和崇尚极简主义的素食天堂月心居，其装饰和设计（包括气氛）仍然是餐馆关注的核心问题。然而，劳动力已经发生天翻地覆的变化：在本书中，我们讲述了一些侍者的故事，他们既被视为专家，也被视为贱民，顾客本身也是侍者。我们还认为厨房是展现艺术和自动化程度的地方，未来的餐饮甚至可能在太空拥有一席之地：我们看到了千年来，从中国商人到丹麦厨师，旅行如何孕育和改变了餐馆。从过去10年里的快餐车、休闲餐馆和美食街的爆炸式增长，到社交餐饮行业（陌生人付钱吃饭的地方，可以是餐馆或私人家庭）的蓬勃发展，未来的劳动力模式、餐馆、烹饪和厨房的布局，都可能会像1020年的中国开封那样多姿多彩。

致　谢

感谢所有在图书馆、档案室、博物馆和历史学会工作的人，是他们留存了这些故事，并提供给我们，才使本书得以面世。一路上，布兰登·威克斯和玛利亚·斯特姆作为编辑的专业眼光和缜密回应，一直鼓励我们，对此深表感激。感谢特雷弗·米诺和莉莎·肖尔卓越的编辑协助工作；感谢莫里茨·肖尔提供的技术协助，以及为我们答疑解惑并指明资料出处的许多朋友和同事。感谢麦克·黎曼邀请我们创作本书，也要感谢《食物：味道的历史》一书的编辑保罗·弗里德曼，是他给了埃利奥特创作有关西方外出就餐章节的机会。感谢布林莫尔学院、宾夕法尼亚大学和埃默里大学的图书馆及管理员；感谢图书馆和信息服务委员会的优秀同事，他们对图书馆管理事业的愿景推动了全球文化遗产社区的发展。

译后记

或许作者未曾预见，当这本书的中文版面世时，餐馆行业会因一场横扫全球的疫情而遭受重创，每个人的生活也随之发生根本的变化。

我自小生活在农村，二十世纪八九十年代的贫穷让年幼的我很期待婚丧嫁娶，一有这类活动，便意味着能吃上一些平时吃不到的好东西，然而其中给我留下最深刻印象的，却是丧礼的大锅菜。大锅菜食材简单至极，用葱姜蒜炝锅，白菜、粉条、猪肉为主料，加入酱油、辣椒油、醋，熬一大锅盛到盆里，配上大白馒头，堪称美味。幼年的孩子怎懂得大锅菜背后的意义，所想的不过是解口腹之欲。年龄渐长，身边的老人一一老去，终于轮到了自家。爷爷去世时正值封城，我在老家没回学校，驾车去县城购买一应物品，又从家里把姑姑自制的粉条送到叔叔家做大锅菜。年初的天气还有些冷，热乎乎的饭菜入肚，身体暖和了些，泪禁不住哗哗地流。随着这一顿大锅菜，和爷爷有关的饮食记忆便封存起来了。百天后，我回

到天津，与相恋 8 年的爱人步入婚姻殿堂，完成了爷爷奶奶的遗愿。同样受疫情影响，餐馆不接待堂食，甚至连外带也难，婚礼办得简单，只有妻子的至亲在场，连我的父母都只通过微信视频参与典礼。短短一年里，生活的酸甜苦辣咸尝了个遍，日子总还要过的。这些过后，我收拾心情，重新投入本书的翻译中去。

餐饮不只与食物相关，其背后还涉及政治、经济、宗教、文化等方面，所以才有五花八门的菜肴、小吃。正因为所涉甚广，文中包含中国读者不熟悉的诸多内容，比如酒器、人物、餐馆名称、图片来源。作者还引用了许多古今中外的著作，对于古代的中文著作，我尽可能找到原出处，以原貌呈现；对于国外的著作，我尽量使用权威译本，以免因个人能力不足而给读者造成理解困难。存在疑问的地方，我多方求证，但能力所限，并不能尽善尽美，难免有所遗漏，还请读者包涵并予以指正。

2022 年 2 月 18 日 于天津

注 释

1 外出就餐：漫长的餐馆史

1 Lizzie Wade, 'How Sliced Meat Drove Human Evolution', *Science News* (9 March 2016); Kenneth F. Kiple and Kriemhild Coneè Ornelas, *Cambridge World History of Food* (Cambridge, 2000), p. 1571.

2 Susan Pollock, 'Between Feasts and Daily Meals: Toward an Archaeology of Commensal Spaces', *eTopoi: Journal for Ancient Studies*, Special Volume II (2012), pp. 1–20.

3 Maria Bianca D'Anna, 'Between Inclusion and Exclusion: Feasting and Redistribution of Meals at Late Chalcolithic Arslantepe (Malatya, Turkey)', *eTopoi: Journal for Ancient Studies*, Special Volume II (2012), pp. 97–123.

4 Quoted in Pollock, 'Between Feasts and Daily Meals', p. 9.

5 Quoted ibid., pp. 4–6.

6 James Davidson, *Courtesans and Fishcakes: The Consuming Passions of Classical Athens* (New York, 1998), pp. 43–9.

7 Quoted ibid., pp. 48–9.

8 Ibid., p. 20.

9 Clare F. Kelly-Blazeby, 'Tavernas in Ancient Greece c. 475–146 BC: An Archaeological Perspective', *Assemblage*, VI (2001), pp. 69–83.

10 Quoted in Davidson, *Courtesans and Fishcakes*, p. 58.

11 Jodi Campbell, *At the First Table: Food and Social Identity in Early Modern Spain* (Lincoln, NE, 2017), p. 45.

12 Helen Saberi, *Tea: A Global History* (London, 2010); Paulina B. Lewicka, *Food and Foodways of Medieval Cairnes: Aspects of Life in an Islamic Metropolis of the Eastern Mediterranean* (Leiden, 2011).

13 Jacques Gernet, *Daily Life in China on the Eve of the Mongol Invasion, 1250–1276* (Stanford, CA, 1962), p. 50.

14 Beat Kűmin, *Drinking Matters: Public Houses and Social Exchange in Early Modern Europe* (New York, 2007).

15 Cong Ellen Zhang, *Transformative Journeys: Travel and Culture in Song China* (Honolulu, HI, 2011), p. 116.

16 Miguel de Cervantes, *Don Quixote*, trans. Edith Grossman (New York, 2003), p. 29.

17 Miguel de Cervantes, *The History of that Ingenious Gentleman, Don Quijote de la Mancha*, trans. Burton Rafel (New York, 1966), p. 660.

18 Beat Kümin, 'Eating Out Before the Restaurant: Dining Cultures in Early Modern Inns', in *Eating Out in Europe: Picnics, Gourmet Dining and Snacks since the Late Eighteenth Century*, ed. M. Jacobs and P. Scholliers (Oxford, 2003), pp. 71–87.

19 Stephen H. West, 'Playing with Food: Performance, Food, and the Aesthetics of Artifciality in the Sung and Yuan', *Harvard Journal of Asiatic Studies*, LVII/1 (June 1997), pp. 67–106; Gernet, *Daily Life in China*; Cho-yun Hsu, *China: A New Cultural History* (New York, 2012). 当时的著作共有三部，分别成书于 1235 年、1253 年和 1275 年，后两部均提到杭州。奚如谷认为，（关于开封的）《东京梦华录》的 "86 个条目几乎全部或部分与食物或餐馆有关 …… 描述开封有闲富裕阶层的日常生活"。（69 页）马可·波罗的描述 —— 有时明显夸大 —— 真实性争论颇多，许倬云则指出："马可·波罗对元代中国繁华、富有活力、令人振奋的城市描述与中国记载完全吻合。"（289 页）

20 West, 'Playing with Food', p. 72.

21 Quoted ibid., pp. 73–4.

22 Ibid., p. 71.

23 Ibid., pp. 72, 91.

24 Ibid., p. 92.

25 Quoted in Gernet, *Daily Life in China*, p. 48.

26 Quoted ibid., p. 49.

27 Gernet, *Daily Life in China*, p. 49.

28 Quoted in West, 'Playing with Food', p. 94.

2 餐馆老板和你：早期法国餐馆中的个人与公众

1 Quoted in Rebecca L. Spang, *The Invention of the Restaurant: Paris and Modern Gastronomic Culture* (Cambridge, MA, 2000), p. 22.

2 Francis William Blagdon, *Paris As It Was and As It Is* (Paris, 1803), p. 439

3 Spang, *The Invention of the Restaurant*, p. 22.

4 Jean Anthelme Brillat-Savarin, *A Handbook of Gastronomy* (*Physiologie du goût*), trans. Charles Monselet (Boston, MA, 1915), p. 299.

5 Blagdon, *Paris As It Was*, p. 441.

6 Caroline Mathilda Stansbury Kirkland, 'Sightseeing in Europe: Glimpses of Paris', *Union Magazine* (November 1848), p. 197.

7 Priscilla Parkhurst Ferguson, *Accounting for Taste: The Triumph of French Cuisine* (Chicago, IL, 2004), p. 95.

8 William Walton, *Paris from the Earliest Period to the Present Day* (Philadelphia, PA, 1899)

9 Blagdon, *Paris As It Was*, pp. 160–61.

10 Marjorie. S. Coryn, *The Marriage of Josephine* (New York, 1945)

11 Shelby T. McCloy, *French Inventions of the Eighteenth Century* (Lexington, KY, 1952) pp. 109–10.

12 Thomas Webster, *An Encyclopaedia of Domestic Economy* (London, 1815), p. 18.

13 Julian Barnes, *Metroland* (New York, 1992), p. 93.

14 Auguste Luchet, quoted in Spang, *The Invention of the Restaurant*, p. 245.

15 Caroline M. Kirkland, *Holidays Abroad; or, Europe from the West* (New York, 1854).

16 Guy de Maupassant, *Bel Ami; or, The History of a Scoundrel* (Akron, OH, 1903).

17 Blagdon, *Paris As It Was*, pp. 442–3.

18 Ibid.

19 Ibid., pp. 441–2.

20 Honoré de Balzac, *A Distinguished Provincial at*

Paris, vol. XIII: *The Works of Honoré de Balzac*, ed. George Saintsbury (New York, 1915), p. 18.

21 Spang, *The Invention of the Restaurant*, pp. 133–7.

22 Sam Ward, quoted in Lately Thomas, *Delmonico's: A Century of Splendor* (Boston, MA, 1967), p. 46.

23 Guy Deghy and Keith Waterhouse, *Café Royal: Ninety Years of Bohemia* (London, 1955), p. 27.

3 精英饮食与大众餐馆

1 James Jackson Jarves, *Parisian Sights and French Principles Seen through American Spectacles* (New York, 1856), pp. 16–18.

2 Andrew P. Haley, *Turning the Tables: Restaurants and the Rise of the American Middle Class, 1880–1920* (Chapel Hill, NC, 2011), p. 22.

3 Ibid., p. 38.

4 Arthur Ransome, *Oscar Wilde: A Critical Study* (London, 1912), p. 153.

5 Guy Deghy and Keith Waterhouse, *Café Royal: Ninety Years of Bohemia* (London, 1955), p. 31.

6 Edwina Ehrman et al., *London Eats Out: 500 Years of Capital Dining* (London, 1999), p. 79.

7 Marie Louis Ritz, *César Ritz: Host to the World* (Philadelphia, PA, 1938), p. 112.

8 John Timbs, *Clubs and Club Life in London; with Anecdotes of its Famous Coffee Houses, Hostelries, and Taverns, from the Seventeenth Century to the Present Time* (London, 1872), p. 1.

9 David S. Shields, 'Anglo-American Clubs: Their Wit, Their Heterodoxy, Their Sedition', *William and Mary Quarterly*, LI/251 (1994), pp. 293–304.

10 Quoted in Timbs, *Clubs and Club Life in London*, p. 127.

11 James R. Smith, 'Tales of San Francisco: The Poodle Dog Restaurant', www.historysmith.com,

accessed 1 December 2017.

12 David G. Dalin and Charles A. Fracchia, 'Forgotten Financier: François L. A. Pioche', *California Historical Quarterly*, LIII/1 (1974), p. 20.

13 Smith, 'Tales of San Francisco'.

14 Walton E. Bean, 'Boss Ruef, the Union Labor Party, and the Graf Prosecution in San Francisco, 1901–1911', *Pacific Historical Review*, XVII/4 (1948), pp. 443–55.

15 Corinne K. Hoexter, *From Canton to California* (New York, 1976), p. 8; Haiming Liu and Huping Ling, *From Canton Restaurant to Panda Express: A History of Chinese Food in the United States* (Camden, NJ, 2015), pp. 15–17.

16 'History of the Hotel Metropol', http://metropolmoscow.ru, accessed 28 April 2018. See http://new.metropolmoscow.ru/en/history for the date '1905'.

17 Kelly Erby, *Restaurant Republic: The Rise of Public Dining in Boston* (Minneapolis, MN, 2016), p. 67

18 'Mrs Blatch to Sue the Hoffman House', *New York Times* (6 August 1907).

19 'Hotels May Bar Lone Women Diners: Jury Quickly Decides Against Mrs Harriet Stanton Blatch, Who Sued the Hoffman House', *New York Times* (6 February 1908).

20 G. Sudley, *Munsey's Magazine* (1901), quoted in Haley, Turning the Tables, p. 157.

21 Haley, *Turning the Tables*.

22 Erby, *Restaurant Republic*, p. 68.

23 Haley, *Turning the Tables*, p. 55.

24 Jan Whitaker, 'Domesticating the Restaurant: Marketing the Anglo-American Home', in *From Betty Crocker to Feminist Food Studies: Critical Perspectives on Women and Food*, ed. Avakian Arlene Voski and Haber Barbara (Amherst, MA, 2005), p. 90.

25 Ibid., p. 91.

26 Haley, *Turning the Tables*.

27 Antonio Mattozzi, *Inventing the Pizzeria: A History of Pizza Making in Naples* (London, 2015), p. 32.

28 Ibid.

29 Simone Cinotto, 'Serving Ethnicity: Italian Restaurants, American Eaters, and the Making of an Ethnic Popular Culture', in *The Italian American Table: Food, Family, and Community in New York City* (Chicago, IL, 2013).

30 *Die Gehemnisse von Philadelphia* (Philadelphia, PA, 1850). Translation authors' own.

4 菜单与厨师

1 Oli Stratford, 'Ferran Adrià and Experiments in Design', *Disegno Daily* (3 May 2013).

2 Gary S. Cadwallader and Joseph R. Justice, 'Stones for the Belly: Kaiseki Culture for Tea During the Early Edo Period', in *Japanese Foodways, Past, and Present*, ed. Stephanie Assmann and Eric C. Rath (Urbana, IL, 2010), pp. 68–91.

3 Gerald Groemer, *Edo Culture: Daily Life and Diversions in Urban Japan, 1600–1868* (Honolulu, HI, 1997).

4 Cadwallader and Justice, 'Stones for the Belly', pp. 71–4.

5 Eric C. Rath, 'Reevaluating Rikyū: Kaiseki and the Origins of Japanese Cuisine', *Journal of Japanese Studies*, XXXIX/1 (2013), pp. 67–96; Eric C. Rath, *Food and Fantasy in Early Modern Japan* (Berkeley, CA, 2010)

6 Antoine Carême, quoted in Sutherland Menzies, 'A Chat About Good Cheer', *Fraser's Magazine*, 24 (1881), p. 763.

7 Ruth Cowen, *Relish: The Extraordinary Life of Alexis Soyer, Victorian Celebrity Chef* (London,

2006).

8 Alexis Soyer, *The Gastronomic Regenerator* (London, 1847), p. 715.

9 'Haute cuisine', in the *Oxford English Dictionary*.

10 Auguste Escoffier, *Auguste Escoffier: Memories of My Life* (New York, 1997), p. 117.

11 Ferran Adrià, Juli Soler and Albert Adrià, *A Day at elBulli: An Insight into the Ideas, Methods, and Creativity of Ferran Adrià* (New York, 2008), p. 272.

12 Silviya Svejenova, Carmelo Mazza and Marcel Planellas, 'Cooking up Change in Haute Cuisine: Ferran Adrià as an Institutional Entrepreneur', *Journal of Organizational Behavior*, XXVIII/5 (2007), pp. 539–61.

13 Salvador Domenech Philippe Hyacinthe Dalí, *Les Diners de Gala*, trans. J. Peter Moore (Cologne, 2016), p. 10.

14 'The Story of elBulli: Our Story from 1961 to Today', www.elbulli.com, accessed 1 December 2017.

15 Ibid.

5 餐馆主管与女侍者

1 J. Stopford, 'Some Approaches to the Archaeology of Christian Pilgrimage', *World Archaeology*, XXVI/1 (1994), pp. 57–72; Beth Archer Brombert, 'The Pilgrim's Food', in *Medieval Tastes: Food Cooking, and the Table*, ed. Massimo Montanari (New York, 2012), pp. 172–6.

2 Amy Stanley, *Selling Women: Prostitution, Markets, and the Household in Early Modern Japan* (Berkeley, CA, 2012).

3 'Naniwaya Okita Teahouse Waitress', www.metmuseum.org, accessed 1 December 2017.

4 Laura Nenz Detto Nenzi, *Excursions in Identity:*

Travel and the Intersection of Place, Gender, and Status in Edo Japan (Honolulu, HI, 2008).

5   J. Weintraub, 'The Restaurants of Paris: A Translation from *Paris à table*', *Gastronomica* (Spring 2014), p. 41.

6   Quoted in Andrew P. Haley, *Turning the Tables: Restaurants and the Rise of the American Middle Class, 1880–1920* (Chapel Hill, NC, 2011), p. 26.

7   George G. Foster, *New York in Slices* (New York, 1849)

8   Abram Child Dayton, *Last Days of Knickerbocker Life in New York* (New York, 1882), p. 110.

9   Dorothy Sue Cobble, *Dishing it Out: Waitresses and their Unions in the Twentieth Century* (Urbana, IL, 1991), p. 207.

10 Karl Gratzer, 'Agents of Change: Inventors, Entrepreneurs, Financiers, and Small Business Owners in the Beginning of the Swedish Fast Food Industry', in *Soziologie des Wirtschaflichen*, ed. Dieter Bögenhold (Wiesbaden, 2014), pp. 329–60.

11 E. A. Brininstool, 'The Restaurant Girl', reprinted in *The Mixer and Server*, XII (1903), p. 27.

12 'A Bloomer-clad Waitress', *New York Times* (17 November 1895).

13 Andrew Gordon, 'Consumption, Leisure and the Middle Class in Transwar Japan', *Social Science Japan Journal*, X/1 (2007), pp. 1–21.

14 Elise K. Tipton, 'Pink Collar Work: The Café Waitress in Early Twentieth Century Japan', *Intersections: Gender and Sexuality in Asia and the Pacific*, VII (March 2002)

15 Louise Edwards, 'Policing the Modern Woman in Republican China', *Modern China*, XXVI/2 (2000), pp. 115–47.

16 Di Wang, '"Masters of Tea": Teahouse Workers, Workplace Culture, and Gender Conflict in Wartime Chengdu', *Twentieth-century China*, XXIX/2 (1 April 2004), pp. 89–136; Shiling McQuaide, 'The Battle over the Employment of Waitresses in Beijing, China, during the 1930s', *Histoire Sociale/Social History*, XLII/85 (19 November 2010), pp. 65–95.

17 Stephen Fried, *Appetite for America: How Visionary Businessman Fred Harvey Built a Railroad Hospitality Empire That Civilized the Wild West* (New York, 2010), p. 67

18 Fried, *Appetite for America*, p. 89; Lesley Poling-Kempes, *The Harvey Girls: Women Who Opened the West* (New York, 1989), p. 56.

19 Poling-Kempes, *The Harvey Girls*, p. 84.

20 Ibid., p. 43

21 Ibid., pp. 39, 43, 94.

22 Ibid., p. 40.

23 Quoted in Audrey Russek, 'Domestic Restaurants, Foreign Tongues: Performing African and Eating American in the U.S. Civil Rights Era', in *Dethroning the Deceitful Pork Chop: Rethinking African American Foodways from Slavery to Obama*, ed. Jennifer Jensen Wallach (Little Rock, AR, 2015).

24 Kerry Segrave, *Tipping: An American Social History of Gratuities* (Jefferson, NC, 1998); David E. Sutton, 'Tipping : An Anthropological Meditation', in *The Restaurants Book: Ethnographies of Where We Eat*, ed. David Beriss and David E. Sutton (Oxford, 2007).

25 Harumi Befu, 'An Ethnography of Dinner Entertainment in Japan', *Arctic Anthropology*, XI (1974), pp. 196–203.

6 路上的食物

1   Psyche A. Williams-Forson, *Building Houses out

of Chicken Legs: Black Women, Food, and Power (Chapel Hill, NC, 2006), pp. 32–4.

2 Anthony Trollope, *He Knew He Was Right* (London, 1869).

3 Madhulika Dash, 'From Railway Mutton Curry to Bedmi-aloo: When Railway Food Was an Afair to Remember', *Indian Express* (30 October 2014).

4 Stephen Fried, *Appetite for America: How Visionary Businessman Fred Harvey Built a Railroad Hospitality Empire That Civilized the Wild West* (New York, 2010), p. 41.

5 Jeri Quinzio, *Food on the Rails: The Golden Era of Railroad Dining* (Lanham, MD, 2014), p. 29.

6 'Paderewski Chef Quits Pullman Job', *New York Times* (3 January 1928).

7 Fried, *Appetite for America*, p. 41.

8 Lesley Poling-Kempes, *The Harvey Girls: Women Who Opened the West* (New York, 1989), p. 31.

9 Fried, *Appetite for America*, p. 49.

10 Ibid., pp. 50, 118.

11 Kara Newman, 'Cattle Call', in *The Secret Financial Life of Food: From Commodities Markets to Supermarkets* (New York, 2013), pp. 91–105.

12 Fried, *Appetite for America*, pp. 65, 93.

13 Ibid., p. 93.

14 Ibid., p. 95.

15 Ibid., p. 94.

16 Poling-Kempes, *The Harvey Girls*, p. 41.

17 Ibid., p. 42.

18 Ibid., p. 46.

19 John A. Jakle and Keith A. Sculle, *Fast Food: Roadside Restaurants in the Automobile Age* (Baltimore, MD, 2002), p. 37.

20 Ibid.

21 Ibid., pp. 44–5.

22 'Plan for State-wide Clean-up Roadside Refreshment Stands', *New Castle News* (6 August 1928), p. 6; '"Hot Dog" Not So Hot', *Freeport Journal-Standard* (14 December 1929), p. 8; 'Save the "Hot Dog"', *Scranton Republican* (27 July 1929), p. 8; 'Feeding Motorists Big Business', *Greenwood Commonwealth* (28 November 1929), p. 4.

23 Andrew Hurley, 'From Hash House to Family Restaurant: The Transformation of the Diner and Post-world War II Consumer Culture', *Journal of American History*, LXXXIII/4 (1997), pp. 1282–308.

24 Herbert R. Lottman, *Michelin Men Driving an Empire* (London, 2003); 'Follow the Guide', www.michelin.com, accessed 1 December 2017.

25 John Colapinto, 'Lunch with M: Undercover with a Michelin Inspector', *New Yorker* (23 November 2009).

26 Duncan Hines, *Duncan Hines' Food Odyssey* (New York, 1955), p. 26.

27 Julian Bond, quoted in 'Recalling "Green Book," Guide for Black Travelers', *New York Times* (23 August 2010).

28 Priscilla Parkhurst Ferguson, 'Michelin in America', *Gastronomica*, VIII/1 (2008), pp. 49–55.

7 餐馆里的机器

1 Adam Hart-Davis, *Henry Winstanley and the Eddystone Lighthouse (Gloucester, 1980)*; Hazel Forsyth, *London Eats Out: 500 Years of Capital Dining* (London, 2003), p. 28.

2 'Staging a Popular Restaurant', *Theatre* (October 1912).

3 'Theft by Women', *Chicago Daily Tribune* (10

October 1895); 'Honesty Not Their Policy', *Chicago Daily Tribune* (12 January 1896); 'Goes on the Cafeteria Plan', *Chicago Daily Tribune* (13 January 1895).

4　Angelika Epple, 'The "Automat": A History of Technological Transfer and the Process of Global Standardization in Modern Fast Food around 1900', *Food and History*, VII/2 (January 2009), pp. 97–118.

5　Carl Wilson, *The Economical European Guide* (Philadelphia, PA, 1913), p. 57.

6　Lawrence P. Spingarn, 'Horn and Hardart', *Salmagundi*, 65 (1984), pp. 119–20.

7　Karl Gratzer, 'Agents of Change: Inventors, Entrepreneurs, Financiers, and Small Business Owners in the Beginning of the Swedish Fast Food Industry', *Soziologie des Wirtschaflichen*, ed. Dieter Bögenhold (Wiesbaden, 2014), pp. 329–60.

8　Patti Smith, *Just Kids* (New York, 2010), p. 123.

9　'History of Food Chemistry in Germany: Insititut für Lebensmittelchemie', ilc.unihohenheim.de, accessed 29 March 2017.

10　Horn & Hardart Baking Co. v. Lieber, 25 F. 2d 449 (Circuit Court of Appeals, 3rd Circuit 3704).

11　Justin Gifford, '"He Jerked His Pistol Free and Fired It at the Pavement": Chester Himes and the Transformation of American Crime Literature', in *Pimping Fictions: African American Crime Literature and the Untold Story of Black Pulp Publishing* (Philadelphia, PA, 2013), pp. 14–39.

12　Quoted in Karl Gratzer, 'Agents of Change'.

13　Alec Tristin Shuldiner, 'Trapped Behind the Automat: Technological Systems and the American Restaurant, 1902–1991', PhD thesis, Cornell University, NY, 2001, p. 69.

14　Karl Gratzer, 'Agents of Change'.

15　John Daub, 'Japan's All-vending Machine, No-staff Restaurant Serving Up Cheap Eats', www.tokyocheapo.com, accessed 1 December 2017.

16　Sarah Fritsche, 'Fast Food Reinvented? Eatsa, a Fully Automated Restaurant, Now Open', https://insidescoop.sfgate.com (31 August 2015).

17　Saki Matsukawa, 'Japanese Consumers as Technology Innovators', PhD thesis, Texas State University, 2009, p. 26.

18　John P. McDonald, *Flameout: The Rise and Fall of Burger Chef* (2011); Andrew F. Smith, *Food and Drink in American History: A 'Full Course' Encyclopedia* (Santa Barbara, CA, 2013); John A. Jakle and Keith A. Sculle, *Fast Food: Roadside Restaurants in the Automobile Age* (Baltimore, MD, 2002).

19　Hidemine Takahashi, 'It Started in Japan: Conveyorbelt Sushi', *Nipponia*, 15 (2000), p. 18.

20　Adel P. den Hartog, 'Technological Innovations and Eating Out', in *Eating Out in Europe: Picnics, Gourmet Dining and Snacks since the Late Eighteenth Century*, ed. Marc Jacobs and Peter Scholliers (Oxford, 2003), pp. 263–80.

21　Jacques Pépin, *The Apprentice: My Life in the Kitchen* (Boston, MA, 2003), pp. 158–9.

22　See www.facebook.com/pralusgeorges; Amanda Hesser, 'Under Pressure', *New York Times* (14 August 2005); Scott Haas, 'Better Dining through Chemistry', *Gastronomica*, VI/4 (2006), pp. 74–7.

23　Georgina Ferry, *A Computer Called LEO: Lyons Teashops and the World's First Office Computer* (London, 2003), p. 12.

24　Ibid., p. 120.

25　Ibid., p. 125.

26　J. C. Tweedell, 'A New Ice Cream Installation: England's Leading Restaurateur Finds Many Uses for Refrigeration', *Refrigeration Engineering*, XXIX–

XXX (1935).

27 Ferry, *A Computer Called LEO*, p. 125.

8 连锁餐馆与地方特色

1 George Ritzer, *The McDonaldization of Society* (London, 1998), pp. 9–11.

2 John F. Love, *McDonald's: Behind the Arches* (New York, 1986), p. 11.

3 Ibid., pp. 14–15.

4 Andrew Hurley, 'From Hash House to Family Restaurant: The Transformation of the Diner and Post-World War II Consumer Culture', *Journal of American History*, LXXXIII/4 (1997), pp. 282–308.

5 Love, *McDonald's*, p. 12.

6 Ibid., p. 16.

7 Ritzer, *The McDonaldization of Society*, p. 30; Love, *McDonald's*, p. 18.

8 Love, *McDonald's*, p. 17.

9 Ritzer, *The McDonaldization of Society*, p. 36.

10 Love, *McDonald's*, pp. 21–5.

11 Ibid., pp. 26–9, 40.

12 John A. Jakle and Keith A. Sculle, *Fast Food: Roadside Restaurants in the Automobile Age* (Baltimore, MD, 2002), p. 70.

13 Ritzer, *The McDonaldization of Society*, p. 32.

14 Love, *McDonald's*, pp. 308–10.

15 Ibid., pp. 418–36.

16 James L. Watson, *Golden Arches East: McDonald's in East Asia* (Stanford, CA, 1997), pp. 25–9.

17 Ibid., p. 2.

18 'The Zen of Shojin Cuisine', *Special to The Daily Yomiuri* (30 November 2002).

19 Trish Hall, 'Vegetarianism: More Popular, If Less Pure', *New York Times* (25 March 1987).

20 'The Zen of Shojin Cuisine'.

21 Kelly Horan, 'Vegetables Are Genius: A Zen Chef Cooks toward Enlightenment', *Gastronomica*, VI/4 (Autumn 2006), p. 26.

22 Julian Ryall, 'A Life in the Day: Toshio Tanahashi', *Sunday Times* (18 April 2004).

23 John T. Edge, 'Pig, Smoke, Pit: This Food's Seriously Slow', *New York Times* (9 June 2009).

9 餐饮全球化

1 Krishnendu Ray, *The Ethnic Restaurateur* (London, 2016), p. 11.

2 Ibid., p.12.

3 Adam McKeown, *Chinese Migrant Networks and Cultural Change: Peru, Chicago, and Hawaii, 1900–1936* (Chicago, IL, 2001).

4 Isabelle Lausent-Herrera, 'Tusans (tusheng) and the Changing Chinese Community in Peru', *Journal of Chinese Overseas*, VII/1 (2009), pp. 115–52.

5 Andrew R. Wilson, *The Chinese in the Caribbean* (Princeton, NJ, 2004), p. 148.

6 Andrew Coe, *Chop Suey: A Cultural History of Chinese Food in the United States* (New York, 2009), p. 97.

7 Ibid., p. 104.

8 Ibid., pp. 109–10.

9 Ibid., p. 104; Haiming Liu and Huping Ling, *From Canton Restaurant to Panda Express: A History of Chinese Food in the United States* (Camden, NJ, 2015), pp. 18–28.

10 As quoted in Coe, *Chop Suey*, p. 157.

11 Coe, *Chop Suey*, p. 166.

12 Ibid., p. 170.

13 Ibid., pp. 222–40.

14 J.A.G. Roberts, *China to Chinatown: Chinese Food in the West* (London, 2002), pp. 141–3, 156.

15 'Lunch with the Celestials', *The Pall Mall Budget* (11 July 1884), p. 14.

16 Roberts, *China to Chinatown*, pp. 159, 172.

17 Ligaya Mishan, 'Asian-American Cuisine's Rise, and Triumph', www.nytimes.com (10 November 2017).

18 Translation by Elliott Shore.

19 Dan Morgenstern, '"I Saw Gypsy Rose Lee Do a Political Striptease"', in *Cafe Society*, ed. Barney Josephson and Terry Trilling-Josephson (Urbana, IL, 2009), pp. 18–22.

20 The Times (8 May 1905), p. 1; *Illustrated Sporting and Dramatic News* (29 April 1905), p. 10.

21 Siegfried Kracauer, *The Salaried Masses: Duty and Distraction in Weimar Germany*, trans. Quintin Hoare (New York, 1998). pp. 92–3.

22 Henry Notaker, *Food Culture in Scandanavia* (Westport, CT, 2009), p. 133.

23 麦当劳于 1990 年宣称转用植物油，但实际上仍在使用牛油，因此遭到起诉，受到全球素食主义者和印度教教徒的指责。参阅 Luke Harding, 'Hindus Angered by Burger Chain's Beef Lie', www.theguardian.com (24 May 2001).

24 'The New Nordic Food Manifesto: Nordic Cooperation', www.norden.org, accessed 26 April 2017.

25 Ibid.

后记

1 Oscar Tschirky, 'Promise for the Epicure', *New York Times* (5 March 1939).

参考文献

Adrià, Ferran, Juli Soler and Albert Adrià, *A Day at elBulli: An Insight into the Ideas, Methods and Creativity of Ferran Adrià* (New York, 2008)

Assmann, Stephanie, and Eric C. Rath, *Japanese Foodways, Past, and Present* (Urbana, IL, 2010)

Beriss, David, and David Sutton, eds, *The Restaurants Book: Ethnographies of Where We Eat* (Oxford, 2007)

Campbell, Jodi, *At the First Table: Food and Social Identity in Early Modern Spain* (Lincoln, NE, 2017)

Cobble, Dorothy Sue, *Dishing it Out: Waitresses and Their Unions in the Twentieth Century* (Urbana, IL, 1991)

Cowen, Ruth, Relish: *The Extraordinary Life of Alexis Soyer, Victorian Celebrity Chef* (London, 2006)

Davidson, James, *Courtesans and Fishcakes: The Consuming Passions of Classical Athens* (New York, 1998)

Ehrman, Edwina, Hazel Forsyth, Lucy Peltz and Cathy Ross, *London Eats Out: 500 Years of Capital Dining* (London, 1999)

Ferguson, Priscilla Parkhurst, *Accounting for Taste: The Triumph of French Cuisine* (Chicago, IL, 2004)

Freedman, Paul, ed., *Food: The History of Taste* (Berkeley and Los Angeles, CA, 2007)

——, *Ten Restaurants That Changed America* (New York, 2016)

Fried, Stephen, *Appetite for America: How Visionary Businessman Fred Harvey Built a Railroad Hospitality Empire that Civilized the Wild West* (New York, 2010)

Haley, Andrew P., *Turning the Tables: Restaurants and the Rise of the American Middle Class, 1880–1920* (Chapel Hill, NC, 2011)

Jacobs, M., and Peter Scholliers, eds, *Eating Out in Europe: Picnics, Gourmet Dining and Snacks since the Late Eighteenth Century* (Oxford, 2003)

Jakle, John A., and Keith A. Sculle, *Fast Food: Roadside Restaurants in the Automobile Age* (Baltimore, MD, 2002)

Kumin, Beat, *Drinking Matters: Public Houses and Social Exchange in Early Modern Europe* (New

York, 2007)

Lewicka, Paulina B., *Food and Foodways of Medieval Cairenes: Aspects of Life in an Islamic Metropolis of the Eastern Mediterranean* (Leiden, 2011)

Liu, Haiming, and Huping Ling, *From Canton Restaurant to Panda Express: A History of Chinese Food in the United States* (Rutgers, NJ, 2015)

Pillsbury, Richard, *From Boarding House to Bistro: The American Restaurant Then and Now* (Boston, MA, 1990)

Pollock, Susan, ed., *Between Feasts and Daily Meals: Towards an Archaeology of Communal Spaces* (Berlin, 2015)

Ray, Krishnendu, *The Ethnic Restaurateur* (London, 2016)

Shore, Elliott, 'Dining Out: The Development of the Restaurant', in *Food: The History of Taste*, ed. Paul H. Freedman (Berkeley and Los Angeles, CA, 2007), pp. 301–32

——, 'Modern Restaurants and Ancient Commensality', in *Between Feasts and Daily Meals: Towards an Archaeology of Communal Spaces*, ed. Susan Pollock (Berlin, 2015), pp. 277–88

Spang, Rebecca L., *The Invention of the Restaurant: Paris and Modern Gastronomic Culture* (Cambridge, MA, 2000)

Thomas, Lately, *Delmonico's: A Century of Splendor* (Boston, MA, 1967)

Watson, James L., *Golden Arches East: McDonald's in East Asia* (Stanford, CA, 1997)

West, Stephen H., 'Playing With Food: Performance, Food, and the Aesthetics of Artificiality in the Sung and Yuan', *Harvard Journal of Asiatic Studies*, LVII/1 (June 1997)

图片致谢

就本书中全部图片资源的复制及使用，谨向以下图片资源版权方表示感谢。

Alamy: pp. 14 (Gado Images), 30 (Interfoto), 99, 180 (Heritage Image Partnership Ltd), 186, 190 (Everett Collection Historical), 193 (Kees Metselaar);

Americasroof: p.196;

Mark Bellis: p. 200;

August Berlin: p. 219;

Bibliothèque nationale de France: pp.40（左和右）, 41, 50, 54, 65, 66, 77, 78;

Bibliothèque nationale et universitaire de Strasbourg, Strasbourg: p.90;

Bodleian Libraries: pp.91, 92 (Internet Library of Early Journals);

Boston Public Library: p.149 (Tichnor Brothers Collection);

The British Library, London: pp.70, 160;

Bundesarchiv, Koblenz: p.113;

Eatsa: p.173;

Égoïté: p.28;

Luis García (Zaqarbal), 11 September 2009: p.5（左）;

Getty Images: pp.16 (Photo by Austrian Archives/ Imagno), 17, 53(上)（DeAgostini/Biblioteca Ambrosiana), 27 (DEA/J. M. Zuber), 42, 43 (Photo by Museum of the City of New York/Byron Collection), 82 (John McDonnell/The Washington Post via Getty Images), 98 (Felix Man/Picture Post), 103 (Photo by Samuel Aranda), 125 (Bettmann), 150 (Photo by Apic), 159 (Photo by Keystone View/FPG), 163, 215, 217 (Photo by Ullstein Bild/Ullstein Bild via Getty Images), 164 (Bettmann), 165 (Universal History Archive/UIG via Getty Images), 208 (Photo by Nathaniel Hoffman/MCT/ MCT via Getty Images), 222 (Lisa Maree Williams);

The J. Paul Getty Museum, Los Angeles: pp.62, 76, 109, 145;

Immanuel Giel: p.19;

Imperial War Museum, London: pp.179, 185;

Steven-L_Johnson: p.174;

Kansas Historical Society: p.122;

Library of Congress, Washington, DC: pp.73, 74, 75, 129, 137, 138, 139（上和下）, 144（上）, 146, 147, 148,

158, 177, 189, 206, 212;

London School of Economics: p.119 (The Women's Library);

Louvre Museum: p.7(右);

McCord Museum of Canadian History, Montreal: p.136;

Mary Evans Picture Library: p.53(下);

Metropolitan Museum of Art, New York: pp. 6 (上和下), 7 (左), 9, 11, 12, 31, 39, 52, 57, 63, 83, 84, 85, 86, 87, 88 (上和下), 89, 108, 110 (上和下), 123, 131, 132, 205;

Moonik: p.24;

Musée Escoffier de l'Art Culinaire: p.95;

MZSL/Ofner Károly: p.135(上);

National Archives, Washington, DC: p.187;

National Gallery of Art, Washington, DC: pp.111, 133;

National Library of Norway, Oslo: p.118;

National Palace Museum, Taipei: p.13;

The New York Public Library, New York: pp.78, 210(上和下) (The Miriam and Ira D. Wallach Division of Art, Prints and Photographs), 152 (Schomburg Center for Research in Black Culture, Manuscripts, Archives and Rare Books Division), 153 (Schomburg Center for Research in Black Culture, Photographs and Prints Division), 161, 211 (General Research Division);

Marie-Lan Nguyen: p. 5(右);

Ribberlin: p.49;

Clem Rutter, Rochester, Kent: p.175;

Stockholm Transport Museum: p.162;

United States Patent and Trademark Office: p.144 (下);

Victoria and Albert Museum, London: pp.15, 46, 61, 67;

Bohao Zhao: p.135(下).

图书在版编目（CIP）数据

下馆子：一部餐馆全球史 / （美）凯蒂·罗森，
（美）埃利奥特·肖尔著；张超斌译 . -- 北京：北京联
合出版公司 , 2022.4

ISBN 978-7-5596-5646-9

Ⅰ . ①下… Ⅱ . ①凯… ②埃… ③张… Ⅲ . ①餐馆 –
商业史 – 世界 – 通俗读物 Ⅳ . ① F719.3-49

中国版本图书馆 CIP 数据核字 (2021) 第 254376 号

下馆子：一部餐馆全球史

作　　者 |［美］凯蒂·罗森　埃利奥特·肖尔
译　　者 | 张超斌
出 品 人 | 赵红仕
选题策划 | 好·奇
策 划 人 | 华小小
策划编辑 | 耿　丹
责任编辑 | 徐　樟
封面装帧 | @ 吾然设计工作室
内页制作 | 青研工作室
投稿信箱 | curiosityculture18@163.com

好·奇

北京联合出版公司出版
（北京市西城区德外大街83号楼9层100088）
北京联合天畅文化传播公司发行
天津丰富彩艺印刷有限公司印刷　新华书店经销
字数 290 千字　889 毫米 × 1194 毫米　1/16　15.25 印张
2022 年 4 月第 1 版　2022 年 4 月第 1 次印刷
ISBN 978-7-5596-5646-9
定价：138.00 元